Philipp Häfner

Doppelte Buchführung für Kommunen nach dem NKF

# Doppelte Buchführung für Kommunen nach dem NKF

Einführung in die Praxis
nach dem Neuen Kommunalen
Finanzmanagement

von

Philipp Häfner

3., aktualisierte und erweiterte Auflage

Haufe Mediengruppe
Freiburg · Berlin · München

**Bibliografische Information Der Deutschen Bibliothek**
Die Deutsche Bibliothek verzeichnet diese Publikation in der Deutschen
Nationalbibliografie; detaillierte bibliografische Daten sind im Internet
über http://dnb.dbb.de abrufbar

ISBN 3-448-07179-X                             Bestell-Nr. 01244-0003

3., aktualisierte und erweiterte Auflage 2005

2., aktualisierte und erweiterte Auflage 2003 (ISBN 3-448-05880-7)

1. Auflage 2002 (ISBN 3-448-5357-0)

© Rudolf Haufe Verlag, Freiburg i. Br. 2005


Lektorat: Dipl.-Betriebswirt (FH) Günther Lehmann

Umschlag: HERMANNKIENLE, Simone Kienle, Stuttgart
Formatierung: Nopper Schreibbüro, Gutach i. Br.
Druck: Bosch-Druck GmbH, 84030 Ergolding

Zur Herstellung dieses Buches wurde alterungsbeständiges Papier verwendet.

# Geleitwort

von **Edgar Quasdorff, Projektleiter NKF im Innenministerium Nordrhein-Westfalen zur 1. Auflage**

Als das Innenministerium Nordrhein-Westfalens im Jahr 1999 zusammen mit fünf Kommunen ein „Modellprojekt zur Einführung eines doppischen Kommunalhaushalts" initiierte, glaubten nur wenige, dass sich die Haushaltswirtschaft in den Gemeinden nun tatsächlich grundlegend ändern werde. Zu lange war bereits über Neue Steuerung, Ressourcenverbrauch und mehr betriebswirtschaftliches Denken in den Kommunen geschrieben und gestritten worden. Manch anspruchsvolles Projekt mutiger Kommunalpolitiker war im Gestrüpp der ernüchternden Realitäten vor Ort hängen geblieben.

Heute stehen wir in Nordrhein-Westfalen unmittelbar vor der Einführung des Neuen Kommunalen Finanzmanagements – NKF – und niemand im Land zweifelt mehr daran, dass die Reform nun Wirklichkeit wird.

Auch bundesweit wird mit ehrgeizigen Zeitvorstellungen an den Musterregelungen für das doppische Gemeindehaushaltsrecht gearbeitet. Die Eckpunkte sind gesetzt, die entscheidenden Positionsbestimmungen zu wesentlichen Einzelfragen einvernehmlich geklärt. Selbst die Kritiker gehen davon aus, dass der Reformprozess nicht mehr umkehrbar ist. Vielerorts herrscht bereits ein Klima gespannter Erwartung vor; die ersten konkreten Planungen und Maßnahmen, zu denen gerade auch die Qualifizierung von Mitarbeitern zählt, werden eingeleitet.

Ein Lehrbuch zum NKF, wie das vorliegende, kommt deshalb zur rechten Zeit. Das ist kein Zufall. Gehört doch der Autor Philipp Häfner zum „inner circle", also zu denjenigen, die das NKF-Modellprojekt intensiv begleitet und mit geprägt haben.

Die strikte Orientierung an den praktischen Bedürfnissen in der Kommune, die bereits die Arbeit im Modellprojekt kennzeichnete, bestimmt auch die Darstellung und fachliche Aufbereitung des Buches. Leser, die sich insbesondere mit der Einführung der Doppik in die Praxis auseinander setzen, werden das besonders zu schätzen wissen. Man merkt, dass hier Lehrbuchwissen nicht einfach weitergegeben, sondern durch erlebte Projekterfahrung weiterentwickelt und veranschaulicht wird. Das wird manchem Einsteiger aus der „kameralen Welt" helfen, Berührungsängste zu überwinden.

Die kommunale Haushaltswirtschaft wird sich stärker als je zuvor verändern. Die Zeit dazu ist reif. Jeder Betroffene weiß, dass die nun bevorstehenden Aufgaben nur mit einem Kraftakt, der ihm vollen Einsatz abverlangt, zu bewältigen sind. Bücher, wie das vorliegende, können da manches erleichtern.

Ich wünsche den Leserinnen und Lesern die erfolgreiche Auseinandersetzung mit einem Stoff, der manchem vor nicht allzu langer Zeit nur für Reformträume tauglich schien.

Düsseldorf, im November 2002

Edgar Quasdorff
NKF-Projektleiter im
Innenministerium NRW

# Vorwort des Verfassers

Das Buch richtet sich in erster Linie an Praktiker in kameral rechnenden Verwaltungen, die sich einen Überblick über das doppische (kaufmännische) Haushaltswesen verschaffen wollen. Es erläutert die Ziele der „Jahrhundertreform" sowie die Prinzipien, die dem neuen Haushaltsrecht zugrunde liegen. Die doppelte Buchführung wird systematisch beschrieben und mit Beispielen aus Kommunen erklärt. Das Buch versetzt Mitarbeiterinnen und Mitarbeiter in Verwaltungen in die Lage, die Auswirkungen des anstehenden Umstellungsprozesses zu erkennen und für ihre Verwaltung zu gestalten.

Basis ist dabei das Konzept des Neuen Kommunalen Finanzmanagements (NKF), wie es in einem Modellprojekt in Nordrhein-Westfalen von sieben Kommunen erarbeitet worden ist. Das NKF hat durch die Praxiserfahrungen der sieben beteiligten Kommunen sowie durch die umfangreiche Dokumentation des Konzepts und seiner Erprobung eine hervorgehobene Stellung in der Diskussion über die Gestaltung des doppischen Gemeindehaushaltsrechts erlangt.

Zum Jahresbeginn 2005 ist in Nordrhein-Westfalen mit dem „Gesetz über ein Neues Kommunales Finanzmanagement (NKFG)" das neue Haushaltsrecht in Kraft getreten, das vom Innenministerium NRW anhand der Ergebnisse des Modellprojekts erarbeitet wurde. In der vorliegenden dritten Auflage ist vor allem der Wortlaut der neuen doppischen Gemeindeordnung und Gemeindehaushaltsverordnung NRW berücksichtigt worden. Die Muster für Bilanz, Ergebnis- und Finanzrechnung und die weiteren Elemente des Haushalts haben sich dadurch geändert. Zudem wird punktuell auf die Regelungen bzw. Regelungsentwürfe anderer Länder hingewiesen.

Der Autor dankt Frau Dipl.-Betriebsw. Sandra Latußeck für die maßgebliche Mitarbeit an der ersten Auflage dieses Buchs. Sie hat die Erläuterungen zum doppischen Buchungssystem (Teil C) sowie den Aufgabenteil G ausgearbeitet.

Das Konzept des Neuen Kommunalen Finanzmanagements wurde von den Pilotkommunen des Modellprojekts „Doppischer Kommunalhaushalt in NRW" erarbeitet. Stellvertretend für die Mitarbeiterinnen und Mitarbeiter der Verwaltungen gilt mein Dank den Projektleitern:

Herrn Uwe Bonan, vormals Stadt Dortmund,

Herrn Frank R. Jahnke, Landeshauptstadt Düsseldorf,

Herrn Otto Kuhl, Stadt Brühl,

Herrn Ulrich Rolfsmeyer, Gemeinde Hiddenhausen,

Herrn Christoph Stockel-Veltmann, vormals Stadt Münster,

Herrn Wolfgang Thoenes, Stadt Moers,

Herrn Ingo Tiemann, Kreis Gütersloh.


Hamburg, im September 2005


Philipp Häfner

# Inhaltsverzeichnis

# A    Die doppische Buchführung: „Betriebssystem" für ein modernes Haushaltswesen

**Auf einen Blick:**

⇒ Viele Aspekte des Neuen Steuerungsmodells lassen sich nur mit einer Reform des Haushaltsrechts etablieren. Die Umstellung auf das Ressourcenverbrauchskonzept steht dabei im Mittelpunkt. Gegenüber der erweiterten Kameralistik, die den Ressourcenverbrauch ebenfalls abbilden kann, hat die Doppik als neuer Rechnungsstil vor allem drei Vorteile:

1. Die Doppik stellt ein geschlossenes, in der Privatwirtschaft erprobtes und konzeptionell geeignetes System zur Verfügung.

2. Alle Instrumente der betriebswirtschaftlich orientierten, modernen Verwaltungssteuerung (wie z. B. die Kostenrechnung oder das Controlling) lassen sich – auch hinsichtlich der notwendigen Software – mit einem doppischen Haushaltswesen verknüpfen.

3. Nur durch die Doppik kann eine Vereinheitlichung des Rechnungswesens im Konzern Kommune erreicht werden.

⇒ Neben das normierte doppische Haushaltswesen tritt das individuell auszugestaltende nicht normierte Haushalts- bzw. Rechnungswesen einer Kommune. Wichtigstes Element ist die Kostenrechnung (KLR).

# 1    Das Neue Steuerungsmodell als Ausgangspunkt

Anfang der 90er Jahre erschien der KGSt-Bericht über das Tilburger Modell[1]. Er markiert den Beginn der Reformwelle des Neuen Steuerungsmodells (NSM) in Deutschland. Die Zusammenführung der Fach- und Ressour-

---

[1]    Vgl. KGSt (Hrsg.); Bericht 19/1992: Wege zum Dienstleistungsunternehmen Kommunalverwaltung – Fallstudie Tilburg.

cenverantwortung, die Dezentralisierung und die Service- und Produktorientierung der Verwaltung sind drei Ziele, die exemplarisch für das Neue Steuerungsmodell im Sinne des Tilburger Modells stehen.

- Das Neue Steuerungsmodell hat insgesamt einen Fortschritt bei der Modernisierung der Verwaltungen gebracht. Die Ziele waren und sind richtig, weil sie klassische Defizite bürokratischer Organisationen überwinden wollen. Das NSM ist allerdings auch mit manchen Grundannahmen gestartet, die sich im Nachhinein als problematisch erwiesen haben:
- Die Outputorientierung, also die synchrone Steuerung von Leistungen und Haushaltsmitteln, gehörte zu den wichtigen Reformansätzen. Allerdings zeigte sich, dass die hierzu erstellten Produkthaushalte in vielen Kommunen ein Schattendasein neben den traditionellen, kameralen Haushaltsplänen fristeten. Da die formale, haushaltsrechtlich bindende Entscheidung nicht durch die Produkthaushalte getroffen wurde, fehlte ihnen häufig die notwendige Aufmerksamkeit.
- Leistungsvergleiche zwischen den Verwaltungen sollten Innovationen anstoßen. Gezeigt hat sich jedoch, dass Innovationen neben solchen sinnvollen Anstößen mutige Entscheider in Politik und Verwaltungsspitze brauchen.
- Die Budgetierung sollte die Verwaltungen wirtschaftlicher machen. Viele positive Beispiele bestätigen, dass die Eigenverantwortung der ausführenden Verwaltungen uneingeschränkt sinnvoll ist. Es hat sich gezeigt, dass die Budgetierung zwar vorhandene Strukturen verbessern kann. Einen Strukturwandel kann sie jedoch nicht bewirken.
- Die Dezentralisierung von Verantwortung hat sehr viel Positives hinsichtlich der Kultur und des Bewusstseins in den Verwaltungen bewirkt. Gleichzeitig zeigte sich aber, dass auch sie tendenziell strukturbewahrend wirken kann. Sie kann die zentrale Entscheidungskraft einer Organisation schwächen.
- Leistungen in Wettbewerb mit privaten Anbietern zu stellen sollte zu besseren Ergebnissen bei geringeren Kosten führen. Dass es in einem echten Wettbewerb am Markt nicht nur Gewinner gibt, wurde dabei oft unterschlagen. Vielfach wurde das Scheitern verselbstständigter Betriebe quasi „per Gesetz" ausgeschlossen, indem ihr Überleben durch Transfers aus dem Haushalt gesichert wurde. Die formale Privatisierung, also die Ausgründung in Eigenbetriebe oder Tochtergesellschaften, führt zu Konzernstrukturen, die immer schwerer zu überblicken und zu steuern sind.

Vor dem Hintergrund der genannten Erfolge der Neuen Steuerung, aber auch der Ernüchterung hinsichtlich der Wirkung, ist die Mitte der neunziger Jahre einsetzende Bewegung zur Reform des kommunalen Haushaltsrechts zu sehen. Sie kann als Reaktion auf die Praxiserfahrungen des Neuen Steuerungsmodells verstanden werden.

Die bis dato begrenzte Wirkung mancher Instrumente lässt sich auch dadurch erklären, dass sie nur neben dem verbindlichen Haushaltsrecht existieren konnten und daher in ihrer Wirkung begrenzt blieben. Vor diesem Hintergrund ist es konsequent, dass Mitte der 90er Jahre das kamerale Haushaltsrecht unter Reformaspekten kritisch hinterfragt wurde.

Es wurde deutlich, dass dem Richtigen am Neuen Steuerungsmodell auch durch die Überzeugungskraft von Normen zum Durchbruch verholfen werden kann. Der Gesetzgeber kann Reformgedanken in bindendes Recht gießen. Hier wiederum ist an erster Stelle das Haushaltsrecht gefordert. Budgetierung, Produkthaushalte, Steuerung anhand des Ressourcenverbrauchs, die Darstellung von Zielen und Wirtschaftlichkeitskennzahlen im Haushalt, all diese Reformelemente kann der Gesetzgeber in das Haushaltsrecht aufnehmen und damit die Reform vom Experiment zur Norm machen.

Als erster Schritt wurden in vielen Ländern zunächst so genannte Experimentierklauseln in das kommunale Haushaltsrecht eingefügt. Diese ermöglichten es den Kommunen, Reforminstrumente auch außerhalb des geltenden Haushaltsrechts zu erproben.

Parallel begann die Suche nach einer neuen konzeptionellen Grundlage für das Haushaltsrecht. Hier stand einerseits die erweiterte Kameralistik zur Debatte, andererseits die Ausrichtung des Haushaltsrechts nach den kaufmännischen Prinzipien auf der Basis einer doppelten Buchführung („Doppik").

Zwei Beiträge stehen beispielhaft für die Diskussion über die Doppik: die Ergebnisse des Projekts in Wiesloch unter der fachlichen Leitung von Prof. Dr. Klaus Lüder[2] von der Verwaltungsfachhochschule Speyer und der Bericht zum Ressourcenverbrauchskonzept anstelle des Geldverbrauchskon-

---

[2] Vgl. Lüder, Klaus; Konzeptionelle Grundlagen des Neuen Kommunalen Rechnungswesens (Speyerer Verfahren), Heft 6, 2. Auflage, Stuttgart 1999.

zepts der KGSt von 1995[3]. Beide Konzepte haben gezeigt, dass die Doppik für Verwaltungen geeignet ist. Sie erlaubt es, den Ressourcenverbrauch abzubilden, was in der Kameralistik nicht möglich ist. Sie weist nur die Einnahmen und Ausgaben eines Haushaltsjahres nach. Der Ressourcenverbrauch beinhaltet auch den Verzehr an Vermögen und antizipiert künftige Belastungen wie solche für Pensionen.

Mindestens ebenso geeignet für Verwaltungen schien die erweiterte Kameralistik. Das vorhandene System der Ausgaben- und Einnahmenrechnung sollte erweitert werden um eine Vermögensdarstellung und so den Ausweis des Ressourcenverbrauchs ermöglichen.

Im Jahr 1999 griff die Innenministerkonferenz die Diskussion auf und fasste den Beschluss, zur Reform des Haushaltsrechts beide Wege prüfen zu lassen. Bis zum Jahr 2003 sollten sowohl Mustertexte für ein reformiertes Haushaltsrechts nach der Doppik als auch nach der erweiterten Kameralistik vorliegen.

In den Prozess flossen und fließen immer noch die Erfahrungen und Modelle zahlreicher Bundesländer ein. Abbildung 1 zeigt einen Überblick über den Stand der Reform des Gemeindehaushaltsrechts nach Bundesländern:

---

[3]  Vgl. KGSt (Hrsg.); Bericht 1/1995: Vom Geldverbrauchs- zum Ressourcenverbrauchskonzept: Leitlinien für ein neues kommunales Haushalts- und Rechnungsmodell auf doppischer Grundlage.

| Land | Vorauss. Inkrafttreten des neuen Haushaltsrechts | Kameralistik oder Doppik? | Übergang? |
|---|---|---|---|
| Baden Württemberg | 2006 | Doppik | offen |
| Bayern | 2006 | Option | Übergangsregelung |
| Brandenburg | 2008 | Doppik | offen (Pilotierung bis 2007) |
| Hessen | 2005 | Option | Übergangsfrist bis 1.1.2009 |
| Mecklenburg-Vorpommern | 2008 | offen | offen |
| Niedersachsen | 2005 | Doppik | Ab 2010 verpflichtend |
| Nordrhein-Westfalen | 2005 | Doppik | Übergangsfrist bis 1.1.2009 |
| Rheinland-Pfalz | 007 | Doppik | Übergang bis 2009 |
| Saarland | 2007 | Doppik | Ab 2010 verpflichtend |
| Sachsen | 2007 | Doppik | Ab 2010 verpflichtend |
| Sachsen-Anhalt | 2006 | Doppik | Übergang bis 2009 |
| Schleswig-Holstein | offen | Option | offen |
| Thüringen | 2007/08 | Doppik | offen |

Quelle: NKF-Netzwerk 2005

Abb. 1: Stand der Reform des Gemeindehaushaltsrechts

Es zeichnet sich ab, dass es in den kommenden Jahren überwiegend Länder mit rein doppischem Gemeindehaushaltsrecht geben wird, und Länder, in denen die Kommunen alternativ die erweiterte Kameralistik wählen können. Damit würde eine Situation entstehen, in der es kein in den Grundzügen einheitliches Gemeindehaushaltsrecht in den Ländern mehr gäbe.

Dies ist langfristig aus mehreren Gründen schwer vorstellbar. Die bundesweite Vergleichbarkeit der Haushaltswirtschaft von Kommunen wäre unmöglich, die Softwareunterstützung kompliziert, die einheitliche Bedienung der Finanzstatistik erschwert.

**Daher kann prognostiziert werden, dass am Ende der Entwicklung eine erneute Vereinheitlichung des Rechnungsstils stehen wird.**

17

Vor diesem Hintergrund stellt sich die Frage, welches der beiden Systeme mittel- und langfristig geeigneter für die Kommunen ist: die erweiterte Kameralistik oder die Doppik.

Das in diesem Buch dargestellte Konzept eines Neuen Kommunalen Haushalts- und Rechnungswesens (NKHR) geht davon aus, dass die Doppik das richtige System für die Haushaltswirtschaft der Gemeinden ist.

Dieser Festlegung wird häufig entgegengehalten, dass eine voll ausgebaute erweiterte Kameralistik jede Information liefern kann, die auch ein doppisches System liefert. Hieraus wird abgeleitet, die Doppik sei nicht „besser" als die erweiterte Kameralistik.

Diese Sichtweise ist einerseits richtig, andererseits greift sie jedoch zu kurz. Der Buchungsstil, egal ob kameral oder doppisch, macht allein nicht den entscheidenden Unterschied aus. In beiden Systemen lassen sich mit mehr oder weniger Nebenrechnungen identische Informationen verarbeiten. Insofern ist es richtig, dass die Doppik als Buchungsstil der erweiterten Kameralistik nicht überlegen ist.

Da aus den Inhalten keine eindeutige Priorität ableitbar ist, gewinnen andere Kriterien bei der Auswahl Gewicht: Integrationsfähigkeit, Flexibilität, Verbreitungsgrad und Zukunftssicherheit. Diese Begriffe ähneln denen, mit denen die Vorteile des Betriebssystems eines Computers beschrieben werden. Bei dem Buchungsstil ist es ähnlich: Das Betriebssystem der Doppik ist die Basis. Auf dieser setzen Anwendungen auf, die dem Benutzer helfen, seine Aufgaben zu erledigen. Darum entscheidet sich der Computerkäufer am besten für das Betriebssystem, für das es die meisten und die besten Anwendungen gibt und das flexibel und zukunftsträchtig ist.

Die Doppik ist in diesem Sinne das richtige „Betriebssystem für die Buchführung":

- Sie erleichtert den Einsatz betriebswirtschaftlicher „Anwendungen" wie Controlling, Kostenrechnung oder Liquiditätsmanagement. Eine Kostenrechnung ist beispielsweise in ihren Prinzipien der doppelten Buchführung sehr ähnlich. Sie kann daher aus einer doppischen Finanzbuchhaltung heraus besonders einfach mit Daten gefüllt werden.
- Die Doppik ist sehr flexibel, weil alle relevanten Daten in einem geschlossenen System verwaltet werden: Vermögen[4], Schulden, Erträge,

---

[4]  Alle Begriffe werden ab dem Kapitel B detailliert erläutert.

Aufwendungen, Zahlungsströme. Die erweiterte Kameralistik benötigt hier mehr Nebenrechnungen.

• Gleichzeitig ist die Doppik das am weitesten verbreitete „Betriebssystem". In der Folge gibt es ein großes Angebot an betriebswirtschaftlicher Software, die auf der doppelten Buchführung basiert. Obwohl diese nicht ohne bedeutende Anpassungen für Kommunen nutzbar sein wird, öffnet sich doch ein riesiger Markt, der für günstige Softwareangebote sorgen wird.

Daneben gibt es einen weiteren wichtigen Grund, der die Einführung der doppelten Buchführung in den Verwaltungen vorteilhaft macht: die Aufhebung der Fragmentierung des Rechnungswesens.

In den neunziger Jahren des vorangegangenen Jahrhunderts haben vor allem Kommunen Aufgaben in Eigenbetriebe oder Eigengesellschaften ausgelagert. In der Folge sank das im kameralen Haushaltsplan in allen Einzelheiten nachgewiesene Finanzvolumen teilweise auf 20 % dessen, was im gesamten Konzern an Finanzmitteln bewegt wurde. Ein bundesweit beachtetes Beispiel hierfür ist die Gründung des „Vermögensbetriebs Solingen", dem mit dem Grund- und Immobilienvermögen nahezu das gesamte Vermögen der Stadt übertragen wurde. In den Kernhaushalt geht dieser (im Übrigen nach doppischen Regelungen Rechnung legende) Eigenbetrieb nur noch mit seinem jährlichen Zuschussbedarf ein.

Wenig transparent ist für eine Gemeindevertretung häufig auch die Berichtslegung im Haushalt über die in privater Rechtsform geführten Beteiligungsgesellschaften.

Beteiligungsberichte schaffen teilweise Abhilfe. Sie können aber nur die Ergebnisse und die Geschäftätigkeit der einzelnen Betriebe aneinanderreihen. Die Aggregation zu einem Konzernergebnis, also zu einem „virtuellen Gesamthaushalt", der die Gesamtverschuldung und den Gesamtfehlbetrag zeigen würde, leisten sie nicht. Im Übrigen gilt für den „Konzern Kommune" das zuvor für den Haushalt Festgestellte: Die Planung (bei Eigenbetrieben in Form der Wirtschaftspläne) findet rein inputorientiert statt, die Ergebnisse und Wirkungen des Mitteleinsatzes sind nicht ausdrücklich bestimmt.

Um zumindest im Jahresabschluss wieder den tatsächlichen wirtschaftlichen Status des „Gesamtkonzerns Kommune" erkennen zu können, ist ein konsolidierter Konzernabschluss dringend notwendig. Liegt er vor, zeigt sich die wirtschaftliche Situation

- unabhängig vom Grad der Auslagerungen von Aufgaben, Vermögen und Schulden,
- unabhängig von Veräußerungserlösen, die nur innerhalb des Gesamtkonzerns realisiert wurden.

Einen solchen Konzernabschluss zu erstellen, ist nur möglich, wenn der Kernhaushalt einer Kommune in der doppischen Struktur einer Bilanz und Ergebnisrechnung vorliegt. Nur in diesem Fall können die Zahlen mit denen der Beteiligungsgesellschaften zusammengefasst werden, deren Rechnungsstil durch das Handelsgesetzbuch (HGB), aber auch das Steuerrecht auf die doppelte Buchführung festgelegt ist. Die erweiterte Kameralistik stößt hier unweigerlich an ihre Grenzen.

Die genannten Vorteile der Doppik haben im europäischen Ausland bereits viele Staaten als Anlass für entsprechende Reformen genommen. Dabei ist zu beobachten, dass immer zuerst die kommunale Ebene Vorreiter ist und das staatliche Rechnungswesen mit mehr oder weniger großer Verzögerung folgt.

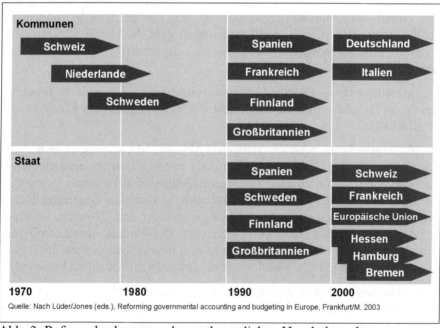

Abb. 2: Reform des kommunalen und staatlichen Haushaltsrechts

Auch die Europäische Union mit ihrem eigenen Haushaltswesen als auch die statistischen Anforderungen der EU an die von den Mitgliedstaaten zu liefernden Haushaltszahlen orientieren sich ebenfalls an der Doppik. So ist Deutschland seit 2005 verpflichtet, über alle staatlichen Ebenen eine europäische Statistik zum Finanzanlagevermögen und der Schulden zu bedienen[5]. Die hierfür erforderliche Aufstellung wichtiger Teile des Vermögens und der Schulden lässt sich effizient und zutreffend nur aus einer Bilanz ableiten.

Wollte Deutschland die (erweiterte) Kameralistik bewahren, wäre insofern absehbar, dass dies mittelfristig zu einer isolierten Stellung in Europa hinsichtlich des Haushaltsrechts führen würde.

Neben den praktischen Problemen (namentlich bei der Finanzstatistik) könnten zudem Nachteile der öffentlichen Haushalte an den Finanzmärkten befürchtet werden. Durchaus plausible Prognosen gehen davon aus, dass künftig die Zinskonditionen für solche Schuldner schlechter sind, die keine marktüblichen Zahlen für Ratings liefern können. Marktüblich sind gegenwärtig bzw. werden zukünftig international bereits Bilanzen und kaufmännisch geprägte Jahresabschlüsse. Die Nichterfüllung dieser marktüblichen Standards bei der finanzwirtschaftlichen Berichterstattung allein kann bereits zu schlechteren Konditionen führen. Dies gilt selbst dann, wenn die tatsächliche Bonität öffentlicher Haushalte angesichts der fehlenden Insolvenzfähigkeit von Gebietskörperschaften als fast unbegrenzt bezeichnet werden könnte.

Zusammenfassend lässt sich feststellen, dass der Wechsel zur Doppik aus vier Gründen sinnvoll ist. Sie ist

1. konzeptionell geeignet zur Abbildung des Ressourcenverbrauchs und weiterer Reforminhalte,
2. als Betriebssystem überlegen,
3. einzige Lösung für die Konzernrechnungslegung,
4. sich entwickelnder internationaler Standard.

Daher wird sich der doppische Rechnungsstil im kommunalen Haushaltsrecht in den nächsten Jahren bundesweit nahezu flächendeckend durchsetzen. Der staatliche Sektor wird, möglicherweise erst aufgrund des entstehenden Handlungsdrucks durch die sich entwickelnde Praxis in den anderen europäischen Nationalstaaten und der EU, mittelfristig einen ähnlichen Weg

---

[5] Vgl. EU-Verordnung Nr. 501/2004 vom 10. März 2004.

gehen. Die Vorreiter, namentlich Hamburg und Hessen, aber auch NRW, weisen den Weg.

# 2 Reformbausteine im Neuen Kommunalen Finanzmanagement

Mit der Grundsatzentscheidung für die doppelte Buchführung als Rechnungsstil ist die Frage aufgeworfen, wie das Regelwerk des doppischen Haushaltswesens zu gestalten ist. Das nordrhein-westfälische Modellprojekt hat hierauf eine Antwort gegeben: das betriebswirtschaftliche Konzept für ein Neues Kommunales Finanzmanagement (NKF). Neben der Dokumentation des betriebswirtschaftlichen Konzepts hat das Modellprojekt aus den sieben nordrhein-westfälischen Kommunen einen Mustertext für die notwendigen Regelungen in der Gemeindeordnung, der Gemeindehaushaltsverordnung und angrenzenden Vorschriften erarbeitet. Die Texte sind Mitte 2003 in einem Abschlussbericht veröffentlicht worden.

Neben den innovativen Inhalten war auch der Prozess der Reform des Gemeindehaushaltsrechts in NRW neu. Normadressaten (Kommunen) und Normgeber haben gemeinsam den Prozess von Beginn an gestaltet. Dabei haben die Adressaten für die künftigen Regelungen mit der oben erwähnten Dokumentation den ersten Vorschlag für das neue Haushaltsrecht selbst auf den Tisch gelegt. Der Prozess wurde durch das Beratungsunternehmen Mummert Consulting begleitet. Es hat den Prozess stringent organisiert und kontrolliert sowie inhaltliche Qualitätssicherungen vorgenommen. Daneben konnte Mummert auch als Mediator zwischen den verschiedenen kommunalen bzw. den kommunalen und den ministeriellen Interessen wirken.

Auf der Basis der Empfehlungen des Modellprojekts hat das Innenministerium NRW einen Gesetzentwurf erarbeitet, der nach parlamentarischen Beratungen im November 2004 vom Landtag beschlossen wurde. Das „Gesetz über ein Neues Kommunales Finanzmanagement für Gemeinden im Land Nordrhein-Westfalen (Kommunales Finanzmanagementgesetz NRW – NKFG NRW)", verkündet am 24. November 2004 im Gesetz- und Verordnungsblatt NRW Nr. 41, Seite 644 ff., enthält drei wesentliche Teile:

- Einführungsgesetz (NKFEG, regelt den Übergang in die Doppik),
- Änderung der Gemeindeordnung (GO),
- Doppische Gemeindehaushaltsverordnung (GemHVO)

sowie Regelungen zur Anpassung von zahlreichen Einzelvorschriften in anderen Gesetzen (u. a. Kreisordnung, Kommunalwahlgesetz).

Das NKF-Konzept und das aus ihm entstandene NKFG NRW haben die finanzwirtschaftlich relevanten Zielsetzungen der Neuen Steuerung aufgegriffen und in Vorschläge für das neue, doppische Haushaltswesen gegossen. Die wichtigsten Reformaspekte, die sich im NKF wiederfinden:

- Die Orientierung am Ressourcenverbrauchskonzept ist im NKF verwirklicht. Im Zentrum der Haushaltsplanung, der Ermächtigung und des Haushaltsausgleichs stehen mit dem Aufwand und dem Ertrag die Ressourcen.
- Die Steuerung durch Zielvorgaben und die Outputsteuerung werden unterstützt. Leistungsmengen, Ziele, Zielvorgaben, Qualitäten und sonstige Kennzahlen sind im neuen Haushaltsrecht als dem Grunde nach verbindliche Bestandteile verankert.
- Die Budgetierung wird unterstützt. Das NKF hat weniger als 30 Produktbereiche als „Gliederung" und nur noch rd. 20 Zeilen der Ergebnisrechnung als „Gruppierung". Damit entstehen deutlich weniger Haushaltsstellen; jede einzelne Haushaltsstelle umfasst mehr Mittel. Wo es früher „Ausgaben für Dienstkleidung" in einem Unterabschnitt gab, gibt es jetzt nur noch die viel globalere Position „Sachaufwendungen" für einen Produktbereich.
- Die Einhaltung der intergenerativen Gerechtigkeit wird an der Bilanz ablesbar, in der Vermögen und Schulden zu einem Stichtag gegenübergestellt sind.
- Die Mittelfristorientierung hin auf eine dauerhafte Aufgabenerfüllung im Haushaltswesen wird gestärkt. Künftig soll eine in den jährlichen Haushalt integrierte Mittelfristplanung verpflichtend sein. Zudem ist diese für alle Positionen der Ergebnisplanung zu erstellen (im kameralen Haushaltsrecht würde man sagen: haushaltsstellenscharf). Diese Aufwertung der mittelfristigen Finanzplanung soll es nicht zuletzt in politischen Beratungsprozessen erschweren, den Blick nur auf das nächste Haushaltsjahr zu richten und mittelfristige Notwendigkeiten zu ignorieren.
- Auf der Basis von Bilanz und Ergebnisrechnung wurde der Haushaltsausgleich neu definiert. Die Veräußerung von Vermögen ist damit im Grundsatz nicht mehr geeignet, einen Haushaltsausgleich herbeizuführen.
- Der Konzern Kommune kann in allen seinen Teilen nach vergleichbaren Maßstäben abgebildet werden.

Insofern ist die Doppik nach dem NKF mehr als nur ein Konzept für die Umstellung des Buchführungsstils. Das NKF setzt im Kern das Ressourcenverbrauchskonzept um und ist darüber hinaus Anlass gewesen, Gedanken der Verwaltungsreform und der Neuen Steuerung im Haushaltsrecht zu verankern.

Neben dem NKF in NRW gibt es in weiteren Ländern Gesetzgebungsvorhaben oder erste untergesetzliche Festlegungen. Zum Zeitpunkt der Drucklegung Mitte 2005 waren hier beispielsweise einschlägig:

- In Hessen ist ein neuer Teil der Gemeindeordnung seit April 2005 in Kraft, der die Haushaltsführung nach den Regeln der doppelten Buchführung ermöglich.
- In Niedersachsen liegt ein Gesetzentwurf vor, der über Einzelgenehmigungen nach der Experimentierklausel bereits von den Kommunen angewendet werden kann. Ähnlich der Stand in Baden-Württemberg: Gesetzentwürfe liegen vor, eine Anwendung wird über Einzelgenehmigungen ermöglicht.
- Richtlinie zur Bewertung des kommunalen Vermögens und der Kommunalen Verbindlichkeiten (Bewertungsrichtlinie – BewertR) im Land Brandenburg vom 13. Mai 2004.

# 3 Referenzmodelle und Gestaltungsprinzipien

## 3.1 Kaufmännisches Rechnungswesen als Referenzmodell

### 3.1.1 Unterschiede

Im Zentrum der kommunalen Haushaltswirtschaft stand bisher und steht auch im doppischen System der Haushaltsplan. Hierin ist ein wesentlicher Unterschied zu dem Rechnungswesen für Unternehmen (ob nach dem Handelsgesetzbuch [HGB] oder nach den International Financial Reporting Standards [IFRS]) zu sehen, das stark auf den Jahresabschluss als nachträglichen Erfolgsausweis ausgerichtet ist.

Im Rahmen der Planung nimmt die kommunale Vertretungskörperschaft ihr Budgetrecht wahr. Der verabschiedete Haushaltsplan liefert die Grundlage für die Arbeit der Verwaltung und ermächtigt sie, Verpflichtungen einzugehen und zu erfüllen. Beides unterstreicht die herausgehobene Stellung der Planung im Haushaltswesen.

Im NKF ist daher eine neue Planungsseite entwickelt worden. Gerade hier kann die kaufmännische Rechnungslegung nicht als Vorbild dienen, da in der Privatwirtschaft die Unternehmensplanung nicht vorgeschrieben oder geregelt ist. Im Zentrum der kaufmännischen Buchführung steht der (nach nationalen bzw. internationalen handelsrechtlichen bzw. steuerrechtlichen Regeln erstellte) Jahresabschluss, der den Eigenkapitalgebern zur Aufteilung der Gewinne dient, Fremdkapitalgebern die Beurteilung der Lage der Firma ermöglicht oder der das Finanzamt über Höhe des Gewinns oder des Verlustes informiert.

### 3.1.2 Gemeinsamkeiten

Gleichwohl kann das kaufmännische Rechnungswesen bei der Gestaltung des Haushaltswesens der Kommunen als Referenzmodell für die Ausgestaltung zahlreicher Komponenten herangezogen werden. Viele Grundprinzipien, die für das kaufmännische Rechnungswesen entwickelt wurden, sind auch für öffentliche Haushalte notwendig bzw. lassen sich auf deren Besonderheiten übertragen.

* Die verlässliche Dokumentation der Geschäfts- bzw. Verwaltungstätigkeit ist in beiden Bereichen ein herausragendes Ziel. Im öffentlichen Sektor hat sie durch das Budgetrecht des Rates/der Gemeindevertretung und das Informationsbedürfnis der Bürger eine besondere Ausprägung.
* Die Rechnung der Unternehmen soll die Kapitalerhaltung dokumentieren. Für Kommunen ist dieser Grundsatz ebenfalls anwendbar. Die Gemeindeordnungen fordern heute in allgemeinen Haushaltsgrundsätzen von den Kommunen, „dass die stetige Erfüllung ihrer Aufgaben gesichert" sein muss (vgl. z. B. den „kameralen" § 75 Abs. 1 GO NRW). Im Sinne einer intergenerativen Gerechtigkeit ist hieraus das Ziel für das Wirtschaften einer Kommune abgeleitet worden, dass jede Generation nur die Ressourcen verbrauchen soll, die sie auch einbringt. Im Rechnungswesen zeigt sich dies an der Kapitalerhaltung.
* Das Imparitätsprinzip zwingt den Kaufmann, künftig wahrscheinlich eintretende Belastungen bereits heute auszuweisen und anderseits Gewinne erst dann zu verbuchen, wenn diese tatsächlich eingetreten sind. Dieses Vorsichtsprinzip hat den Nachteil, dass die wirtschaftliche Lage tendenziell immer zu schlecht dargestellt wird. Der Vorteil liegt jedoch in

einer in der Wirtschaft erprobten, logisch durchgängigen und in vielen Kommentaren und der Rechtsprechung präzisierten Richtschnur für die Führung des Rechnungswesens. Sie stellt sicher, dass mit Blick auf die intergenerative Gerechtigkeit im Zweifel immer der Schutz „zukünftiger Bürger" vor Belastungen Vorrang hat.

Das Neue Kommunale Haushalts- und Rechnungswesen kann daher grundsätzlich das HGB oder andere anerkannte kaufmännische Standards wie IFRS als Referenzmodell nutzen. Es soll überall dort nah an dem privatwirtschaftlichen Rechnungswesen sein, wo dies möglich ist. Die zuvor genannten Vorteile, betriebswirtschaftliche Standardsoftware in vielen Bereichen nutzen oder die Ergebnisse im Konzern Stadt konsolidieren zu können, werden sich nur einstellen, wenn das neue doppische Rechnungswesen der Kommunen in seinen Eckpunkten mit den anerkannten Prinzipien des Rechnungswesen der Privatwirtschaft kompatibel ist. Abweichungen sollten daher nicht den Kern der Philosophie des Rechnungswesens betreffen. Es sollten auch im Detail nicht ohne Not Abweichungen von privatwirtschaftlich gültigen Festlegungen vorgenommen werden.

Andererseits muss ein doppisches Haushaltsrecht dort Sonderwege gehen, wo den Spezifika der öffentlichen Hand Rechnung getragen werden muss. Zudem können zusätzliche Vereinfachungen eingeführt werden, sofern diese keinen Informationsverlust bedeuten und den Kommunen die Umsetzung erleichtern.

Das deutsche Handelsrecht, aber auch andere anerkannte Standards der kaufmännischen Rechnungslegung, dienen daher als Referenzmodell. Modifikationen sind nur im Einzelfall vorgenommen worden bzw. sinnvoll.

Ein Beispiel für eine Vereinfachung sieht das NKF z. B. bei der Buchung der Gewerbesteuereinnahmen vor. Diese sollen nicht nach strengen Prinzipien periodisiert (d. h. der Periode ihrer wirtschaftlichen Veranlassung zugeordnet) werden. Wird ein Bescheid über eine Vorauszahlung für das Folgejahr verschickt, so soll der Ertrag zum Datum der Fälligkeit des Vorauszahlungsbescheids gebucht werden. Alternativ wäre es denkbar, diesen passivisch abzugrenzen, also gesondert auszuweisen, um ihn wirtschaftlich der Folgeperiode zuzuordnen. Dieses Verfahren würde allerdings den Buchungsaufwand sehr stark erhöhen und letztlich kein genaueres Bild liefern.

## 3.2 Normierte und nicht normierte Komponenten des Haushaltswesens

Wesentliche Schwäche des kameralen Haushalts ist die einseitige Sicht auf Einzahlungen und Auszahlungen. Die Vernachlässigung des Ressourcenverbrauchs, der nicht in Geldmitteln des aktuellen Haushaltsjahrs besteht, führt zu Fehlsteuerungen. Ziel der Reform ist es daher, den Kommunen umfassendere Informationen für eine bessere Planung und Steuerung zu liefern.

Würde jedoch der kamerale Haushalt einfach nur ersetzt durch die kaufmännische Bilanz und die Gewinn- und Verlustrechnung (GuV), wäre nicht viel gewonnen. Es würde immer noch fehlgesteuert, allerdings anders. Das Neue Haushalts- und Rechnungswesen darf nicht die bisherige (kamerale) Einseitigkeit durch eine neue (doppische) Einseitigkeit ersetzen. Es muss vielmehr die jeweils richtigen Informationen für die vielschichtigen Steuerungsprobleme einer Kommune anbieten.

So wie der kamerale Haushalt nur einen Ausschnitt der Probleme abbildet, bilden die kaufmännische Bilanz und die GuV nur einen (allerdings größeren) Ausschnitt ab. Die anderen wichtigen Sichtweisen werden in einem Unternehmen der Privatwirtschaft vom internen Rechnungswesen abgedeckt. Es ist gesetzlich nicht normiert und hat je nach Branche, Unternehmensziel und -größe unterschiedliche Ausprägungen. Zudem beinhaltet es zahlreiche verschiedene Komponenten für unterschiedliche Aufgaben:

– Liquiditätsplanung
– Kostenstellenrechnung
– Kostenträgerrechnung
– Profit-Center-Rechnung
– Marktforschungsanalysen, Qualitäts- oder Umweltbilanzen usw.

In vielen Kommunen sind im Rahmen der Einführung des Neuen Steuerungsmodells bereits entsprechende Elemente – vor allem die Kostenrechnung – eingeführt worden.

Diese Aufgabenteilung und wechselseitige Ergänzung der verschiedenen Zweige des Rechnungswesens galt es, mit dem Neuen Kommunalen Finanzmanagement zu stärken und zu systematisieren. Daher sind beim NKF alle Aufgaben eines Haushalts- und Rechnungswesens i. w. S. zwei unterschiedlichen Bereichen zugeordnet worden: dem normierten und dem nicht normierten Haushaltswesen. Dieses Begriffspaar soll dabei eine bewusste Unterscheidung zur Privatwirtschaft unterstreichen, wo vom internen und externen Rechnungswesen gesprochen wird. „Intern" und „extern" suggeriert, dass bestimmte Teile dem Rat, der Aufsicht oder den Bürgern vorenthalten würden. Dies kann jedoch in Gebietskörperschaften nicht gewollt sein. Grundsätzlich müssen alle relevanten Informationen zugänglich sein.

Für die Entscheidung, was normiert werden muss, sind vor allem zwei Aspekte entscheidend:

- Was für jede einzelne Kommune unabhängig von ihrer Größe oder Besonderheiten zur Sicherstellung eines rechtmäßigen Haushaltswesens notwendig ist, muss verbindlich geregelt werden. Die Wahrung des Budgetrechts der Vertretungskörperschaften, die Herstellung von Transparenz oder die Sicherstellung der Ordnungsmäßigkeit und der Rechenschaft erfordern gesetzliche Normierungen.
- Was darüber hinaus für die Vergleichbarkeit des Haushaltswesens unter den Kommunen an Einheitlichkeit notwendig ist, muss ebenfalls durch verbindliche Regelungen hergestellt werden. Die Forderung nach einer Vergleichbarkeit bzw. Einheitlichkeit des Haushaltswesens erwächst dabei aus verschiedenen Quellen. Eine wichtige ist der Wunsch der Kommunen, ihre Haushalte vergleichen zu können. Weitere Notwendigkeiten erwachsen u. a. aus Themen wie

    - dem kommunalen Finanzausgleich,
    - der übergreifenden Rechtsaufsicht durch das Land,
    - der einheitlichen Ausbildung,
    - der Praktibilität von Softwareunterstützung,
    - der überörtlichen Rechnungsprüfung oder
    - der Landes- und Bundesstatistik.

Was aus anderen als den beiden oben genannten Gründen zur Steuerung einer Kommune benötigt wird, muss im Grundsatz nicht normiert werden. Der normierte Teil muss allerdings geeignete „Schnittstellen" zur Verfügung stellen, an denen die nicht normierten Elemente angeschlossen werden können.

Daher wird im Neuen Kommunalen Finanzmanagement vom normierten und vom nicht normierten Teil des Haushaltswesens gesprochen. Diese sind nicht als separate Teile zu verstehen, sondern als verzahnte Komponenten des Haushaltswesens im weiteren Sinn. Die Kostenrechnung ist vermutlich der in den meisten Kommunen wichtigste Teil des nicht normierten Haushaltswesens.

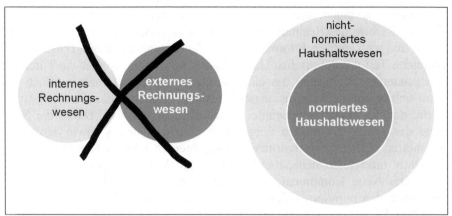

Abb. 3: Normiertes und nicht normiertes Haushaltswesen

Im Neuen Kommunalen Finanzmanagement ist die Entscheidung gefallen, die Kostenrechnung trotz ihrer Bedeutung für die Praxis in ihrer Ausgestaltung nicht gesetzlich zu normieren. Dadurch soll den Kommunen die Möglichkeit eingeräumt werden, diese nach ihren individuellen Erfordernissen aufzubauen. In der Konsequenz ist der Buchungsstoff des NKF Aufwand und Ertrag und nicht Kosten und Erlöse.

Dadurch wird die Kostenrechnung von einengenden Vorgaben des Gesetzgebers freigehalten. Es kann das jeweils nach der Gemeindegröße und der Aufgabenstellung passende Kostenrechnungsverfahren gewählt werden. Dies entspricht der Praxis der Wirtschaft, wo sich unterschiedliche Kostenrechnungsphilosophien je nach Branche, aber auch im Zeitablauf entwickelt haben.

- Die Kostenstellenrechnung hat sich in Produktionsunternehmen entwickelt, ebenso wie die Kostenträgerrechnung. Während Kostenstellen die organisatorische Gliederung abbildet, stellt die Kostenträgerrechnung das Produkt in den Mittelpunkt. Daneben gibt es andere Systeme, wie die Prozesskostenrechnung.
- Je nachdem, ob der Vergangenheitsbezug oder die Planung im Mittelpunkt stehen, werden Ist-Kosten analysiert oder Plankosten berccchnet. Letzteres gibt es wiederum in den Ausprägungen der flexiblen oder starren Plankostenrechnung, zwei Begriffe die mit der Diskussion um die Budgetierung inhaltlich verknüpft werden können.

Die Liste ließe sich weiter fortführen. Jeder dieser Wertbegriffe, Kostenrechnungssysteme und Analyseinstrumente erfüllt eine spezifische Aufgabe: Entscheidungen zu einem ebenso spezifischen Steuerungsproblem vorzubereiten. Ziel der Reform des Rechnungswesens muss es daher sein, die jeweils sinnvollen und notwendigen Informationen zur Verfügung zu stellen. Dabei ist der normierte Teil des doppischen Haushaltswesens wichtig, weil er die Türen zu den genannten Elementen des nicht normierten Haushaltswesens öffnet. Es kann sich so ein mehrdimensionales Haushalts- und Rechnungswesen entwickeln, das die eingangs genannte Einseitigkeit überwindet. Durch die Nutzung des neuen, normierten doppischen Haushaltswesens sowie den nicht normierten betriebswirtschaftlichen Komponenten können Kommunen eine qualitativ tatsächlich neue, mehrdimensionale Verwaltungssteuerung erreichen. Das Neue Kommunale Finanzmanagement hat in diesem Sinne den Anspruch, den normierten Teil der kommunalen Haushaltswirtschaft auszugestalten. Dieser ist im kommunalen Haushaltsrecht kodifiziert. Gleichzeitig will es für die nicht normierten Teile des Haushaltswesens gezielt Schnittstellen anbieten. Die Freiheit der Kommunen, sich selbst die passenden Instrumente maßzuschneidern, wird dabei nicht eingeschränkt (s. Abb. 4).

– Das NKF legt den normierten Teil des neuen Haushaltswesens fest.

– Die Bestandteile des Neuen Steuerungsmodells sind als nichtnormierter Teil des Haushaltswesens mit dem NKF kompatibel.

– Das NKF entspricht einem „offenen Betriebssystem", das verschiedene Lösungen für die nichtnormierten Bestandteile anbietet bzw. ermöglicht.

Abb. 4: „Offenes Betriebssystem NKF"

Als ein Beispiel, wie das Prinzip eines mehrstufigen Rechnungswesens aussehen kann, sei hier ein Konzept für ein künftiges doppisches Haushaltswesen in Hamburg vorgestellt. Es ist als Zukunftsperspektive im Rahmen eines laufenden Projekts zur

Einführung der Doppik in der Hansestadt entwickelt worden. Der normierte Teil soll künftig – ähnlich dem NKF – in Produktgruppen Aufwand und Ertrag darstellen. Diese Werte werden für die Feinsteuerung der Bewirtschaftung auf die operativen Verantwortungsbereiche heruntergebrochen. Dies könnte in der Kostenrechnung geschehen. Sie bildet in Kostenstellen und Kostenträgern die Details der Leistungen und der Strukturen der Leistungserbringung ab.

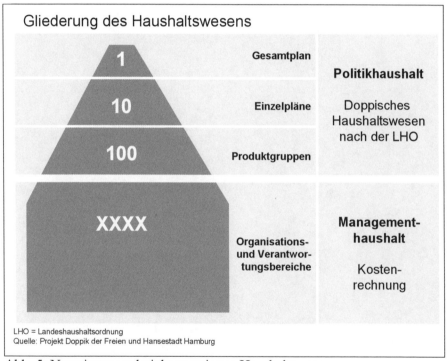

Abb. 5: Normiertes und nicht normiertes Haushaltswesen

# B  Die Komponenten des neuen Haushaltswesens

---

**Auf einen Blick:**

⇒ Ergebnisplan und Finanzplan bilden neben den bekannten Teilen wie Satzung und Stellenplan den Kern des doppischen Haushalts. Zusätzlich zu dem Ergebnis- und Finanzplan für die Kommune als Ganzes gibt es so genannte Teilpläne. Diese werden mindestens für die rund 30 Produktbereiche einer Kommunalverwaltung aufgestellt.

⇒ Die haushaltsrechtliche Ermächtigung findet sich im Ergebnisplan. Lediglich die investiven Auszahlungen und Einzahlungen werden durch den Finanzplan ermächtigt.

⇒ In den Ergebnisplan ist die Mittelfristplanung für die drei auf das Haushaltsjahr folgenden Jahre integriert.

⇒ Der Jahresabschluss wird aus der Ergebnisrechnung und der Finanzrechnung sowie zusätzlich einer Bilanz gebildet. Das Vermögen wird in der Bilanz grundsätzlich zu Anschaffungs- oder Herstellungskosten angesetzt.

---

## 1  Das Drei-Komponenten-System

Mit dem NKF ist ein Konzept für das künftige Haushaltswesen entstanden, das sich auf drei Komponenten stützt:

- den Ergebnisplan (bzw. die Ergebnisrechnung als sein Pendant im Jahresabschluss),
- den Finanzplan (bzw. die Finanzrechnung) und
- die Bilanz (nur im Jahresabschluss).

Im Zentrum des neuen Haushaltswesens steht künftig der Ergebnisplan, weil es zu den vordringlichsten Zielen der Reform des Haushaltsrechts gehört, den Ressourcenverbrauch bzw. -zuwachs einer Periode vollständig abzubilden. Der Ergebnisplan (oder sein Pendant im Jahresabschluss, die Ergebnisrechnung) beinhaltet alle Ressourcen als Aufwendungen und Erträge, die wirtschaftlich dem Haushaltsjahr zuzuordnen sind. Dabei ist es nicht erheblich, wann die Einzahlung oder Auszahlung stattfindet. Maßgeblich ist immer der „wirtschaftliche Grund" für die Zuordnung eines Vorgangs zu einem Haushaltsjahr. Hierin liegt der Kern des Wechsels von der Kameralistik zur Doppik.

> Bei Investitionsgütern wird künftig statt dem Anschaffungsjahr die gesamte Nutzungsdauer haushaltswirtschaftlich belastet. Nutzt die Kommune beispielsweise im Bauhof ein Fahrzeug, wird der Ressourcenverbrauch durch die Abschreibung berücksichtigt. Die Abschreibungen sind der auf die Nutzung im Haushaltsjahr entfallende Anteil der Anschaffungskosten. Dieser jährliche Abschreibungsbetrag repräsentiert den tatsächlichen Ressourcenverbrauch in der Periode.
>
> Auch heute verursachte Belastungen, der erst in künftigen Perioden zu Zahlungen führen, sind heute Aufwand in Form von Rückstellungen.

Gleiches gilt für Einnahmen und Erträge. Anstelle des Datums der Einnahme in der Stadtkasse ist die wirtschaftlich betroffene Periode maßgeblich für die Zuordnung des Ertrags zu einem Haushaltsjahr. Wird eine Miete an die Kommune von einem Verein im Dezember für das Folgejahr bezahlt, ist dies im Grundsatz ein Ertrag des neuen Jahres.

Maßgeblich für die Frage, in welcher Periode etwas Aufwand oder Ertrag wird, ist die Frage, in welcher Periode der „wirtschaftliche Grund" liegt. An folgenden Beispielen soll gezeigt werden, wann jeweils Aufwand, also Ressourcenverbrauch vorliegt und was lediglich eine Auszahlung darstellt:

- Wird Streusalz gekauft, wird eine Auszahlung getätigt. Wird es im Winter tatsächlich verbraucht, entsteht Aufwand.
- Werden Straßen gebaut, entstehen Auszahlungen für Investitionen, die an die Bauunternehmen geleistet werden. Über die 20 Jahre, die die Straße benutzt werden kann und verschlissen wird, fällt Aufwand an.
- Durch jedes Dienstjahr erwerben Beamte Pensionsansprüche. Dieser Anspruch ist ein Aufwand, dessen wirtschaftlicher Grund in der Periode liegt, in der der Beamte tätig war. Während des aktiven Dienstjahres entsteht daher Aufwand für Pensionen (d. h. genauer: für Pensionsrückstellungen). Die später zu leistende Pensionszahlung hingegen ist zwar ausgabenwirksam, stellt aber keinen Aufwand dar.

- Beamtenbezüge, die im Dezember im Voraus für den Januar überwiesen werden, sind kein Aufwand des zu Ende gehenden Jahres. Diese sind im Dezember eine Auszahlung, der Aufwand gehört jedoch in das neue Jahr.
- Die Aufnahme eines Kredits oder seine Tilgung stellen keinen Ertrag bzw. keinen Aufwand dar. Die mit den Krediten finanzierten PCs verursachen Aufwand, wenn sie abgeschrieben werden. Ebenso sind die Zinsen, die für den Kredit fällig werden, Aufwand.

Bei vielen Vorgängen in der Verwaltung fallen allerdings Auszahlung und Aufwand bzw. Einzahlung und Ertrag in dieselbe Periode. Beispielsweise sind Personalauszahlungen für Angestellte am Ende eines Monats in derselben Periode Aufwand.

Zudem ist zu beachten, dass eine Periodisierung bei Unwesentlichkeit unterbleiben kann bzw. unterbleiben sollte. In Wirtschaftsunternehmen ist es nicht üblich, Zeitschriftenabonnements oder Versicherungsprämien mit Beträgen von wenigen Tausend Euro zu periodisieren. Namentlich wenn es sich um regelmäßig wiederkehrende Aufwendungen und Erträge handelt, ist es Praxis, aus Vereinfachungsgründen keine Abgrenzung vorzunehmen. Dies wird auch von Wirtschaftsprüfern in den Jahresabschlussprüfungen nicht beanstandet. Bei Kommunen könnten aber beispielsweise erhaltene oder zu zahlende Umlagen oder Zuweisungen (Finanzausgleiche, Kreisumlagen, Verbandsumlagen etc.) Verwaltungsvorfälle sein, bei denen eine Zuordnung zu dem wirtschaftlich betroffenen Haushaltsjahr für einen korrekten Ergebnisausweis bedeutsam ist.

In diesem Prinzip der periodengerechten Zuordnung des Ressourcenverbrauchs zu dem Haushaltsjahr, in dem der Werteverzehr stattfindet, liegt der wesentliche Systemwechsel durch die Einführung des neuen Haushaltswesens (s. Abb. 6).

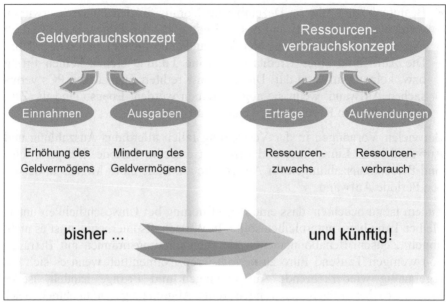

Abb. 6: Ressourcenverbrauchskonzept

Konsequenterweise muss auch der Haushaltsausgleich am Saldo des Ergebnisplans festgemacht werden. Die Kommune muss so wirtschaften, dass Aufwendungen und Erträge einer Periode ausgeglichen sind. Alle Ressourcen, die in einer Periode verbraucht werden, sind dem Grundsatz nach in derselben zu ersetzen.

Da der Ergebnisplan Basis des Wirtschaftens der Verwaltung sein soll, stellt er auch die Ermächtigungsgrundlage dar. Er fasst zusammen, welche Aufwendungen die Verwaltung im Haushaltsjahr höchstens verursachen darf und welche Erträge sie erwartet.

In Abbildung 7 ist das Schema des in der so genannten Staffelform aufgestellten Ergebnisplans dargestellt. In ihm findet sich auch die Position „Abschreibungen". In der entsprechenden Zeile ist der Ressourcenverbrauch aus der Nutzung eines Fahrzeugs eingetragen.

Im Gemeindehaushaltsrecht NRW findet sich die Gliederung des Ergebnisplans in § 2 der Gemeindehaushaltsverordnung.

Für ein Fahrzeug, das für 50.000 EUR gekauft wurde, wird beispielsweise geplant, dass es über 10 Jahre genutzt werden kann. Die Abschreibung im

Ergebnisplan wird somit bei einer gleich bleibenden Abschreibungsrate mit 5.000 EUR angesetzt und damit ermächtigt.

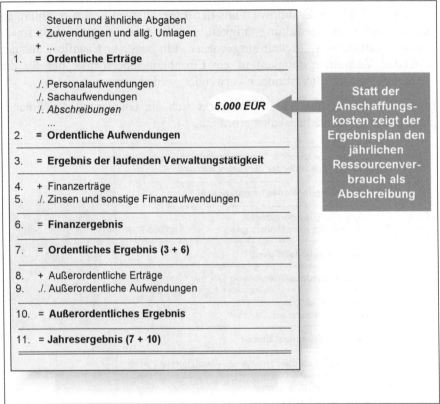

Abb. 7: Schema des Ergebnisplans

Da der Ergebnisplan den periodisierten Ressourcenverbrauch erfasst, lässt er die einmalige Auszahlung im Jahr der Anschaffung unberücksichtigt.

Im Jahr der Anschaffung muss die Verwaltung folglich zusätzlich eine Ermächtigungsgrundlage für die Auszahlung von 50.000 EUR haben. Diesem Zweck, der Ermächtigung einer investiven Auszahlung sowie der Planung der Finanzierung der Verwaltungstätigkeit mit allen ihren Einzahlungen und Auszahlungen insgesamt, dient die zweite Komponente des neuen Haushaltswesens, der Finanzplan (bzw. die Finanzrechnung im Jahresabschluss). Er weist die Einzahlungen und Auszahlungen der Periode aus.

Er ist ebenfalls in Staffelform aufgestellt und zeigt zunächst die Einzahlungen und Auszahlungen, die mit der laufenden Verwaltungstätigkeit zu tun haben und dann die investiven Beträge (s. Abb. 8). Als Zwischensummen werden die Salden („Cashflows") aus den Einzahlungen und Auszahlungen aus der laufenden Verwaltungstätigkeit, aus der Investitionstätigkeit sowie aus der Finanzierungstätigkeit ausgewiesen. Ein positiver Cashflow aus der laufenden Verwaltungstätigkeit ist ein Einzahlungsüberschuss, der für die Finanzierungen von Investitionen verwendet werden kann.

Im Gemeindehaushaltsrecht NRW findet sich die Gliederung des Finanzplans in der Gemeindehaushaltsverordnung (§ 3).

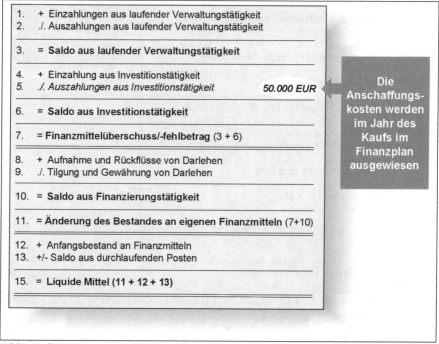

Abb. 8: Schema des Finanzplans

Ergänzt werden die beiden Komponenten der Ergebnis- und Finanzplanung um die Bilanz. Sie zeichnet nicht wie die beiden anderen Komponenten die laufenden Ressourcen- oder Geldströme eines Haushaltsjahres auf, sondern stellt zu einem Stichtag das vorhandene Vermögen und die Schulden der

Kommune gegenüber. Sie wird daher auch als „Wertespeicher" bezeichnet (s. Abb. 9).

**Kommunale Bilanz**

| Aktiva | Passiva |
|---|---|
| 1. Anlagevermögen:<br>  1.1 Immaterielle<br>     Vermögensgegenstände<br>  1.2 Sachanlagen    **45.000 EUR**<br>  1.3 Finanzanlagen | 1. Eigenkapital:<br>  1.1 Allgemeine Rücklagen<br>  1.2 Sonderrücklagen<br>  1.3 Ausgleichsrücklage<br>  1.4 Jahresüberschuss/-fehlbetrag |
| 2. Umlaufvermögen:<br>  2.1 Vorräte<br>  2.2 Forderungen, sonstige<br>     Vermögensgegenstände<br>  2.3 Wertpapiere des Umlaufvermögens<br>  2.4 Liquide Mittel | 2. Sonderposten<br><br>3. Rückstellungen<br><br>4. Verbindlichkeiten<br><br>5. Passive Rechnungsabgrenzungsposten |
| 3. Aktive Rechnungsabgrenzungsposten<br><br>*(4. nicht durch Eigenkapital gedeckter*<br>*   Fehlbetrag)* | |

Abb. 9: Schema der Bilanz

Das Fahrzeug des Bauhofs wird am Ende des Haushaltsjahres, in dem es angeschafft wurde, mit seinem verbliebenen Wert von 45.000 EUR ausgewiesen. Mit jedem Jahr der Nutzung werden im Ergebnisplan weitere 5.000 EUR Aufwand erfasst; der Wert in der Bilanz sinkt analog.

Die Ergebnisrechnung zeigt in ihrem Saldo, ob im Verlauf des Jahres mehr Ressourcen verbraucht wurden als hinzugekommen sind. Der Saldo – das Jahresergebnis – zeigt, ob ein Überschuss oder ein Fehlbetrag erwirtschaftet wurde. Dieser wird mit der Bilanzposition „Eigenkapital" verrechnet. Wurde ein Überschuss erwirtschaftet, steigt das Eigenkapital entsprechend. Ergab sich ein Fehlbetrag, so sinkt das Eigenkapital um diesen Betrag.

Zum in der Bilanz dargestellten Vermögen der Kommune gehört neben dem Fahrzeug auch das Bankguthaben. Dieses verändert sich im Laufe des Jahres durch Einzahlungen und Auszahlungen. Diese Einzahlungen und Auszahlungen wiederum werden im Finanzplan erfasst. Der Finanzplan geht also mit seinem Saldo in den Bilanzposten für die Finanzmittel („Liquide Mittel") ein. Die Komponenten Finanzplan und Ergebnisplan sind so systematisch in der Bilanz miteinander verknüpft (s. Abb. 10).

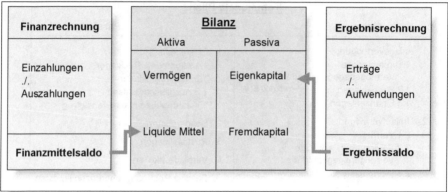

Abb. 10: Das Drei-Komponenten-System

Die Bilanz zeigt auf ihrer linken Seite, der **Aktivseite**, welche Vermögensgegenstände mit welchen Werten die Kommune besitzt. Auf der rechten, der **Passivseite**, wird gegenübergestellt, woher die Kommune die Mittel bekommen hat, um dieses Vermögen zu finanzieren. Im Grundsatz gibt es zwei Möglichkeiten: **Eigenkapital** oder **Fremdkapital**.

Das Eigenkapital ist dabei eine rein rechnerische Größe. Es ergibt sich, wenn dem Vermögen die Schulden gegenübergestellt werden und der Unterschied ausgerechnet wird.

Hat eine Kommune nur einen Vermögensgegenstand, nämlich ein Fahrzeug im Wert von 45.000 EUR, und Schulden in Höhe von 30.000 EUR, so ergibt sich als Differenz ein Eigenkapital von 15.000 EUR (s. Abb. 11).

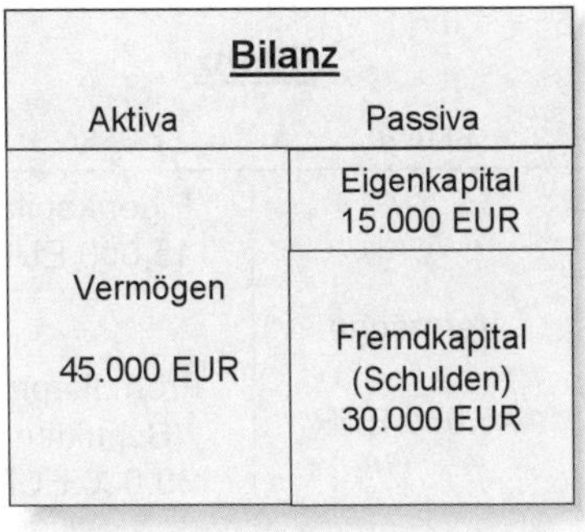

| Bilanz | |
|---|---|
| Aktiva | Passiva |
| | Eigenkapital 15.000 EUR |
| Vermögen 45.000 EUR | Fremdkapital (Schulden) 30.000 EUR |

Abb. 11: Eigenkapital

Zahlreiche für das Verständnis des doppischen Rechnungswesens wesentliche Mechanismen machen sich an diesem Grundprinzip der Bilanzierung von Vermögen und Schulden sowie dem sich daraus ergebenden Eigenkapital fest. Die drei Wichtigsten im Überblick:

- Eigenkapital kann nicht ausgegeben werden.
  Eigenkapital ist der rechnerische Überschuss des gesamten Vermögens über alle Schulden. Es liegt nicht als Bankguthaben vor. Es steckt vielmehr gedanklich anteilig in jedem Vermögensgegenstand. Das Fahrzeug aus dem Beispiel ist zu einem Drittel mit Eigenkapital finanziert. Das Gleiche gilt im Übrigen auch für die später eingehend erläuterten Posten wie Rücklagen, die besondere Teile des Eigenkapitals darstellen. Anders als in der Kameralistik sind Eigenkapital bzw. Rücklagen in der Doppik rein buchhalterisch gebildete Posten. Sie stehen nicht in einer bestimmten Form wie z. B. Bankguthaben zur Verfügung.
- Wird ein neuer Vermögensgegenstand erworben und durch einen Kredit finanziert, steigen das Vermögen und das Fremdkapital, aber nicht das Eigenkapital.
  Wird z. B. die bereits dargestellte Bilanz durch die Anschaffung eines zweiten Fahrzeugs für 20.000 EUR, das vollständig kreditfinanziert wird, „verlängert", bleibt das Eigenkapital unverändert. Was sich allerdings durch das Geschäft verändert ist die Eigenkapitalquote, also das Verhältnis des Eigenkapitals zum Fremdkapital. Sie sinkt durch die **Bilanzverlängerung** von 33 % auf 23 % (s. Abb. 12).

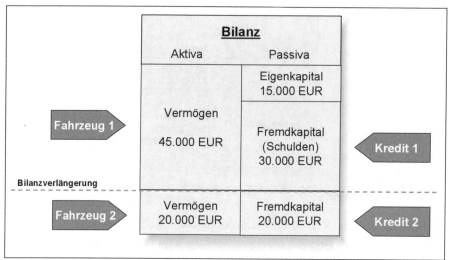

Abb. 12: Bilanzverlängerung

Gleiches gilt für die so genannte **Bilanzverkürzung**: Wird der Kredit für ein Fahrzeug abgelöst, indem das Fahrzeug dem Händler zurückgegeben wird, bleibt das Eigenkapital unverändert.

Praxisnäher ist ein Verkauf, der allerdings eine ähnliche bilanzielle Auswirkung hat: Das Vermögen auf der Aktivseite sinkt um den Restwert des verkauften Autos, gleichzeitig steigt aber das Bankguthaben um den gezahlten Kaufpreis an. Da das Vermögen auf der Aktivseite der Bilanz nur seine Form wechselt, also aus einem Fahrzeug wieder ein Bankguthaben wird, spricht man von einem **Aktivtausch**. Die Veräußerung kommunalen Vermögens macht die Kommune nicht reicher, sondern nur liquider. Sie wird nicht reicher, weil dem Zuwachs des Bankkontos eine Minderung des Anlagevermögens gegenübersteht. Lediglich der Unterschied zwischen dem erzielten Preis und dem in der Bilanz verzeichneten Wert (Buchwert) des Vermögensgegenstands wirkt sich im Ergebnis aus.

- Wird das Vermögen über dem in der Bilanz verzeichneten Buchwert verkauft, entsteht ein Ertrag, der das Eigenkapital erhöht.
- Wird weniger als der Buchwert erzielt, entsteht Aufwand, der die Kommune am Jahresende mit weniger Eigenkapital in der Bilanz dastehen lässt als zuvor.

Wird auf der Passivseite zwischen einzelnen Bilanzposten umgeschichtet, handelt es sich um einen **Passivtausch** (Ablösung kurzfristiger Verbindlichkeiten durch die Aufnahme langfristiger Kredite).

• Aktiv- und Passivseite haben immer die gleiche Summe. Dies kann schon aufgrund der Art der Berechnung nicht anders sein:

*Wenn*:      Vermögen – Schulden = Eigenkapital

*muss auch*   Eigenkapital + Schulden = Vermögen   *sein*.

Übersteigen die Schulden das Vermögen, wird dies durch einen Korrekturposten auf der Passivseite ausgeglichen ("nicht durch Eigenkapital gedeckter Fehlbetrag", s. Abb. 13).

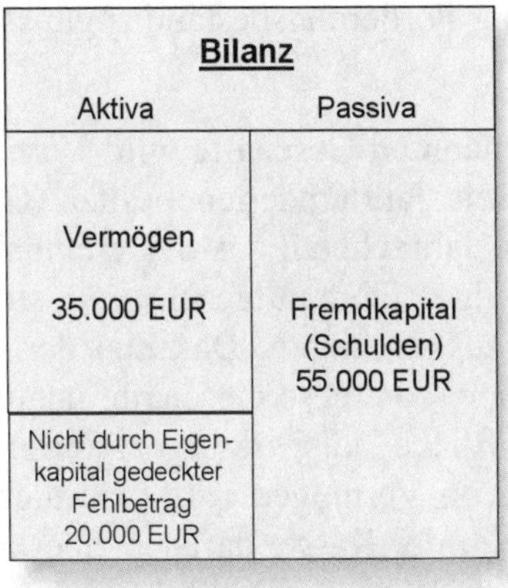

**Bilanz**

| Aktiva | Passiva |
| --- | --- |
| Vermögen 35.000 EUR | Fremdkapital (Schulden) 55.000 EUR |
| Nicht durch Eigenkapital gedeckter Fehlbetrag 20.000 EUR | |

Abb. 13: Nicht durch Eigenkapital gedeckter Fehlbetrag

Die beschriebenen Mechanismen des Aktivtauschs (Veräußerung von Vermögen) oder der Bilanzverlängerung (kreditfinanzierte Investition) sind über die hier zunächst erläuterte buchhalterische Sicht hinaus bedeutsam für das Ressourcenverbrauchskonzept als Reformkonzept. Der kurzfristige Ausgleich öffentlicher Haushalte über die Veräußerung von Vermögen ist in der Doppik dem Grundsatz nach nicht mehr möglich.

Umschichtungen innerhalb des Vermögens verändern das Eigenkapital nicht, Vermögensverkäufe schichten in der Regel nur um zwischen Sachanlagevermögen und liquiden Mitteln. Wird das Fahrzeug mit dem Restbuchwert von 45.000 EUR zu diesem Preis verkauft, bleibt das Vermögen auf der linken Seite der Bilanz in der Summe unverändert. Gewechselt hat lediglich die

Form, in der das Vermögen vorliegt. War der Wert zuvor in der Position „Fahrzeuge" enthalten, liegt er nach dem Verkauf in gleicher Höhe als Bankguthaben unter der Bilanzposition „Finanzmittel" vor.

Neben Sachanlagevermögen (Grundstücke, Gebäude) haben Kommunen in der Vergangenheit vor allem auch Beteiligungsvermögen (Anteile an Versorgungs- oder Wohnungsbauunternehmen) veräußert. Relativ neu ist die Veräußerung von Vermögen aus anderen Posten der Bilanz. So hat der Bund in den letzten Jahren begonnen, künftige Einnahmen (z. B. künftige Rückzahlungen auf Kredite, die an andere Staaten vergeben wurden) zu veräußern, um den Haushalt zu entlasten. Hier hätte sich in der Doppik der Forderungsbestand zugunsten der liquiden Mittel verringert.

Durch die genannten Geschäfte wird Vermögen, das die öffentliche Hand seit Jahrhunderten besitzt (Grundvermögen) bzw. innerhalb von Jahrzehnten aus Steuereinnahmen geschaffen hat, innerhalb weniger Jahre aufgezehrt, um strukturelle Defizite für einige Jahre zu kaschieren. Das Ziel der Doppikreform ist ein Haushaltswesen, das diese Geschäfte unattraktiv macht, weil es ihre wirtschaftliche Auswirkung zutreffend dargestellt: Durch den Verkauf von Vermögen wird man nicht reicher. Zwar klingelt es sofort in der Kasse, dafür ist aber auch weniger Vermögen vorhanden. Wird der Veräußerungserlös letztlich zur Deckung konsumtiver Haushaltspositionen verwendet, steht man am Ende des Haushaltsjahres faktisch ärmer da als zuvor.

Die Aufnahme von Krediten zeigt sich in der Bilanz in einer Verlängerung. Es steigt das Bankguthaben auf der Aktivseite, und es steigt in gleicher Höhe das Fremdkapital auf der Passivseite. Kredite sind keine Erträge, können folglich einen Haushalt auch nicht „ausgleichen".

Neben der betriebswirtschaftlichen Bedeutung bzw. den haushalterischen Auswirkungen sei noch kurz auf die Begriffe des neuen Haushaltswesens eingegangen. Die Begriffe „Aktiv" und „Passiv" aus der Bilanz haben keine das Verständnis der Buchführung erhellende Bedeutung. Gleiches gilt für „Soll" und „Haben", welche die linke und rechte Seite bei den in der Buchführung verwendeten T-Konten bezeichnen. Sie können mehr als sprachliche Konvention verstanden werden. Auch die für die doppelte Buchführung in der öffentlichen Verwaltung insgesamt verwandte Bezeichnung „Doppik" scheint keine tiefer gehende Bedeutung zu haben. „Doppelte Buchführung in Konten" ist eine Interpretation der Herkunft. Wahrscheinlicher erscheint jedoch, dass sich der Begriff aufgrund der sprachlichen Nähe der Endung zum Wort Kameralistik entwickelt und durchgesetzt hat. Festzuhalten bleibt, dass er in der Privatwirtschaft unbekannt ist. Dort wird als Bezeichnung „kaufmännische" oder „doppelte Buchführung" verwendet.

# 2 Das neue Haushaltswesen

Das neue doppische Haushaltswesen ist aus den drei Komponenten Ergebnisplan, Finanzplan und Bilanz sowie weiteren, im Wesentlichen bereits aus der Kameralistik bekannten Elementen (z. B. der Haushaltssatzung oder dem Stellenplan) aufgebaut.

Führende Komponente des neuen Haushaltswesens ist der Ergebnisplan. Er bildet das Ressourcenaufkommen und den Ressourcenverbrauch der Periode ab. Als Planwerk ermächtigt er das Handeln der Verwaltung.

Neben den Ergebnisplan tritt der Finanzplan. Im Finanzplan werden vor allem die Investitionsauszahlungen und -einzahlungen der Periode zusammengestellt. Diese Beträge stellen ebenfalls eine Ermächtigung dar.

Der Haushaltsplan als Kernstück des Budgetrechts des Rates muss dabei für alle Ermächtigungen auch eine sachliche Festlegung beinhalten. Daher treten neben den Ergebnisplan und den Finanzplan für die gesamte Kommune Teilpläne für die einzelnen Produktbereiche der Verwaltung. Neben den Produktbereichen, die sich aus den Aufgaben der Kommune ergeben, gibt es im NKF einen gesonderten „Produktbereich 16", der die Zahlen zu der allgemeinen Finanzierungstätigkeit aufnimmt (vor allem die Steuererträge und die allgemeinen Umlagen, s. Abb. 14).

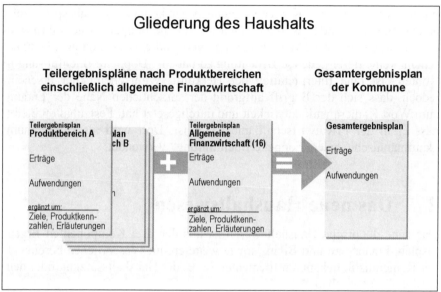

Abb. 14: Gliederung des Haushalts

Der künftige Haushalt gemäß dem NKF ist also produktbezogen gegliedert. Dies unterstützt das Reformziel, durch das Haushaltswesen die Leistungen der Verwaltung, also ihre Produkte, in das Zentrum der Steuerung zu rücken. Alternativ wäre eine Gliederung nach Organisationseinheiten denkbar, wie dies in einigen Bundesländern zulässig sein wird. Dies würde die Aufteilung von Budgets auf Verantwortungsbereiche im Haushalt erleichtern. Die organisatorische Gliederung im Haushaltsrecht zu normieren stößt aber auf systematische Hindernisse:

- Ein nach Organisationseinheiten gegliederter Haushalt würde sich bei jeder Neuorganisation in einer Kommune verändern und wäre deshalb im Zeitablauf nicht mehr vergleichbar.
- Eine Vergleichbarkeit zwischen Kommunen wäre nur gegeben, wenn es Regeln für die Bildung der Organisationseinheiten gäbe. Dies ist vor dem Hintergrund der Organisationshoheit der Kommunen als wichtiger Teil ihrer Selbstverwaltung nicht möglich.
- Die organisatorische Gliederung stünde im Konflikt mit dem Reformziel einer Outputorientierung.

Für die aufzustellenden produktorientierten Teilpläne gibt es eine verbindliche Mindestgliederung in Anlehnung an § 4 GemHVO NRW. Diese normiert im NKF 17 Produktbereiche (s. Abb. 15) und findet sich in den vom Innenministerium NRW veröffentlichten Mustern. Im Haushalt sind mindestens diese Produktbereiche darzustellen bzw. bei einer abweichenden, tieferen Gliederung der Bezug zu diesen Produktbereichen herzustellen. Die Gliederung ist an den Produktrahmen der Länder angelehnt, auf den diese sich mit Beschluss der Innenministerkonferenz vom 21. November 2003 geeinigt haben.

| Normierte Mindest-Haushaltsgliederung nach dem NKF | |
|---|---|
| 01 Innere Verwaltung | 09 Räumliche Planung und Entwicklung, Geoinformationen |
| 02 Sicherheit und Ordnung | |
| 03 Schulträgeraufgaben | 10 Bauen und Wohnen |
| 04 Kultur und Wissenschaft | 11 Ver- und Entsorgung |
| 05 Soziale Leistungen | 12 Verkehrsflächen und -anlagen, ÖPNV |
| 06 Kinder-, Jugend- und Familienhilfe | 13 Natur- und Landschaftspflege |
| | 14 Umweltschutz |
| 07 Gesundheitsdienste | 15 Wirtschaft und Tourismus |
| 08 Sportförderung | 16 Allgemeine Finanzwirtschaft |
| | 17 Stiftungen |

Abb. 15: Normierte Mindest-Haushaltsgliederung nach dem NKF

Der Kommune steht es frei, eine individuell gewählte detailliertere Gliederung nach Produktgruppen oder Produkten im Haushalt abzubilden. Wird eine solche detailliertere Gliederung unterhalb der normierten Produktbereiche gewählt, ist auf der normierten Produktbereichsebene nur die Summe der Erträge und Aufwendungen bzw. der Einzahlungen und Auszahlungen anzugeben (vgl. § 4 Abs. 2 Nr. 3 GemHVO NRW). Die individuelle Gliederung muss sich also eindeutig den normierten Produktbereichen zuordnen lassen. Dies erlaubt den Kommunen maximale Freiheit und stellt gleichzeitig die Vergleichbarkeit sicher. Eine Kommune könnte beispielsweise Produktbereichen Ämtern zuordnen und den produktorientiert gegliederten Haushalt auf diese Art organisationsbezogen sortieren (s. Abb. 16).

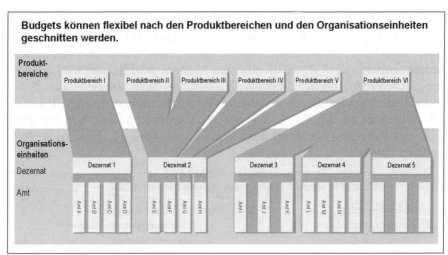

**Budgets können flexibel nach den Produktbereichen und den Organisationseinheiten geschnitten werden.**

Produkt-
bereiche

| Produktbereich I | Produktbereich II | Produktbereich III | Produktbereich IV | Produktbereich V | Produktbereich VI |

Organisations-
einheiten

Dezernat

| Dezernat 1 | Dezernat 2 | Dezernat 3 | Dezernat 4 | Dezernat 5 |

Amt

Amt A  Amt B  Amt C  Amt D  Amt E  Amt F  Amt G  Amt H  Amt I  Amt J  Amt K  Amt L  Amt M  Amt N

Abb. 16: Abbildung von organisatorischen Strukturen

Ergebnisplan und Finanzplan für die Gesamtebene wie auch die Teilpläne für die einzelnen Produktbereiche sollen jeweils die Zahlen für eine Zeitreihe von sechs Jahren darstellen (s. Abb. 17).

Früher wurde die Planung als mittelfristige Finanzplanung separat und nur für den Haushalt als Ganzes auf der Ebene der Gruppierungen erstellt. Diese Planung wird ersetzt durch die Beplanung der drei auf das Haushaltsjahr folgenden Jahre. Ziel dieser Regelung ist es, die Mittelfristorientierung der Haushaltswirtschaft zu stärken und so stabile Finanzen zu fördern. Dabei haben die für die drei Finanzplanungsjahre anzugebenden Werte keine Bindungswirkung in dem Sinne, wie es die Haushaltsansätze des zu planenden Haushaltsjahres haben.

Die Abbildung der mittelfristigen Finanzplanung auf der Haushaltsseite als Spalten neben dem Ansatz des aktuellen Haushaltsjahres soll die Bedeutung unterstreichen. Die haushaltspositionenscharfe Planung auf der Ebene der Produktbereiche soll die Transparenz erhöhen und zu konkreteren und damit realistischeren Prognosen zwingen. Zwei Beispiele:

- Folgekosten von Investitionsprojekten in den nächsten drei Jahren sind unmittelbar auf der Haushaltsseite ablesbar.
- Einsparungen, die künftige Haushalte stabilisieren sollen, wären nicht mehr pauschal für eine Ausgabenart anzusetzen, sondern in einem Produktbereich auszuweisen. Eine früher in der Mittelfristplanung pauschal

angesetzte Personalkosteneinsparung wäre nunmehr konkret auf Produktbereiche aufzuteilen.

**Zeitreihe der Planungskomponenten:**

| Ergebnisplan bzw. Finanzplan | Ergebnis des Vor- vorjahres | Ansatz des Vorjahres | Haushalts- ansatz | Planung Haushalts- jahr + 1 | Planung Haushalts- jahr + 2 | Planung Haushalts- jahr + 3 |
|---|---|---|---|---|---|---|
| | 1 | 2 | 3 | 4 | 5 | 6 |

– Integration der mittelfristigen Finanzplanung
– Stärkung der zukunftsorientierten Planung
– leistbar durch begrenzte Anzahl der zu beplanenden Finanz- und Ergebnispositionen (früher: „Haushaltsstellen")

Abb. 17: Zeitreihe der Planungskomponenten

Ergänzt werden die Angaben des Ergebnis- und Finanzplans im Haushalt um Informationen zu den Zielen, den zu erstellenden Leistungen (Output) und – wo möglich – den mit ihnen verfolgten Ergebnissen und Wirkungen (Outcome). Diese gegenüber dem bisherigen Gemeindehaushaltsrecht neue Anforderung an den kommunalen Haushalt stellt (neben der Umstellung auf das Ressourcenverbrauchsprinzip) die vielleicht bedeutendste Innovation im Rahmen der Einführung des NKF dar. Alle Kommunen müssen ihre Haushalte in Richtung auf eine Ergebnissteuerung hin weiterentwickeln. Das NKF fordert die Abkehr von den traditionell rein inputorientierten Angaben im Haushalt hin zu einer outputorientierten Planung, Entscheidung und Berichterstattung. Es setzt damit Konzepte des Neuen Steuerungsmodells um (Zielorientierung und Zielvereinbarung). Auch neueren Entwicklungen, die unter den Überschriften „ergebnisorientierter Haushalt" oder „Evaluierung von Wirkungen staatlichen Handelns" gefasst werden, öffnet das NKF den Weg in das Zentrum des Haushalts.

Die Angabe von Zielen und Kennzahlen im Haushalt und in der Jahresrechnung ist im neuen Gemeindehaushaltsrecht in Nordrhein-Westfalen in § 4 Abs. 2 i. V. m. § 12 und § 40 Abs. 2 GemHVO NRW geregelt. Obwohl ein zentrales Element der Reform, ist nur eine Verpflichtung dem Grunde nach als Soll-Vorschrift enthalten. Die spezifische Ausgestaltung bleibt jeder Kommune selbst überlassen. Zielbeschreibungen, Kennzahlen oder sonstige Angaben können und müssen von jeder Kommune individuell festgelegt werden. Der Gesetzgeber konnte die konkreten Inhalte eines sinnvoll, zu den jeweiligen Zielen und Aufgaben einer einzelnen Kommune passenden out-putorientierten Haushalts- und Steuerungssystems nicht allgemein festlegen. Damit einher geht die Gefahr, dass sich die Anstrengungen der Kommunen bei der Einführung des NKF zunächst nur auf den Wechsel des Buchungs-stils konzentrieren und die für die Reform der Steuerung wichtige Outputori-entierung zu kurz kommt.

Abbildung 19 zeigt das schematische Muster einer Haushaltsseite für einen Produktbereich mit allen genannten Elementen.

Während für den Haushaltsplan keine Planbilanz vorgesehen ist, soll der Jahresabschluss durch die dritte Komponente, die Bilanz, ergänzt werden. Sie zeigt jeweils zum Stichtag (31. Dezember) des abgelaufenen Haushalts-jahres den Status des vorhandenen Vermögens, der Schulden und des Eigen-kapitals.

Die weiteren Elemente wie Stellenplan, Wirtschaftspläne der Sondervermö-gen und Ähnliches vervollständigen das Haushaltswesen. Abbildung 18 zeigt einen Überblick, bevor im nächsten Kapitel die Elemente im Detail erläutert werden.

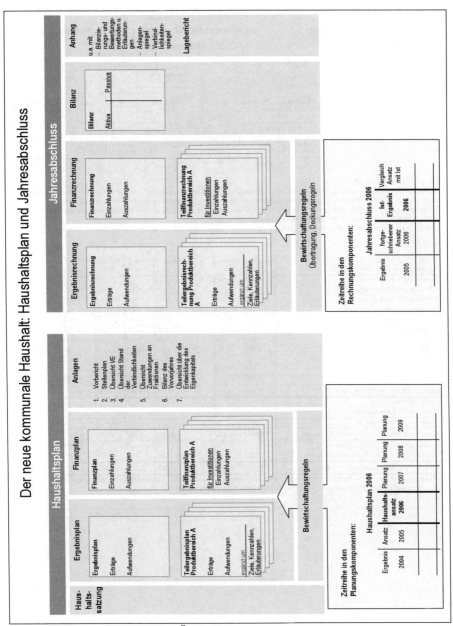

Abb. 18: Haushaltswesen im Überblick

## Haushaltsplan 2006
### Produktbereich: Sport und Bäder

**Verantwortliche Beigeordnete: Frau Dr. Mustermann**

**Produktinformationen**

Der Produktbereich beinhaltet die direkte Sportförderung (vor allem Vereinszuschüsse) ebenso wie die indirekte (Bau und Unterhaltung von Sportstätten und Anlagen). Größtes Investitionsprojekt des Haushaltsjahres ist der Neubau der Halle X, für den das Land einen Zuschuss von 360.000 Euro bewilligt hat. Damit wird das Ziel des Sportentwicklungsplans von 2002 erreicht, auch in den südlichen Stadtteilen eine Halle anzubieten.

**Produktbereichsübersicht**

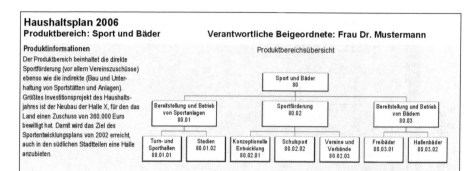

**Ziele und Zielvereinbarungen**

Die Quote der durch Nutzungsüberlassungsvertrag den Vereinen zur Bewirtschaftung übergebenen Sporthallen und -plätze soll von jetzt 50 % auf 75 % bis 2009 gesteigert werden. Dadurch soll das Jahresergebnis des Produktbereichs Sport mittelfristig konstant gehalten werden. Die durch die Vereinsbewirtschaftung sinkenden Aufwendungen bei den Sach- und Dienstleistungen und beim Personal können der direkten Vereinsförderung zufließen. Die Aufwendungen für den laufenden Betrieb der Halle in Neudorf ab 2007 sollen im Budget des Produktbereichs erwirtschaftet werden.

Die Ursachen der schwankenden Auslastung der Sporthallen sollen ermittelt und ein Auslastungsgrad von 58 % dauerhaft erreicht werden.

| Teilergebnisplan (in Tausend Euro): | Ergebnis 2004 | Ansatz 2005 | Haushaltsansatz 2006 | Planung 2007 | Planung 2008 | Planung 2009 |
|---|---|---|---|---|---|---|
| Zuwendungen und allgemeine Umlagen | 1.438 | 945 | 615 | 625 | 625 | 625 |
| + Öffentlich-rechtliche Leistungsentgelte | 14.148 | 14.314 | 15.371 | 16.000 | 15.500 | 15.500 |
| + Privatrechtliche Leistungsentgelte | 324 | 330 | 410 | 415 | 425 | 430 |
| + Kostenerstattungen und Kostenumlagen | 123 | 120 | 120 | 120 | 120 | 120 |
| = Ordentliche Erträge | 16.033 | 15.709 | 16.516 | 17.160 | 16.670 | 16.675 |
| - Personalaufwendungen | 12.550 | 13.000 | 13.100 | 13.150 | 13.150 | 13.150 |
| - Versorgungsaufwendungen | 1.804 | 1.800 | 1.800 | 1.940 | 1.945 | 1.950 |
| - Aufwendungen für Sach- und Dienstleistungen | 6.865 | 6.700 | 6.700 | 6.750 | 6.750 | 6.750 |
| - Bilanzielle Abschreibungen | 35 | 41 | 48 | 46 | 46 | 46 |
| - Transferaufwendungen | 612 | 516 | 541 | 723 | 800 | 800 |
| = Ordentliche Aufwendungen | 21.866 | 22.057 | 22.189 | 22.609 | 22.691 | 22.696 |
| = Ergebnis der lfd. Verwaltungstätigkeit | -5.833 | -6.348 | -5.449 | -5.449 | -6.021 | -6.021 |
| + Außerordentliche Erträge | 0 | 0 | 0 | 0 | 0 | 0 |
| - Außerordentliche Aufwendungen | 567 | 0 | 0 | 0 | 0 | 0 |
| = Außerordentliches Ergebnis | -567 | 0 | 0 | 0 | 0 | 0 |
| = Ergebnis vor internen Leistungsbeziehungen | -6.400 | -6.348 | -5.449 | -5.449 | -6.021 | -6.021 |
| + Erträge aus internen Leistungsbeziehungen | 121 | 120 | 120 | 120 | 120 | 120 |
| - Aufwendungen aus internen Leistungsbeziehungen | 654 | 658 | 660 | 700 | 700 | 700 |
| = Ergebnis Produktbereich Sport und Bäder | -6.933 | -6.886 | -5.989 | -6.029 | -6.601 | -6.601 |

Alle Aufwendungen und Erträge (mit Ausnahme der Abschreibungen und der Aufwendungen aus interner Leistungsbeziehung) sind gegenseitig deckungsfähig. Darüber hinaus geltende allgemeine Budgetregeln sind auf Seite XX des Haushaltsplans wiedergegeben.

| Teilfinanzplan | Ergebnis 2004 | Ansatz 2005 | Haus-halts-ansatz 2006 | Ver-pflich-tungs-ermäch-tigung | Planung 2007 | Planung 2008 | Planung 2009 |
|---|---|---|---|---|---|---|---|
| **Investitionstätigkeit** | | | | | | | |
| **Einzahlungen** | | | | | | | |
| aus Zuwendungen für Investitionsmaßnahmen | 12 | 456 | 360 | 0 | 35 | 0 | 0 |
| aus der Veräußerung von Sachanlagen | 31 | 54 | 12 | 0 | 0 | 0 | 0 |
| Sonstige Investitionseinzahlungen | 35 | 0 | 5 | 0 | 56 | 0 | 0 |
| **Summe der investiven Einzahlungen** | **78** | **510** | **377** | **0** | **91** | **0** | **0** |
| **Auszahlungen** | | | | | | | |
| für den Erwerb von Grundstücken u. Gebäuden | 0 | 356 | 0 | 0 | 0 | 0 | 0 |
| für Baumaßnahmen | 34 | 58 | 489 | 230 | 0 | 0 | 0 |
| für den Erwerb v. beweglichem Anlagevermögen | 16 | 43 | 45 | 0 | 40 | 40 | 440 |
| Sonstige Investitionsauszahlungen | 22 | 0 | 12 | 0 | 10 | 0 | 0 |
| **Summe der investiven Auszahlungen** | **72** | **457** | **546** | **230** | **50** | **40** | **440** |
| **Saldo Investitionstätigkeit Produktbereich Sport u. Bäder** | **6** | **53** | **-169** | **-230** | **41** | **-40** | **-440** |

| Übersicht Investitionsmaßnahmen | Ergebnis 2004 | Ansatz 2005 | Haus-halts-ansatz 2006 | Ver-pflich-tungser-mäch-tigung | Planung 2007 | Planung 2008 | Planung 2009 | bisher bereitge-stellt | Gesamt Ein- u. Auszah-lungen |
|---|---|---|---|---|---|---|---|---|---|
| **Investitionsmaßnahme: Neubau Halle Neudorf** | | | | | | | | | |
| aus Zuwendungen für Investitionsmaßnahmen | 0 | 456 | 360 | 0 | 0 | 0 | 0 | 0 | 816 |
| für den Erwerb von Grundstücken u. Gebäuden | 0 | 356 | 0 | 0 | 0 | 0 | 0 | 356 | 356 |
| für Baumaßnahmen | 0 | 0 | 489 | 230 | 0 | 0 | 0 | 0 | 719 |
| **Saldo** | **0** | **100** | **-129** | **-230** | **0** | **0** | **0** | **-356** | **-259** |
| **Investitionsmaßnahmen unterhalb der Wertgrenzen** | | | | | | | | | |
| Summe der investiven Einzahlungen | 11 | 9 | 8 | 0 | 10 | 10 | 10 | 10 | 10 |
| Summe der investiven Auszahlungen | 56 | 48 | 46 | 0 | 45 | 45 | 40 | 40 | 40 |
| **Saldo** | **-45** | **-39** | **-38** | **0** | **-35** | **-35** | **-30** | **-30** | **-30** |

| Stellenplanauszug | 2004 | 2005 | 2006 |
|---|---|---|---|
| Anzahl vollzeitverrechneter Stellen Beamte u. Angestellte | 22 | 22 | 23 |
| Anzahl vollzeitverrechneter Stellen Arbeiter | 7 | 7 | 7 |

| Leistungsmengen und Kennzahlen | 2004 | 2005 | 2006 | 2007 | 2008 |
|---|---|---|---|---|---|
| Fläche Sportplätze (qm) | 6.400 | 6.400 | 6.400 | 6.400 | 6.400 |
| Fläche Sporthallen (qm) | 1.645 | 1.912 | 1.912 | 1.912 | 1.912 |
| Auslastungsgrad Sporthallen | 64% | 48% | 50% | 50% | 50% |
| Anzahl Hallenbäder | 2 | 2 | 2 | 3 | 4 |
| Kostendeckungsgrad Hallenbäder | 5,4% | 4,8% | 4,0% | 5,0% | 5,0% |
| Besucherzahl Hallenbäder | 11.234 | 12.345 | 13.000 | 13.000 | 13.000 |
| Anzahl Freibäder | 1 | 1 | 1 | 1 | 1 |
| Kostendeckungsgrad Freibäder | 11,3% | 10,1% | 8,4% | 10,5% | 10,5% |
| Besucherzahl Freibäder | 23.564 | 23.212 | 20.000 | 20.000 | 20.000 |
| Anzahl Naturfreibäder | 1 | 1 | 1 | 1 | 1 |
| Quote Anzahl Vereinsmitglieder / Einwohner | 15,1% | 15,6% | 16,0% | 16,0% | 16,0% |
| Direkte Vereinsförderung (TEuro) | 35 | 41 | 48 | 49 | 50 |

Abb. 19: Muster Haushaltsseiten Produktbereich Sport

53

# 3 Die Elemente des Haushaltswesens im Einzelnen

## 3.1 Haushaltssatzung und Haushaltsplan

### 3.1.1 Haushaltssatzung

Die Kommune erlässt für jedes Haushaltsjahr eine Haushaltssatzung (vgl. § 78 GO NRW). Diese nennt

- die Summen der Aufwendungen und Erträge sowie die Summen der Einzahlungen und Auszahlungen aus laufender Verwaltungstätigkeit,
- die Summen der Einzahlungen und Auszahlungen für Investitionen sowie die Summen der Einzahlungen und Auszahlungen aus der Finanzierungstätigkeit.

Daneben sind der Höchstbetrag der Kreditaufnahme für Investitionen sowie die Höhe der Verpflichtungsermächtigungen[6] anzugeben. Ergänzt durch die Steuersätze für die Gemeindesteuern sowie ggf. weiterer geforderter Angaben (z. B. zur Haushaltssicherung) ergibt sich die Haushaltssatzung der Gemeinde. Der Haushaltsplan ist insgesamt Teil der Haushaltssatzung.

In die Haushaltssatzung ist auch der Höchstbetrag der Kredite für die Liquiditätssicherung - auch Kassenkredite genannt – aufzunehmen. Diese Trennung ist eine „Spätfolge" des kameralen Haushaltsrechts in der Doppik. In der Kameralistik stand keine Vermögens- und Schuldenbuchführung zur Verfügung, weswegen Grenzen für die Kreditaufnahme nur an der jährlichen, im Haushaltsplan verzeichneten Kreditaufnahme anknüpfen konnten. So beschränkt das Grundgesetz die Höhe der Neuverschuldung in einem Haushaltsjahr auf die Höhe der Investitionen (Artikel 115 Abs. 1 Satz 2 GG). Entsprechende Regelungen finden sich in den Landeshaushaltsordnungen und dem Gemeindehaushaltsrecht aller Bundesländer. Bei der Reform des Gemeindehaushaltsrechts schien es aus rechtlichen wie politischen Erwägungen heraus weder möglich noch sinnvoll, an dieser Regelung zu rüt-

---

[6] Verpflichtungsermächtigungen sind haushaltsrechtliche Ermächtigungen, Verpflichtungen zur Leistung von Investitionsauszahlungen (oder solchen für Investitionsfördermaßnahmen) in künftigen Haushaltsjahren einzugehen.

teln. Gleichwohl ist festzuhalten, dass sie der Doppik systemfremd und betriebswirtschaftlich nicht haltbar ist.

Die Abgrenzung des Kassenkredits anhand des Zwecks (Liquiditätssicherung) ist vor dem Hintergrund des Gesamtdeckungsprinzips letztlich beliebig. Die Abgrenzung anhand der Laufzeit ist ebenso wenig eindeutig. Defizitäre Kommunen haben teilweise seit Jahren permanent Kassenkredite von mehreren hundert Millionen Euro. Kurzlaufende Kredite laufend zu prolongieren kommt einer mittelfristigen Verschuldung wirtschaftlich gleich. Insofern ist auch dieses Kriterium ungeeignet.

Wichtiger ist aber das Argument, dass die Beschränkung der Kreditaufnahme anhand der Neuverschuldung auch in ihrer Steuerungswirkung faktisch ins Leere läuft (vgl. hierzu Kapitel 3.5).

### 3.1.2 Vorbericht des Haushaltsplans

Der Haushaltsplan beginnt mit einem Vorbericht, der den Zahlenteil erläutert. Hier können z. B. die mittelfristigen finanzwirtschaftlichen Rahmenbedingungen und Ziele genannt oder einzelne Positionen des Haushaltsansatzes begründet werden.

### 3.1.3 Ergebnisplan

Der Ergebnisplan fasst für die Kommune als ganzes Aufwendungen und Erträge zusammen. Haushaltsansätze im Ergebnisplan und allen anderen Elementen des Haushalts sind nach dem Jährlichkeitsprinzip und dem Bruttoprinzip vorzunehmen. Der Ergebnisplan ist nach dem Muster in Abb. 20 aufzustellen. Generell gilt für alle Muster: Es sind jeweils nur die Zeilen aufzuführen, die in der Zeitreihe mit Werten belegt sind.

| Ergebnisplan | | Ergebnis des Vorvorjahres | Ansatz des Vorjahres | Ansatz des Haushaltsjahres | Planung Haushaltsjahr + 1 | Planung Haushaltsjahr + 2 | Planung Haushaltsjahr + 3 |
|---|---|---|---|---|---|---|---|
| | | 1 | 2 | 3 | 4 | 5 | 6 |
| 1 | Steuern und ähnliche Abgaben | | | | | | |
| 2 | + Zuwendungen und allgemeine Umlagen | | | | | | |
| 3 | + Sonstige Transfererträge | | | | | | |
| 4 | + Öff.-rechtliche Leistungsentgelte | | | | | | |
| 5 | + Privatrechtliche Leistungsentgelte | | | | | | |
| 6 | + Kostenerstattungen und Kostenumlagen | | | | | | |
| 7 | + Sonstige ordentliche Erträge | | | | | | |
| 8 | + Aktivierte Eigenleistungen | | | | | | |
| 9 | +/- Bestandsveränderungen | | | | | | |
| 10 | = **Ordentliche Erträge** | | | | | | |
| 11 | – Personalaufwendungen | | | | | | |
| 12 | – Versorgungsaufwendungen | | | | | | |
| 13 | – Aufwendungen für Sach- und Dienstleistungen | | | | | | |
| 14 | – Bilanzielle Abschreibungen | | | | | | |
| 15 | – Transferaufwendungen | | | | | | |
| 16 | – Sonstige ordentliche Aufwendungen | | | | | | |
| 17 | = **Ordentliche Aufwendungen** | | | | | | |
| 18 | = **Ergebnis der laufenden Verwaltungstätigkeit (= Zeilen 10 u. 17)** | | | | | | |
| 19 | + Finanzerträge | | | | | | |
| 20 | – Zinsen u. sonst. Finanzaufwendungen | | | | | | |
| 21 | = **Finanzergebnis (= Zeilen 19 u. 20)** | | | | | | |
| 22 | = **Ordentliches Ergebnis (= Zeilen 18 und 21)** | | | | | | |
| 23 | + Außerordentliche Erträge | | | | | | |
| 24 | – Außerordentliche Aufwendungen | | | | | | |
| 25 | = **Außerordentliches Ergebnis (= Zeilen 23 und 24)** | | | | | | |
| 26 | = **Jahresergebnis (= Zeilen 22 u.25)** | | | | | | |

Abb. 20: Ergebnisplan

Der Inhalt der Positionen ist wie folgt:

## 1 Steuern und ähnliche Abgaben

Unter dieser Position werden sowohl die Erträge aus den Gemeindesteuern – vor allem Grund- und Gewerbesteuer – als auch die Einnahmen an den Gemeinschaftssteuern geplant (Gemeindeanteil an der Einkommen- und Umsatzsteuer). Auch die Bagatellsteuern (Hundesteuer, Vergnügungssteuer) fallen ebenso unter diese Position wie steuerähnliche Erträge (Fremdenverkehrsabgaben, Abgaben von Spielbanken).

## 2 Zuwendungen und allgemeine Umlagen

Verbucht werden unter dieser Position alle erhaltenen Zuweisungen und Zuschüsse.

Die Schlüsselzuweisungen des Landes an die Kommunen oder bei Kreisen die Kreisumlage werden hier die wichtigste Rolle spielen.

## 3 Sonstige Transfererträge

„Transfers" sind im Regelfall Aufwendungen wie die Zahlungen der Gemeinde an Einwohner, z. B. in Form von Sozialhilfe (vgl. Position 15). Wenn eine Kommune solche Leistungen von Dritten ersetzt bekommt, spricht man von „Transfererträgen".

## 4 Öffentlich-rechtliche Leistungsentgelte

Verwaltungs- und Benutzungsgebühren oder ähnliche zweckgebundene Einnahmen auf öffentlich-rechtlicher Grundlage werden hier gezeigt.

## 5 Privatrechtliche Leistungsentgelte

Die Erträge des Museumsshops oder des Standesamts aus dem Verkauf von Familienbüchern fallen unter die privatrechtlichen Leistungsentgelte.

## 6 Kostenerstattungen und Kostenumlagen

Diese vom öffentlichen Sektor erhaltenen Erträge beziehen sich immer auf eine Leistung der Gemeinde, für die eine andere Stelle vollständig oder anteilig die Kosten erstattet.

## 7 Sonstige ordentliche Erträge

Als Sammelposition werden hier u. a. Bußgelder, Säumniszuschläge, Konzessionsabgaben sowie alle weiteren Erträge verbucht, die sich den Positionen 1 bis 6 nicht zuordnen lassen.

## 8 Aktivierte Eigenleistungen

Erstellt die Kommune selbst Vermögensgegenstände, so stellt deren Wert einen Ertrag dar, der unter der o. g. Überschrift auszuweisen ist. Ein Beispiel wären die Spielgeräte im Garten einer Kindertagesstätte, die der Bauhof errichtet. Bedeutsam werden in der Praxis vor allem die Architektenleistungen bei Bauprojekten sein. Kapitel C 3.6.4 „Aktivierte Eigenleistung" erläutert die Buchungslogik ausführlich.

Ein Produkt „Hochbau" (Planung und Bauleitung von Hochbaumaßnahmen) könnte sein Ergebnis deutlich entlasten, wenn den Personalaufwendungen zumindest teilweise Erträge durch die Aktivierung im Rahmen von realisierten Baumaßnahmen gegenüber stehen.

Da die Erträge aus aktivierten Eigenleistungen in Anlehnung an die Honorarordnung für Ingenieure und Architekten (HOAI) berechnet werden sollen, entsprechen die Erträge „fiktiven Umsatzerlösen", die das Produkt erzielt hätte, würde es privatwirtschaftlich erbracht. Die verbleibenden, nicht durch fiktive Erlöse gedeckten Aufwendungen können aus drei Quellen resultieren:

1. Im Rahmen des Produkts/des Amtes sind Leistungen erbracht worden, die nicht aktivierungsfähig sind, beispielsweise für Renovierungsarbeiten (Bauunterhaltung).
2. Es sind potenziell aktivierungsfähige (Planungs-)Leistungen erbracht worden, aber die entsprechenden Projekte wurden z. B. aus politischen Gründen nicht realisiert (Leerplanungen).
3. Die Produktivität des Amtes reicht nicht aus.

Werden unterhalb der normierten Haushaltsebene Produkte, Kostenstellen und Kostenträger (hier: Projekte) sinnvoll geschnitten, kann im Haushalt als Kennzahl der fiktive Kostendeckungsgrad durch Honorare in Anlehnung an die HOAI für einen abgegrenzten Aufgabenbereich angegeben werden. Ein Vergleich mit der Produktivität in der Privatwirtschaft ist über diese Kennzahl direkt möglich. Voraussetzung ist in jedem Fall die Erfassung der Arbeitszeit auf die entsprechenden Projekte/sonstigen Kontierungsobjekte.

Die Erfassung und Abrechnung von selbst erbrachten Leistungen auf Baumaßnahmen/Projekte ist eine Standardfunktionalität kaufmännisch geprägter Buchführungssoftware. Integrierte betriebswirtschaftliche Softwarelösungen (sog. ERP-Lösungen, Enterprise Ressource Planning) haben Projektplanungs- und Steuerungsanwendungen, die eine direkte Abrechung von Aufwendungen an die Anlagenbuchhaltung unterstützen.

Aktivierte Eigenleistungen sind ein Beispiel, wie die Reform des Buchungsstils, der Haushaltssteuerung und praktische Aspekte der Software ineinander greifen und sich wechselseitig positiv unterstützen.

## 9 Bestandsveränderungen

Erhöht sich am Bilanzstichtag der Lagerbestand an unfertigen oder fertigen Erzeugnissen, die zum Verkauf hergestellt wurden, gegenüber dem Bestand im Vorjahr, so ergibt sich ein Ertrag aus einer Bestandsveränderung. Diese in privatwirtschaftlichen Produktionsbetrieben wichtige Position wird bei Gemeinden eher selten vorkommen. Vorstellbar wäre sie beispielsweise für große Bestände an Streusalz für den Winterdienst oder bei der Feuerwehr.

In der Praxis wird man die Regel aufstellen, dass dezentrale Bestände von Büromaterial u. Ä. mit untergeordnetem Wert nicht als Lager betrachtet werden. Zugänge zu diesen Beständen können dann sofort als Aufwand gebucht werden.

## 10 = Ordentliche Erträge

Die Zeilen 1 bis 9 ergeben die Summe der ordentlichen Erträge.

## 11 Personalaufwendungen

Aufwendungen für die Vergütung von Arbeitern, Angestellten, Beamten sowie allen weiteren Kräften aufgrund arbeitnehmerähnlichen Vertragsformen sind hier zu subsummieren. Daneben werden hier die Lohnnebenkosten wie Sozialversicherungsbeiträge aufgeführt.

## 12 Versorgungsaufwendungen

Hierunter fallen vor allem die Aufwendungen für die Pensionsrückstellungen für Beamte (vgl. Kapitel C 4.2.1).

## 13 Aufwendungen für Sach- und Dienstleistungen

Aufwand für die Verwaltungsleistungen i. e. S., der nicht Personal- oder Versorgungsaufwand ist, fällt unter diese Position (vgl. auch Erläuterungen zu 16). Hierunter fällt die Beschaffung von Formularen ebenso wie das Spielzeug im Kindergarten oder die Dienstkleidung der Feuerwehr.

## 14 Bilanzielle Abschreibungen

Der Ressourcenverbrauch, der durch die Abnutzung des Anlagevermögens entsteht, wird als Abschreibung ausgewiesen.

## 15 Transferaufwendungen

Transferaufwand ist vor allem die Sozialhilfe und die wirtschaftliche Jugendhilfe sowie vergleichbare Aufwendungen, die i. d. R. von der Gemeinde an Privatpersonen oder private Unternehmen ohne Gegenleistungsverpflichtung gezahlt werden.

## 16 Sonstige ordentliche Aufwendungen

In Abgrenzung zur Position 13 werden hier die Aufwendungen ausgewiesen, die nicht der Leistungserstellung i. e. S. dienen, sondern den Bedarf der Verwaltung selbst betreffen. Geschäftsaufwendungen wie Büromaterial oder Aufwendungen für Softwarelizenzen sind hier zuzuordnen.

Auch Verluste aus Finanzanlagen wären hier zuzuordnen.

## 17 = Ordentliche Aufwendungen

Die Zeilen 11 bis 16 ergeben die ordentlichen Aufwendungen.

## 18 = Ergebnis der laufenden Verwaltungstätigkeit

Der Saldo aus den Zeilen 10 und 17 wird als Ergebnis der laufenden Verwaltungstätigkeit bezeichnet.

## 19 Finanzerträge

Dividenden oder Gewinnausschüttungen aus Beteiligungsunternehmen und Zinserträge zählen zu den Finanzerträgen.

## 20 Zinsen und sonstige Finanzaufwendungen

Die Zinsen für Kredite werden dieser Position zugerechnet.

**21 = Finanzergebnis**

Der Saldo aus den Zeilen 19 und 20 wird als Finanzergebnis ausgewiesen.

**22 = Ordentliches Ergebnis**

Das Ergebnis der laufenden Verwaltungstätigkeit sowie das Finanzergebnis (Zeilen 18 und 21) bilden das ordentliche Jahresergebnis.

**23–25 Außerordentliche Erträge, außerordentliche Aufwendungen, außerordentliches Ergebnis**

Außerordentliche Erträge und Aufwendungen sind sehr eng abgegrenzt und werden daher im Regelfall nicht vorkommen. Aufwendungen wegen einer Naturkatastrophe, Erträge aus einer ungewöhnlich hohen, nicht zweckgebundenen Spende oder Ähnliches gehen in das außerordentliche Ergebnis ein.

Eine weitere Abgrenzung ist im NKF-Projekt intensiv diskutiert worden. Es gab Stimmen, die gefordert haben, die Erlöse aus der Veräußerung von Vermögen (gedanklich: „Verkauf von Tafelsilber") sollten außerordentlich sein. Dies solle eine Haushaltssanierung über entsprechende Geschäfte transparent machen.

Mehrere Gründe sprachen gegen eine solche weitere Auslegung, u. a.:

- Wird auf der Ertragsseite der Tatbestand des außerordentlichen Ertrags weit gefasst, müsste dies auch auf der Aufwandsseite gelten. In der Vergangenheit wären beispielsweise Aufwendungen für ungewöhnlich hohe Zahlen von Defacto-Flüchtlingen möglicherweise als außerordentlich anzusehen gewesen. Es erscheint nicht hilfreich, in jedem Haushaltsjahr (politisch) zu diskutieren, welche Aufwendungen ordentlich und welche außerordentlich sind.
- Der Ankauf von Grundstücken, die Bevorratung und der spätere Verkauf gehören in gewissen Grenzen zur gewöhnlichen Aufgabenerfüllung einer Kommune.

**26 = Jahresergebnis (= Zeilen 22 u. 25)**

Ordentliches und außerordentliches Ergebnis stellen in der Summe das Jahresergebnis dar.

### 3.1.4 Teilergebnisplan

Teilergebnispläne sind jeweils für die einzelnen Produktbereiche (bzw. für eine von der Gemeinde individuell festgelegte, tiefere Gliederung) zu erstellen. Die Teilpläne ersetzen die kameralen Unterabschnitte des Haushaltsplans.

Neben die Produktbereiche der einzelnen Aufgaben tritt der „Produktbereich 16" für finanzwirtschaftliche Transaktionen. Er ist dem früheren Einzelplan 9 vergleichbar.

Die Gliederung der zu zeigenden Positionen entspricht im Wesentlichen der des Ergebnisplans für die Kommune als Ganzes. Nach dem Jahresergebnis können in den Produktbereichen Aufwendungen und Erträge aus internen Leistungsbeziehungen angegeben werden. Dies soll die vollständige Abbildung des Ressourcenverbrauchs eines Produktbereichs ermöglichen.

Die in der Spalte „Ansatz des Haushaltsjahres" ausgewiesenen Beträge stellen eine Ermächtigung für die Verwaltung zum Verbrauch des entsprechenden Aufwands dar. Die folgenden Spalten mit den Werten für die Finanzplanungsjahre sind weder für die Zukunft bindend noch kann aus ihnen bereits eine Ermächtigung abgeleitet werden.

### 3.1.5 Finanzplan

Der Finanzplan ist in Abb. 21 dargestellt. Er nimmt die durch die Erträge und Aufwendungen (ggf. zeitversetzt) anfallenden Einzahlungen und Auszahlungen auf.

Der Inhalt vieler Positionen ergibt sich aus der Definition der entsprechenden Positionen der Ergebnisrechnung. So betrifft der Personalaufwand den periodisierten Ressourcenverbrauch, die Personalauszahlung hingegen den Mittelabfluss unabhängig von der aus wirtschaftlicher Sicht betroffenen Periode. Die im Dezember gezahlten Beamtenbezüge für den Januar des Folgejahres sind Aufwand im neuen Jahr, Auszahlung im alten.

Soweit Abweichungen bei der Abgrenzung der Auszahlungen von der Definition der entsprechenden Aufwendungen des Ergebnisplans bestehen, sind diese im Folgenden erläutert.

## 2 Zuwendungen und allgemeine Umlagen

Unter dieser Position sind hier nur die nicht investiven Einzahlungen zu fassen, solche für Investitionen fallen unter die Position 18 des Finanzplans.

## 8 Zinsen und sonstige Finanzeinzahlungen

In dieser Position drückt sich neben der veränderten Periodenzuordnung ein weiterer wesentlicher Unterschied zwischen Ergebnis- und Finanzplan aus. Während der Ergebnisplan mit den Aufwendungen nur Ressourcenverbräuche erfasst, weist der Finanzplan auch die nicht ergebniswirksamen Finanzierungsvorgänge aus. Dies sind vor allem die Kreditaufnahme und die Kredittilgung.

Folgende Einzahlungen sind in der hier genannten Position zu verbuchen:

- Zinseinzahlungen,
- Rückflüsse von gegebenen Darlehen,
- Einzahlungen von Gewinnanteilen von Beteiligungsunternehmen oder aus Wertpapieren.

## 17 Saldo aus laufender Verwaltungstätigkeit

Der Saldo oder auch „Cashflow" zeigt an, ob ein Überschuss der laufenden Einzahlungen (Pos. 9) über die laufenden Auszahlungen (Pos. 16) erreicht worden ist.

| Finanzplan | Ergebnis des Vorvorjahres | Ansatz des Vorjahres | Ansatz d. Haushaltsjahres | Planung Haushaltsjahr + 1 | Planung Haushaltsjahr + 2 | Planung Haushaltsjahr + 3 |
|---|---|---|---|---|---|---|
| | 1 | 2 | 3 | 4 | 5 | 6 |
| 1 +/- Steuern und ähnliche Abgaben | | | | | | |
| 2 + Zuwendungen und allgemeine Umlagen | | | | | | |
| 3 + Sonstige Transfereinzahlungen | | | | | | |
| 4 + Öffentlich-rechtliche Leistungsentgelte | | | | | | |
| 5 + Privatrechtliche Leistungsentgelte | | | | | | |
| 6 + Kostenerstattungen, Kostenumlagen | | | | | | |
| 7 + Sonstige Einzahlungen | | | | | | |
| 8 + Zinsen u. sonst. Finanzeinzahlungen | | | | | | |
| 9 = Einzahlungen aus lfd. Verwaltungstätigkeit | | | | | | |
| 10 – Personalauszahlungen | | | | | | |
| 11 – Versorgungsauszahlungen | | | | | | |
| 12 – Auszahlungen für Sach- und Dienstleistungen | | | | | | |
| 13 – Zinsen u. sonst. Finanzauszahlungen | | | | | | |
| 14 – Transferauszahlungen | | | | | | |
| 15 – Sonstige Auszahlungen | | | | | | |
| 16 = Auszahlungen a. lfd. Verwaltungstätigkeit | | | | | | |
| 17 = Saldo aus lfd. Verwaltungstätigkeit (= Zeilen 9 und 16) | | | | | | |
| 18 + Zuwendungen für Investitionsmaßnahmen | | | | | | |
| 19 + Einz. a. d. Veräußerung v. Sachanlagen | | | | | | |
| 20 + Einz. a. d. Veräußerung v. Finanzanlagen | | | | | | |
| 21 + Einzahlungen aus Beiträgen u. ä. Entgelten | | | | | | |
| 22 + sonstige Investitionseinzahlungen | | | | | | |
| 23 = Einzahlungen aus Investitionstätigkeit | | | | | | |
| 24 – Auszahlungen f. d. Erwerb von Grundstücken und Gebäuden | | | | | | |
| 25 – Auszahlungen für Baumaßnahmen | | | | | | |
| 26 – Ausz. f. d. Erwerb v. bewegl. Anlagevermögen | | | | | | |
| 27 – Ausz. f. d. Erwerb v. Finanzanlagen | | | | | | |
| 28 – Auszahlungen von aktivierbaren Zuwendungen | | | | | | |
| 29 – Sonstige Investitionsauszahlungen | | | | | | |
| 30 = Auszahlungen aus Investitionstätigkeit | | | | | | |
| 31 = Saldo aus Investitionstätigkeit (= Zeilen 23 und 30) | | | | | | |
| 32 = Finanzmittelüberschuss/-fehlbetrag (= Zeilen 17 und 31) | | | | | | |
| 33 + Aufnahme und Rückflüsse von Darlehen | | | | | | |
| 34 – Tilgung und Gewährung von Darlehen | | | | | | |
| 35 = Saldo aus Finanzierungstätigkeit | | | | | | |
| 36 = Änderung des Bestands an eigenen Finanzmitteln (= Zeilen 32 und 35) | | | | | | |
| 37 + Anfangsbestand an Finanzmitteln | | | | | | |
| 38 = Liquide Mittel (= Zeilen 36 und 37) | | | | | | |

Abb. 21: Finanzplan

## 35 Änderung des Bestands an eigenen Finanzmitteln

Dieser Saldo aus den Zeilen 32 und 35 weist die Erhöhung oder Senkung des Finanzmittelbestands aus konsumtiven, investiven und finanzwirtschaftlichen Vorgängen aus. Nicht berücksichtigt ist die Veränderung aufgrund durchlaufender Gelder. Diese kommen vor, wenn eine Gemeinde z. B. für eine Landesbehörde oder auch den Kreis Gelder einnimmt und weiterleitet oder auszahlt.

## 38 Liquide Mittel

Der Anfangsbestand an Finanzmitteln (Zeile 37) ist mit dem in der Bilanz zum 1. Januar des Haushaltsjahres angegebenen Betrag identisch. Wird im Laufe des Jahres die geplante Veränderung des Bestands an Finanzmitteln hinzuaddiert (Zeile 36), ergibt sich automatisch der Betrag, der in der Schlussbilanz zum 31. Dezember des Haushaltsjahres planmäßig in der Bilanz erscheinen müsste, als Endbestand des Jahres (Zeile 38).

### 3.1.6 Teilfinanzplan, Übersicht über die Investitionsmaßnahmen

Der Teilfinanzplan (s. Abb. 22) übernimmt die wichtige Aufgabe, die für jeden Produktbereich geplanten investiven Mittel in einer Übersicht darzustellen.

Die Ein- und Auszahlungen der laufenden Verwaltungstätigkeit sind hier nicht aufzuführen. In den vom Innenministerium NRW veröffentlichten Mustern[7] heißt es, hier „können die [konsumtiven] Ein- und Auszahlungsarten wie im Finanzplan abgebildet werden". Diese „kann"-Formulierung in einer Handreichung des Innenministeriums darf nicht als Aufforderung missverstanden werden. Im Interesse einer praktikablen und wenig Aufwand verursachenden Umsetzung des NKF kann auf die parallele Führung einer detaillierten Finanz- und Ergebnisrechnung in der Produktgliederung verzichtet werden. Dies steht auch im Einklang mit dem inhaltlichen Konzept des NKF: In der Konzentration auf die Ergebnisseite drückt sich auch aus, dass die Steuerung eines Produktbereichs am Ressourcenverbrauch ansetzen soll und muss, der im Teilergebnisplan bereits vollständig dargestellt ist. Konsumtive Einzahlungen und Auszahlungen sollten daher nur im Finanzplan der Kommune als Ganzes nachgewiesen werden.

---

[7] Vgl. z. B. Neues Kommunales Finanzmanagement in Nordrhein-Westfalen – Handreichungen für Kommunen, 2. Band: Anlagen, Hrsg.: Innenministerium NRW, 2005, S. 20.

| Teilfinanzplan | Ergebnis des Vorvor-jahres | Ansatz des Vorjahres | Ansatz des Haus-halts-jahres | Verpflich-tungs-ermächti-gungen | Planung Haus-haltsjahr + 1 | Planung Haus-haltsjahr + 2 | Planung Haus-haltsjahr + 3 |
|---|---|---|---|---|---|---|---|
| | 1 | 2 | 3 | 4 | 5 | 6 | 7 |
| **Investitionstätigkeit:** | | | | | | | |
| **Einzahlungen** | | | | | | | |
| 1 aus Zuwendungen für Investiti-onsmaßnahmen | | | | | | | |
| 2 aus der Veräußerung von Sachan-lagen | | | | | | | |
| 3 aus der Veräußerung von Finanz-anlagen | | | | | | | |
| 4 aus Beiträgen u. ä. Entgelten | | | | | | | |
| 5 Sonstige Investitionseinzahlungen | | | | | | | |
| **6 Summe der investiven Einzah-lungen** | | | | | | | |
| **Auszahlungen** | | | | | | | |
| 7 für den Erwerb von Grundstücken und Gebäuden | | | | | | | |
| 8 für Baumaßnahmen | | | | | | | |
| 9 für den Erwerb von beweglichem Anlagevermögen | | | | | | | |
| 10 für den Erwerb von Finanzanlagen | | | | | | | |
| 11 von aktivierbaren Zuwendungen | | | | | | | |
| 12 Sonstige Investitionsauszahlungen | | | | | | | |
| **13 Summe der investiven Auszah-lungen** | | | | | | | |
| **14 Saldo Investitionstätigkeit (Einzahlungen ./. Auszahlungen)** | | | | | | | |

Abb. 22: Teilfinanzplan

Die Ansätze der Teilfinanzpläne für das Haushaltsjahr stellen Ermächtigungen dar. Neben dem Teilfinanzplan ist für jeden Produktbereich eine Übersicht über die Investitionsmaßnahmen zu erstellen. Ein gesondertes Investitionsprogramm, wie es im kameralen Haushaltswesen üblich war, muss nicht mehr erstellt werden.

Die geplanten Investitionsmaßnahmen sind einzeln zu zeigen, sofern sie oberhalb eines vom Rat festzulegenden Betrags liegen und damit von wesentlicher Bedeutung sind. Alle anderen Maßnahmen werden zusammengefasst (s. Abb. 23).

| Teilfinanzplan einzelne Investitionsmaßnahmen | Ergebnis des Vorvorjahres | Ansatz des Vorjahres | Ansatz des Haushaltsjahres | Verpflichtungsermächtigungen | Planung Haushaltsjahr + 1 | Planung Haushaltsjahr + 2 | Planung Haushaltsjahr + 3 | Bisher bereitgestellt (einschl. Sp. 2) | Gesamteinzahlung/ -auszahlung |
|---|---|---|---|---|---|---|---|---|---|
| | 1 | 2 | 3 | 4 | 5 | 6 | 7 | 8 | 9 |
| **Investitionsmaßnahmen oberhalb der festgesetzten Wertgrenze** | | | | | | | | | |
| **Maßnahme: Schule X** | | | | | | | | | |
| + Einzahlungen aus Investitionszuwendungen | | | | | | | | | |
| - Auszahlungen für den Erwerb von Grundstücken und Gebäuden | | | Die Maßnahmen werden getrennt voneinander dargestellt. Bei jeder Maßnahme werden sowohl Einzahlungen als auch Auszahlungen nach Arten und der Saldo aus diesen dargestellt. Das Muster zeigt als **Beispiel** eine Maßnahme im Produktbereich „Schulen". | | | | | | |
| - Auszahlungen f. Baumaßnahmen | | | | | | | | | |
| **Saldo (Einzahlungen ./. Auszahlungen Schule X)** | | | | | | | | | |
| **Maßnahme: Schule Y** | | | | | | | | | |
| (...) | | | | | | | | | |
| **Saldo (Einzahlungen ./. Auszahlungen Schule Y)** | | | | | | | | | |
| **Investitionsmaßnahmen unterhalb der festgesetzten Wertgrenzen** | | | | | | | | | |
| Summe der investiven Einzahlungen | | | | | | | | | |
| Summe der investiven Auszahlungen | | | | | | | | | |
| **Saldo (Einzahlungen ./. Auszahlungen der Investitionsmaßnahmen unterhalb der festgesetzten Wertgrenze)** | | | | | | | | | |

Abb. 23: Übersicht über die Investitionsmaßnahmen

## 3.1.7 Ergänzende Übersichten

Folgende Übersichten ergänzen u. a. den Haushaltsplan (vgl. § 1 GemHVO NRW):

- Stellenplan, in dem sämtliche Stellen (auch unbesetzte) aufzuführen und auf die einzelnen Produktbereiche aufzuteilen sind. Es ist sinnvoll, die Aufteilung direkt auf den Haushaltsseiten der Produktbereiche darzustellen. Dadurch können alle wesentlichen Informationen (Ziele und Kennzahlen, laufende Erträge und Aufwendungen, investive Einzahlungen und Auszahlungen in Summen und nach Maßnahmen sowie die Stellen) in ihrer Gesamtheit gelesen und bewertet werden.
- Übersicht über die Verpflichtungsermächtigungen.

- Stadtbezirksbezogene Angaben.
- Übersicht über den Stand der Schulden zum Vorvorjahr (Istwert), zum Vorjahr (Planwert) sowie zum Ende des Haushaltsjahres (Planwert).
- Übersicht über die voraussichtliche Entwicklung des Eigenkapitals zum Ende des Haushaltsjahres und in den drei auf das Haushaltsjahr folgenden Perioden.
- Weiterhin sind die Zuwendungen an die Fraktionen offen zu legen.

Zu den nach kameralem Recht notwendigen Wirtschaftsplänen der Sondervermögen finden sich weitere Ausführungen im Abschnitt D zur Konzernrechnungslegung.

## 3.2 Bewirtschaftung

### 3.2.1 Budgets

Ein Budget ist die Verbindung von Haushaltspositionen nach festgelegten Budgetregeln. Haushaltspositionen sind (in Anlehnung an den früheren Begriff der Haushaltsstelle) Finanz- oder Ergebnispositionen. Sie sind der Betrag in einer Zeile in einem Teilergebnis- bzw. Teilfinanzplan.

Das NKF reformiert die Bewirtschaftungsregeln. Im kameralen Haushalt war die einzelne Haushaltsstelle der Regelfall, das Budget die Ausnahme. Budgets mussten im kameralen Haushalt durch die Verbindung von Einzelpositionen hergestellt werden. Dabei behielt im formalen Sinne die Einzelposition weiterhin Gültigkeit.

Anders im NKF: Das Budget ist ein eigenes Bewirtschaftungsinstrument, dem eine andere Qualität zukommt als zuvor (s. § 21 GemHVO NRW). Im Budget werden nur noch die Summen der Aufwendungen und Erträge festgeschrieben und die jeweiligen Arten, aus denen sie sich zusammensetzen können. Letzteres soll beispielsweise bewirken, dass ein Budget aus Personal- und Sachaufwand nicht für Transferaufwand eingesetzt werden kann. Zusätzlich kann auch erklärt werden, dass Mehrerträge für Mehraufwendungen genutzt werden können. In diesem Fall handelt es sich um ein Zuschussbudget. Die für die einzelnen Positionen geplanten Beträge haben keine Bindungswirkung mehr. Eine Kommune kann an zentraler Stelle im Haushalt allgemeine Regeln für die Budgetbewirtschaftung festlegen.

Das Regelwerk könnte z. B. Folgendes enthalten:

Aufwendungen sind grundsätzlich innerhalb eines Produktbereichs gegenseitig deckungsfähig.

Personalaufwendungen sind nur einseitig deckungsfähig, Minderaufwand kann zur Deckung von anderen Aufwendungen herangezogen werden.

Transferaufwendungen sind nicht deckungsfähig.

Die konkrete Art der Budgetierung bleibt damit von der Kommune frei gestaltbar. Die Budgetierung gehört zu den Bereichen, in denen das Haushaltsrecht zwar einen Rahmen setzt, aber auf eine detaillierte Normierung verzichtet. Dies trägt der Tatsache Rechnung, dass sich die Ziele und Rahmenbedingungen der Kommunen stark unterscheiden und es kein generell passendes Budgetierungssystem geben kann. Es ist bei der Bewirtschaftung der Budgets zu beachten, dass sich der Saldo des Finanzplans nicht verschlechtern (d. h. vermindern) soll (vgl. § 21 Abs. 3 GemHVO NRW).

Im Ergebnisplan ist eine Leasingrate von 300 EUR als „sonstiger ordentlicher Aufwand" für einen zu beschaffenden Kopierer angesetzt. Es ergibt sich die Gelegenheit, ein gebrauchtes Gerät für 1.000 EUR zu kaufen. Für dieses fallen Abschreibungen in Höhe von 200 EUR an. Sind die entsprechenden Positionen des Ergebnisplans für deckungsfähig erklärt worden, kann die Verwaltung das Gerät kaufen. Es muss allerdings parallel in der Finanzrechnung auf der Ebene des Gesamthaushalts für entsprechende Deckung gesorgt werden. Dort war nur die Auszahlung für die Leasingrate als „ordentliche Auszahlung für die laufende Verwaltungstätigkeit" vorgesehen. Nunmehr werden aber 1.000 EUR für den Kauf benötigt.

Ferner ist zu beachten, dass zahlreiche Positionen des Ergebnisplans wie Abschreibungen oder Rückstellungen nach den Grundsätzen der ordnungsmäßigen Buchführung anzusetzen und somit nicht disponibel sind. Liegen die Gründe für die Bildung einer Rückstellung vor, muss diese gebildet werden. Der entsprechende Aufwand steht damit nicht zur Deckung anderer Positionen zur Verfügung.

Eine Kommune kann selbstverständlich auch auf die Bildung von Budgets verzichten und die einzelnen Haushaltspositionen bewirtschaften.

Aufwendungen und Erträge sind die Basis für die Ermächtigung und damit auch für die Bewirtschaftung. Aus ihnen resultieren die im konsumtiven Teil des Finanzplans ausgewiesenen konsumtiven Einzahlungen und Auszahlungen, die im Haushaltsjahr wirksam werden. Da sie aus den Aufwendungen und Erträgen resultieren, gelten sie ebenfalls als ermächtigt. Zusätzlich stellen im Finanzplan die investiven Ansätze eine eigene Ermächtigung dar.

### 3.2.2 Gesamtdeckung

Manche Grundsätze der Kameralistik wurden unverändert übernommen. Hierzu gehört vor allem der Grundsatz der Gesamtdeckung (§ 20 GemHVO NRW). Die Erträge dienen insgesamt der Deckung der Aufwendungen, die Einzahlungen dienen insgesamt zur Deckung der Auszahlungen.

### 3.2.3 Außer- und überplanmäßige Aufwendungen und Auszahlungen

Für unabweisbare Aufwendungen oder Auszahlungen können überplanmäßige oder außerplanmäßige Mittel bereitgestellt werden (vgl. § 83 GO NRW), wobei im laufenden Haushaltsjahr eine Deckung gegeben sein muss. Es gilt wiederum, dass der Saldo des Finanzplans durch die Umschichtungen nicht verschlechtert werden soll.

### 3.2.4 Übertragbarkeit

Ermächtigungen können durch Beschluss des Rates in das nächste Haushaltsjahr übertragen werden, wenn sie nicht ausgeschöpft wurden (§ 22 GemHVO NRW).

Auszahlungsermächtigungen für Investitionen können bis zur letzten Zahlung für ihren Zweck verfügbar gemacht werden. Bei Baumaßnahmen und Beschaffungen jedoch höchstens für zwei Jahre nach dem Schluss des Haushaltsjahres, in dem der Vermögensgegenstand in Benutzung genommen wurde.

Generell gilt, dass die Übertragung einer Aufwandsermächtigung automatisch eine Übertragung der entsprechenden Auszahlungsermächtigung beinhaltet.

> Wird die Ermächtigung für Aufwand aus Instandhaltungsarbeiten an einem Gebäude nicht ausgeschöpft und in das neue Jahr übertragen, ist auch in der Finanzrechnung eine Übertragung in gleicher Höhe vorzusehen.

Durch die doppische Buchungslogik und die Periodisierung von Ressourcenverbräuchen im Ergebnisplan und in der Ergebnisrechnung ergeben sich gegenüber der Übertragung in der Kameralistik allerdings Abweichungen.

Diese entstehen vor allem, wenn die Bestellung (hier synonym für alle Arten des Eingehens einer Zahlungsverpflichtung), der Rechnungseingang oder die Zahlung über den Jahreswechsel hinausgehen.

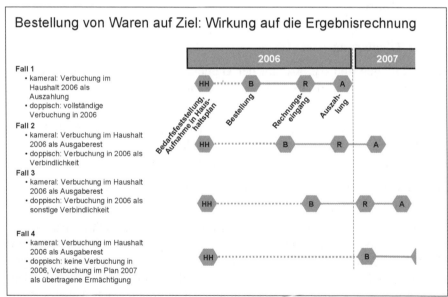

Abb. 24: Bestellung von Waren auf Ziel

Fall 1 stellt den Normalfall dar: Das Geschäft wird innerhalb des Haushaltsjahres vollständig abgewickelt. Eine klassische Übertragung entsteht im doppischen System nach der Grafik nur im Fall 4: Mittel sind vorhanden, aber der Vorgang wird erst im folgenden Haushaltsjahr begonnen.

Anders, wenn wie im Fall 2 bereits im alten Haushaltsjahr die Bestellung und der Rechnungseingang erfolgen. In diesem Fall ist keine Übertragung notwendig, es wird eine Verbindlichkeit aus Warenlieferungen und Leistungen eingebucht. Diese stellt nach dem Regelwerk des doppischen Haushaltswesens automatisch im Folgejahr eine Auszahlungsermächtigung dar.

Im Fall 3 ist zwar die Bestellung erfolgt, aber die Rechnung noch nicht eingegangen. Auch hier entsteht eine Verbindlichkeit, die allerdings unter „sonstige Verbindlichkeiten" gefasst wird (vgl. auch C 4.1.2 „Antizipative Posten").

## 3.3 Jahresabschluss

### 3.3.1 Bilanz

#### 3.3.1.1 Gliederung

Das Vermögen und das Kapital der Gemeinde werden im Jahresabschluss, dem neuen Oberbegriff für die kamerale Jahresrechnung, durch die Bilanz nachgewiesen.

Die mindestens zu zeigenden Positionen der Bilanz legt das Haushaltsrecht fest. Eine tiefere Gliederung sowie erläuternde „davon"-Ausweise sind möglich, leere Zeilen können weggelassen werden.

Die linke Seite zeigt das Vermögen, die rechte das Eigenkapital sowie das Fremdkapital (s. Abb. 25).

Die Gliederung erfolgt nach der Fristigkeit bzw. der Liquidität oder „Geldnähe": Vermögen, das dauerhaft dem Verwaltungsbetrieb dienen soll, wird als Anlagevermögen vor dem kurzfristig einzusetzenden Umlaufvermögen gezeigt. Der Begriff der „Geldnähe" ist vor allem im privatwirtschaftlichen Zusammenhang einsichtig: Nach dem langfristig gebundenen Anlagevermögen folgt das Umlaufvermögen. Dort finden sich zunächst die fertigen oder unfertigen Waren, die kurz vor dem Verkauf stehen. Es folgen zuletzt die Bankguthaben als liquideste Form von Vermögen.

| Aktiva | Passiva |
|---|---|
| **A. Anlagevermögen** | **A. Eigenkapital** |
| I. Immaterielle Vermögensgegenstände | I. Allgemeine Rücklage |
| II. Sachanlagen | II. Sonderrücklagen |
| 1. Unbebaute Grundstücke und grundstücksgleiche Rechte | III. Ausgleichsrücklage |
| a) Grünflächen | IV. Jahresüberschuss/Jahresfehlbetrag |
| b) Ackerland | **B. Sonderposten** |
| c) Wald, Forsten | I. Zuwendungen |
| d) Sonstige unbebaute Grundstücke | II. Beiträge |
| 2. Bebaute Grundstücke und grundstücksgleiche Rechte mit | III. Gebührenausgleich |
| a) Kinder- und Jugendeinrichtungen | IV. Sonstige Sonderposten |
| b) Schulen | **C. Rückstellungen** |
| c) Wohnbauten | I. Pensionsrückstellungen |
| d) Sonstigen Dienst-, Geschäfts- u. a. Betriebsgebäude | II. Rückstellungen für Deponien und Altlasten |
| 3. Infrastrukturvermögen | III. Instandhaltungsrückstellungen |
| a) Grund und Boden des Infrastrukturvermögens | IV. Sonstige Rückstellungen |
| b) Brücken und Tunnel | **D. Verbindlichkeiten** |
| c) Gleisanlagen m. Streckenausrüstung u. Sicherheitsanl. | I. Anleihen |
| d) Entwässerungs- und Abwasserbeseitigungsanlagen | II. Verbindlichkeiten aus Krediten für Investitionen |
| e) Straßennetz m. Wegen, Plätzen u. Verkehrslenkungsanl. | 1. von verbundenen Unternehmen, |
| f) Sonstige Bauten des Infrastrukturvermögens | 2. von Beteiligungen, |
| 4. Bauten auf fremdem Grund und Boden | 3. von Sondervermögen, |
| 5. Kunstgegenstände, Kulturdenkmäler | 4. vom öffentlichen Bereich, |
| 6. Maschinen und technische Anlagen, Fahrzeuge | 5. vom privaten Kreditmarkt |
| 7. Betriebs- und Geschäftsausstattung | III. Verbindlichkeiten aus Krediten zur Liquiditätssicherung |
| 8. Geleistete Anzahlungen, Anlagen im Bau | IV. Verbindlichkeiten aus Vorgängen, die Kreditaufnahmen |
| III. Finanzanlagen | wirtschaftlich gleichkommen |
| 1. Anteile an verbundenen Unternehmen | V. Verbindlichkeiten aus Lieferungen und Leistungen |
| 2. Beteiligungen | VI Verbindlichkeiten aus Transferleistungen |
| 3. Sondervermögen | VII. Sonstige Verbindlichkeiten |
| 4. Wertpapiere des Anlagevermögens | **E. Passive Rechnungsabgrenzungsposten** |
| 5. Ausleihungen | |
| a) an verbundene Unternehmen | |
| b) an Beteiligungen | |
| c) an Sondervermögen | |
| d) Sonstige Ausleihungen | |
| **B. Umlaufvermögen** | |
| I. Vorräte | |
| 1. Roh-, Hilfs- und Betriebsstoffe, Waren | |
| 2. Geleistete Anzahlungen | |
| II. Forderungen und sonstige Vermögensgegenstände | |
| 1. Öffentlich-rechtliche Forderungen, Transferforderungen | |
| a) Gebühren | |
| b) Beiträge | |
| c) Steuern | |
| d) Forderungen aus Transferleistungen | |
| e) sonstige öffentlich-rechtliche Forderungen | |
| 2. Privatrechtliche Forderungen | |
| a) gegen den privaten Bereich | |
| b) gegen den öffentlichen Bereich | |
| c) gegen verbundene Unternehmen | |
| d) gegen Beteiligungen | |
| e) gegen Sondervermögen | |
| 3. Sonstige Vermögensgegenstände | |
| III. Wertpapiere des Umlaufvermögens | |
| IV. Liquide Mittel | |
| **C. Aktive Rechnungsabgrenzungsposten** | |

Abb. 25: Vollständige Bilanzgliederung

Die Bilanzgliederung gibt zudem innerhalb des Anlagevermögens Aufschluss über die Verwendung des Vermögens. Für bebaute und unbebaute Grundstücke werden die vom Umfang her in Kommunen bedeutendsten Verwendungsarten angegeben. Dies erlaubt auch Rückschlüsse auf die Veräußerbarkeit der Vermögenswerte. Unbebaute Grundstücke oder solche mit Verwaltungsgebäuden sind regelmäßig eher zu veräußern als Schulen oder Kindertagesstätten. Diese vergleichsweise differenzierte Untergliederung wurde im NKF statt einer Untergliederung des Vermögens in Verwaltungsvermögen und freies, veräußerbares Vermögen vorgesehen. Für eine solche Unterteilung, die in anderen Reformkonzepten vorgesehen ist, lassen sich kaum präzise und praktikable Abgrenzungsregeln finden. Insbesondere sofern an die Zuordnung unterschiedliche Bewertungsmaßstäbe anknüpfen, würden die fehlenden harten Abgrenzungskriterien einer unkontrollierbaren Bilanzpolitik Vorschub leisten.

### 3.3.1.2 Inhalt Aktiva

Im Folgenden sind einige Positionen der Bilanz näher erläutert soweit sich ihr Inhalt nicht aus der Bezeichnung ergibt. Der Inhalt kann auch anhand des Kontenplans im Anhang näher bestimmt werden.

**A    Anlagevermögen**

A. I    Immaterielle Vermögensgegenstände

Hier werden vor allem Softwarelizenzen ausgewiesen. Selbst erstellte immaterielle Vermögensgegenstände dürfen nicht aktiviert werden.

In dem Doppik-Konzept[8] der Freien und Hansestadt Hamburg finden sich in diesem Posten auch die aus geleisteten Investitionszuschüssen erworbenen Rechte auf Gegenleistungen der geförderten Dritten. Hamburg geht hier einen anderen Weg als das NKF, wobei das Konzept auch für das Gemeindehaushaltsrecht bedenkenswert ist und hier als Anregung für eine Weiterentwicklung der gesetzlichen Regelungen kurz dargestellt werden soll. Dies

---

[8]    Arbeitsstand des Fachkonzepts Sept. 2005.

geschieht auch vor dem Hintergrund, dass das NKF-Gesetz in NRW ausdrücklich eine Überprüfung nach einigen Jahren vorsieht[9].

Im NKF werden von der Kommune geleistete Zuwendungen an Dritte nur aktiviert, wenn ein Vermögensgegenstand beim Zuwendungsempfänger geschaffen wird und die Kommune an diesem wirtschaftliches Eigentum hat.

§ 43 Abs. 2 GemHVO NRW hat folgenden Wortlaut: *„Bei geleisteten Zuwendungen für Vermögensgegenstände, an denen die Gemeinde das wirtschaftliche Eigentum hat, sind die Vermögensgegenstände zu aktivieren. Ist kein Vermögensgegenstand zu aktivieren, jedoch die geleistete Zuwendung mit einer mehrjährigen und einklagbaren Gegenleistungsverpflichtung verbunden, ist diese als Rechnungsabgrenzungsposten zu aktivieren und entsprechend der Erfüllung der Gegenleistungsverpflichtung aufzulösen.“*

Dies ist aber eine praktisch etwas unglückliche Konstruktion, da wirtschaftliches Eigentum die Verfügungsgewalt über den Vermögensgegenstand voraussetzt, was in aller Regel nicht vorkommen wird, wenn dieser von einem Dritten beschafft und genutzt wird. In der Praxis wird also Satz 2 des oben zitierten Absatzes zur Anwendung kommen. Dies führt dazu, dass im engeren Sinn kein Vermögensgegenstand aktiviert wird, da Rechnungsabgrenzungsposten keine Vermögensgegenstände sind. Die wirkt sich beispielsweise auf Bilanzkennzahlen (Ratings) aus.

Der Hamburger Lösungsansatz geht einen anderen Weg: Nicht der geförderte Vermögensgegenstand wird (unter Heranziehung eines interpretationsbedürftigen Eigentumsbegriffs) unter bestimmten Umständen bilanziert, sondern die Gegenleistungsverpflichtung des Geförderten wird als Recht unter den immateriellen Vermögensgegenständen aufgeführt.

Richtig ist – wie auch im NKF zutreffend erkannt wurde –, dass die Bilanzierung von Zuwendungen an Dritte eine besondere Problematik der öffentlichen Hand darstellt. In der Privatwirtschaft gibt es kaum in ihrer Bedeutung vergleichbare Fälle[10].

---

[9] Der Autor hat in NRW wie auch in Hamburg an den Konzepten als Berater mitgewirkt. Insofern ist die hier dargestellte Bewertung auch ein Stück Selbstkritik: Mit dem Abstand von zwei Jahren und der fortschreitenden Arbeit an dem Thema des doppischen Haushaltsrechts zeigt sich, dass auch in dem (insgesamt guten und richtigen) NKF-Konzept noch Fehler sind.

[10] Einschlägig für die Bilanzierung dieser Fälle ist: Institut der deutschen Wirtschaftsprüfer (Hrsg.), HFA, Stellungnahmen 2/1996 und 1/1984, Düsseldorf.

Zuwendungen werden Dritten zur Aufgabenerfüllung anstelle oder im Interesse der Kommune gewährt. Es sollte vermieden werden, dass das Rechnungswesen eine solche Zuwendung, die anstelle einer eigenen Aufgabenerledigung gewählt wird, „bestraft". Dieser Effekt könnte sich z. B. einstellen, wenn die Zuwendung eine Investition der Stadt (Bau eines Kindergartens) ersetzt. Würde die Stadt in eigener Regie eine Kita bauen, würden nur die jährlichen Abschreibungen den Haushalt belasten. Würde die Investition eines Dritten gefördert und wäre dieser Förderbetrag im Jahr der Gewährung sofort in voller Höhe als Aufwand zu verbuchen, würde das Haushaltsjahr deutlich stärker belastet. Es wäre dann kurzfristig für den Haushaltsausgleich verträglicher, die Investition selbst vorzunehmen statt einen Dritten zu fördern. Ein solcher Anreiz kann auch vor dem Hintergrund des Reformziels „von der leistenden hin zu der gewährleistenden Verwaltung" nicht sinnvoll sein.

Um die beim Empfänger über mehrere Jahre einzusetzenden Zuwendungen den eigenen Investitionen in der Haushaltswirkung gleichzustellen, galt es, diese im Aufwand über die Nutzungsdauer zu verteilen. Dies geschieht im Hamburger Konzept, indem der durch die Förderung gestiftete (und vom Geförderten zugesicherte) Nutzen als immaterieller Vermögensgegenstand (als Recht) bei der Kommune aktiviert wird. Es wird also nicht der geförderte Vermögensgegenstand aktiviert, sondern die Gegenleistungsverpflichtung, die der Empfänger der Zuwendung eingegangen ist. Damit wird deutlich, dass nur Zuwendungen aktiviert werden können, bei denen die Gegenleistungsverpflichtung hinreichend präzise und durchsetzbar im Förderbescheid verankert ist. Es können folgende Kriterien gelten:

- Es muss eine Zuwendung an Dritte vorliegen, die zu einer überjährigen Gegenleistung verpflichten muss.
- Die Stadt muss an der Gegenleistung/der Aufgabenerfüllung ein erhebliches Interesse haben.
- Der Empfänger muss diese zu investiven Zwecken verwenden.
- Die Gegenleistungsverpflichtung muss hinreichend konkret sein, und im Fall der Nichterfüllung muss ein einklagbarer Rückerstattungsanspruch bestehen.

Dass die Aktivierung generell sinnvoll ist, zeigt sich auch, wenn man die Art der Bilanzierung auf Seiten des Empfängers betrachtet. Beispielsweise bei Krankenhäusern ist es nach einschlägigen Regelungen der Krankenhausbuchführungsverordnung (KHBV) Pflicht, für Vermögensgegenstände, die aus erhaltenen Zuwendungen finanziert wurden, Sonderposten zu bilden. Das Eigenkapital des Geförderten wird hierdurch gemindert. Spiegelbildlich ist es konsequent, wenn der Fördernde sich einen Vermögenswert zurechnet. Abgeschrieben werden die Rechte nicht über die Nutzungsdauer des Vermögensgegenstands, sondern über die Dauer der Bindungswirkung, die sich aus dem Förderbescheid ergibt.

In der **Konzernkonsolidierung** einer Kommune muss dieser Punkt ebenfalls beachtet werden. Sind Zuwendungen an Konzerntöchter geflossen, für die diese Sonderposten gebildet haben, müssen diese bei der Erstellung der Konzernbilanz eliminiert werden. Sind die hier vorgeschlagenen immateriellen Vermögensgegenstände „Gegenleistungsverpflichtungen aus Förderbescheiden" gebildet worden, sind auch diese zu eliminieren. Es bleibt in der Konzernbilanz der geförderte Vermögensgegenstand mit seinem jeweiligen Wert stehen, was einen zutreffenden Ausweis darstellt.

Im NKF wären regelmäßig lediglich die bei den Konzerntöchtern gebildeten Sonderposten zu eliminieren, da auf Seiten der Konzernmutter eine Aktivierung aufgrund des problematischen Eigentumsbegriffs in der Praxis kaum anzutreffen sein dürfte.

Überjährige konsumtive Förderungen können im NKF über die Rechnungsabgrenzung periodisiert werden.

A. II  Sachanlagen

Unter dieser Position finden sich vor allem bebaute und unbebaute Grundstücke, Fahrzeuge, Maschinen und die Betriebs-(Büro-) und Geschäftsausstattung der Verwaltung (also z. B. das Mobiliar).

Insbesondere Letzteres sollte von einer Kommune vor der Erstellung der Eröffnungsbilanz in seinem Wert realistisch eingeschätzt und angemessen berücksichtigt werden. Angemessen heißt in diesem Fall: mit minimalem Aufwand. Folgende Gründe sprechen für die These:

- Die Büro- und Geschäftsausstattung besteht im Wesentlichen aus Tischen, Stühlen, Regalen, Lampen etc. Diese haben in aller Regel Abschreibungsdauern von drei bis maximal zehn Jahren (auch wenn die NKF-Rahmentabelle des Innenministeriums NRW hier Gesamtnutzungsdauern bis zu 20 Jahren vorsieht)[11]. Bei der Eröffnungsbilanz wird die gesamte Ausstattung einen Wert in der Eröffnungsbilanz von einigen wenigen Prozent am Gesamtvermögen ausmachen. Es ist wertmäßig unbedeutend.

• Aus Sicht der Steuerungsrelevanz ist dieses Vermögen auch sachlich unbedeutend.

• Besondere Inventurverfahren (Barcodes, Aufkleber etc.) vorzusehen erleichtert zwar die regelmäßige Inventur. Die Bedeutung der Inventur wird aber in den Kommunen generell überschätzt. Sie hat in der Privatwirtschaft einen sehr hohen Stellenwert – allerdings im Bereich des Umlaufvermögens. Lagervorräte gilt es akribisch zu inventarisieren, da sie hohe Werte darstellen (können). Zudem unterliegen sie beständigen Zu- und Abgängen, die eine regelmäßige Mengenfeststellung sinnvoll machen. Das Anlagevermögen von Privatunternehmen wird in der Wirtschaft nach der Anschaffung oder Eröffnungsbilanzierung nur ausnahmsweise erneut physisch aufgenommen. Auch in der Jahresabschlussprüfung erfolgt ebenfalls nur höchst selten eine Kontrolle der Bestände durch den Wirtschaftsprüfer. Insofern ist zu hinterfragen, ob sich die oben erwähnten technischen Inventurhilfen für Kommunen lohnen.

Insgesamt wird die Bedeutung des beweglichen Sachanlagevermögens in Kommunen tendenziell überschätzt. Eine realistische Würdigung hilft, unnötigen Aufwand zu vermeiden.

## A. III   Finanzanlagen

Unter 1. „Anteile an verbundenen Unternehmen" sind vor allem die Anteile an Eigengesellschaften (Beteiligungsquote der Kommune 100 %) und an anderen, beherrschten Unternehmen zu zeigen. In der Regel werden dies Unternehmen sein, bei denen die Beteiligungsquote über 50 % liegt.

Unter 2. „Beteiligungen" sind Anteile an Gesellschaften des öffentlichen oder privaten Rechts zu zeigen. Als Anlagevermögen unter dieser Position sind diese immer dann zu zeigen, wenn sie dauerhaft dem Verwaltungsbetrieb dienen sollen und der Anteil der Kommune an dem Unternehmen typischerweise zwischen 20 % und 50 % beträgt.

Für Sondervermögen sieht die Bilanzgliederung die Position 3. vor.

---

[11]   Vgl. Neues Kommunales Finanzmanagement in Nordrhein-Westfalen – Handreichungen für Kommunen, 2. Band: Anlagen, Hrsg.: Innenministerium NRW, 2005.

Unter 4. Wertpapiere des Anlagevermögens werden u. a. kleinere Unternehmensanteile gezeigt, aber auch sonstige Wertpapiere wie Anleihen, sofern sie länger als vier Jahre in der Verwaltung verbleiben sollen. Die folgenden Positionen 5. bis 8. beinhalten Ausleihungen. Diese sind nach den verschiedenen Stellungen von Gesellschaften im „Konzern Kommune" differenziert, um später die Konsolidierung der Bilanzen zu erleichtern.

**B      Umlaufvermögen**

**B. I      Vorräte**

Unter dieser Position werden die Lagerbestände (Streusalz im Bauhof oder Büromaterial in einem zentralen Lager) sowie an Lieferanten geleistete Anzahlungen gezeigt.

**B. II      Forderungen und sonstige Vermögensgegenstände**

Hierunter fallen Forderungen aus Steuerbescheiden ebenso wie ausstehende Zuweisungen.

**B. III      Wertpapiere des Umlaufvermögens**

In Abgrenzung zu den Positionen des Anlagevermögens handelt es sich hierbei um Vermögensgegenstände, die weniger als vier Jahre im Bestand der Verwaltung geführt werden sollen.

**C      Rechnungsabgrenzungsposten**

Diese Bilanzposition nimmt Beträge auf, die sich aus der periodengerechten Zuordnung von Aufwendungen und Erträgen ergeben. Im Kapitel C 4.1.1 wird die Bildung im Detail erklärt.

### 3.3.1.3 Inhalt Passiva

**A      Eigenkapital**

Die vier Positionen unter A auf der Passivseite stellen das Eigenkapital der Kommune dar, wobei die Rücklage unter I. das dauerhaft vorhandene und nicht mit Beschränkungen belegte Eigenkapital ausweist.

Als Sonderrücklage sind innerhalb des Eigenkapitals Beträge auszuweisen, die mit besonderen Auflagen verbunden sind. Erhält die Kommune beispielsweise eine Zuwendung, die ausdrücklich als Anschubfinanzierung gedacht ist und lt. Zuwendungsbescheid nicht ertragswirksam aufgelöst werden darf, ist diese in eine Sonderrücklage einzustellen.

## B    Sonderposten

Ähnlich wie Sonderrücklagen ist unter Sonderposten vom Eigenkapital abgesetzt Kapital auszuweisen, das mit besonderen Auflagen verbunden ist. In diesem Fall ist die Quelle z. B. eine Zuwendung (B. I), in aller Regel eine Investitionszuwendung. Da diese in der Ergebnisrechnung nicht direkt erfolgswirksam vereinnahmt werden sollen, werden sie zunächst in einem solchen Sonderposten „geparkt". Dieser wird dann den Regeln des Zuwendungsgebers entsprechend aufgelöst und in der Ergebnisrechnung sukzessive als Ertrag vereinnahmt. Infrage kommt z. B. eine Auflösung über die Nutzungsdauer des geförderten Investitionsobjekts.

B. II. Sonderposten für Beiträge, III. Gebührenausgleich und IV. Sonstige Sonderposten erfüllen einen vergleichbaren Zweck: Mittel, die Beschränkungen unterliegen, werden getrennt vom Eigenkapital ausgewiesen. Durch die Auflösung der Sonderposten können sie ihrem Zweck zugeführt werden.

Anwohner zahlen für den Bau einer Anwohnerstraße in einem Wohngebiet Beiträge. Diese sind in einen Sonderposten einzustellen und entsprechend der Nutzungsdauer der Straße aufzulösen.

Würde dies nicht erfolgen, würden (1) die Bürger zwei Mal zu Kasse gebeten und zudem (2) das Eigenkapital der Kommune zu hoch ausgewiesen.

zu 1) Nach der Fertigstellung der Straße werden die Beitragsbescheide versandt. Es entsteht damit ein Ertrag aus Beiträgen, der das Jahresergebnis dieses Jahres verbessert. In den Folgejahren wird die Straße abgeschrieben, die Abschreibungen belasten das Jahresergebnis. Da der Haushaltsausgleich erfordert, dass alle Aufwendungen durch Erträge im selben Haushaltsjahr gedeckt sind, müsste die Kommune nun zusätzliche Steuern von den Bürgern erheben, um die Abschreibungen für die neue Straße durch jährliche Erträge abzudecken. Damit jedoch würden die Bürger die Straße zwei Mal bezahlen: einmal als Beitrag im ersten Haushaltsjahr (das einen entsprechenden Jahresüberschuss durch die einmaligen Erträge ausweisen würde) und in späteren Jahren durch Steuern für die nun anfallenden Abschreibungen. Um dies zu verhindern, werden die Erträge aus dem ersten Jahr in einem Sonderposten „geparkt", der später parallel zu den Abschreibungen ertragswirksam aufgelöst wird. Auf diese Art werden Abschreibungen und Beiträge im Zeitablauf gleich verteilt ertrags- bzw. aufwandswirksam.

zu 2) Zudem wird zwischenzeitlich das Eigenkapital korrekt ausgewiesen. Die „geparkten" Beträge werden nicht dem Eigenkapital zugeschlagen, sondern in den Sonderposten zwischen Eigen- und Fremdkapital ausgewiesen. Dies zeigt zutreffend, dass die Straße gedanklich quasi den Bürgern gehört, die sie mit ihren Beiträgen bezahlt haben.

## C    Rückstellungen

Für künftige Verpflichtungen, die nach der Höhe, dem Grunde oder der Fälligkeit noch nicht exakt bestimmt sind, werden Rückstellungen gebildet (vgl. Kapitel C 4.2). Die vom Begriff her ähnlich klingenden kameralen Rücklagen sind deutlich von den Rückstellungen zu unterscheiden.

Beispielsweise die im kameralen System gesondert ausgewiesene Versorgungsrücklage findet sich in der Doppik in zwei Posten der Bilanz wieder: Ihr Ziel, Ressourcen für die Abdeckung späterer Pensionslasten zurückzuhalten, übernimmt die Pensionsrückstellung, die unter dem oben genannten Posten ausgewiesen wird. Dort ist ein Betrag zurückgestellt, der dem Wert sämtlicher Verpflichtungen entspricht. Die Pensionsrückstellungen werden daher in der Praxis die in den letzten Jahren angesammelten kameralen Versorgungsrücklagen um weit mehr als das Hundertfache übersteigen. Die Pensionsrückstellungen sichern insofern die künftigen Ansprüche besser ab, als sie den Ressourcenbedarf und das daraus erwachsende Haushaltsproblem insgesamt transparent machen. Die Versorgungsrücklage hingegen konnte nur einen vergleichsweise sehr geringen Anteil durch eine kamerale Rücklage absichern.

Die in den kameralen Versorgungsrücklagen bereits angesammelten Mittel werden je nach der Anlageform auf der Aktivseite der Bilanz ausgewiesen. Sind beispielsweise Wertpapiere gekauft worden, sind diese unter den Finanzanlagen zu zeigen.

Selbstverständlich bleibt durch die Art der Bilanzierung die Rechtsstellung der in der Versorgungsrücklage angesammelten Mittel unverändert. Die einschlägigen Grundlagen werden durch das Haushaltsrecht bzw. den nicht mehr erfolgenden separaten Ausweis nicht tangiert.

**D     Verbindlichkeiten**

Verbindlichkeiten sind vom Betrag her vor allem Kommunalkredite, aber auch Verpflichtungen gegenüber Lieferanten u. Ä.

**E     Rechnungsabgrenzungsposten**

Sie dienen ebenfalls der richtigen Zuordnung von Ressourcen zu Perioden, vgl. Kapitel C 4.1.1.

### 3.3.2   Bewertung

Für die in der Bilanz anzusetzenden Vermögensgegenstände ist ihr Wert am Bilanzstichtag auszuweisen. Dieser kann durch eine Bewertung ermittelt werden.

Bewertung ist die Quantifizierung von Vermögensgegenständen und Schulden in Geldeinheiten. Die Höhe der Bewertung wirkt sich u. a. auf den Jahreserfolg aus, da z. B. Abschreibungen von der Höhe des Wertes des Vermögensgegenstandes abhängen. Die Bewertung ist stets mit (kaufmännischer) Vorsicht vorzunehmen (vgl. auch C 1 „Grundsätze ordnungsmäßiger Buchführung für Kommunen").

Die Bestimmungen für die Bewertung finden sich im neuen Gemeindehaushaltsrecht NRW in der Gemeindeordnung § 90 Abs. 2 Nr. 1 die bestimmt, dass das Vermögen zu Anschaffungs- und Herstellungskosten zu bewerten ist. Weitere Regelungen finden sich in den §§ 32 ff GemHVO NRW. Dort werden für bestimmte Vermögensgegenstände Regeln für die Wertermittlung vorgegeben.

Neben dem Grundsatz der Bewertung zu Anschaffungs- und Herstellungskosten gibt es eine besondere Regelung für die Eröffnungsbilanz: nach § 54 Abs. 1 GemHVO NRW sind bei der erstmaligen Bewertung für die Eröffnungsbilanz der Kommune vorsichtig geschätzte Zeitwerte zu Grunde zu legen.

Die in NRW gewählte Bewertung des Vermögens zu Anschaffungs- und Herstellungskosten im laufenden Betrieb des doppischen Haushaltswesens entspricht bundesweit der herrschenden Meinung. Regelungs-(Entwurfs)-texte bzw. Arbeitsmaterialien von Modellprojekten sehen diesen Wertansatz z.b. in Hessen, im Saarland, in Hamburg oder in Brandenburg vor. Abweichend ist die Bewertung in solchen Ländern geregelt, die eine Trennung des Vermögens in realisierbares und Verwaltungsvermögen vorsehen. So ist im Entwurfstext Baden-Württemberg für das Verwaltungsvermögen eine Bewertung zu Anschaffungs- und Herstellungskosten vorgesehen, dass realisierbare Vermögen hingegen soll in jedem Jahr zu aktuellen Veräußerungswerten in die Bilanz eingestellt werden. Hierzu soll alle fünf Jahre eine Neufeststellung des Werts erfolgen, in der Zwischenzeit werden die Werte jährlich über Preisindices angepasst.

Auch bei den Wertansätzen in der Eröffnungsbilanz gibt es bundesweit mehrere Lösungen. Überwiegend werden die vorsichtig geschätzten Zeitwerte angesetzt (z.B. auch in Hamburg), einige Länder diskutieren auch hier historische Werte (also Anschaffungs- und Herstellungskosten) bzw. erwägen einen Mittelweg (im Saarländischen Gemeinschaftsprojekt wurde zum Zeitpunkt der Drucklegung ein Ansatz von Werten zu einem Bewertungsstichtag 1990 diskutiert). Die Unterschiede, die sich im Zusammenhang mit der für die Eröffnungsbilanz gewählten Bewertung ergebenden, haben gemein, dass sie sich bei dem abnutzbaren Anlagevermögen im Laufe der Jahre durch den Abgang der Vermögensgegenstände "herauswachsen".

### 3.3.2.1 Wert- bzw. Bewertungsbegriffe

Die verschiedenen Wertmaßstäbe, die aus dem kaufmännischen Rechnungswesen bekannt sind, werden im Folgenden erläutert:

**Anschaffungskosten**

Die Anschaffungskosten beinhalten alle Aufwendungen, die notwendig sind, um einen Vermögensgegenstand zu erwerben und in einen betriebsbereiten Zustand zu versetzen (vgl. § 255 Abs. 1 Satz 1 HGB und § 33 Abs. 2 GemHVO NRW). Diese Aufwendungen setzen sich wie folgt zusammen:

| | |
|---|---|
| Anschaffungspreis | (Kaufpreis, i. d. R. brutto[12]) |
| + Anschaffungsnebenkosten | (Bezugskosten[13], Montage, Notar, Makler etc.) |
| + Nachträgliche Anschaffungskosten | (Um-, Ausbau, wertverbessernde Maßnahmen) |
| ./. Anschaffungskostenminderungen | (Rabatte, Boni, Skonti[14], Preisminderungen) |
| = Anschaffungskosten | |

**Herstellungskosten**

Die Herstellungskosten geben den Wert von selbst erstellten Vermögensgegenständen wider. Sie beinhalten alle Aufwendungen, die durch den Verbrauch von Gütern oder Dienstleistungen für die Herstellung, Erweiterung oder Verbesserung des Vermögensgegenstands verursacht werden (vgl. § 255 Abs. 2 Satz 1 HGB und § 33 Abs. 3 GemHVO NRW).

Nur Aufwendungen für eine Betriebsbereitschaft des Vermögensgegenstands kommen als Herstellungskosten in Betracht. Hierbei werden die Aufwendungen während der Erstellung berücksichtigt. Die Herstellung ist abgeschlossen, wenn die Betriebsbereitschaft erreicht ist (Bauabnahme bzw. Fertigstellungsmeldung). Kalkulatorische Kosten wie z. B. eine kalkulatorische Verzinsung des Eigenkapitals, die über die tatsächlichen Aufwendungen hinausgehen, gehören nicht zu den Herstellungskosten.

---

[12] Da die Gebietskörperschaft nicht der Umsatzsteuerpflicht unterliegt und nicht vorsteuerabzugsberechtigt ist, werden Beträge brutto angesetzt. Nur in Ausnahmefällen wie Betrieben gewerblicher Art innerhalb der Verwaltung kann ein Nettoansatz notwendig sein.

[13] Vgl. Kapitel C 3.3.7 „Unterkonten".

[14] Skonto wird für vorzeitiges Zahlen vor dem eigentlichen Zahlungstermin gewährt. Der Preisnachlass beträgt meistens zwischen 2–3 %.

Die Herstellungskosten ergeben sich aus folgendem Schema:

| Materialeinzelkosten | (einzeln zurechenbare Materialkosten, z. B. anhand von Materialentnahmescheinen) |
|---|---|
| + Materialgemeinkosten | (Materialkosten, die per Umlageschlüssel zugerechnet werden) |
| + Fertigungseinzelkosten | (einzeln zurechenbare (Lohn-)Kosten, z. B. anhand von Stundenaufschreibungen) |
| + Fertigungsgemeinkosten | ((Lohn-)Kosten, die per Umlageschlüssel zugerechnet werden) |
| + Sonderkosten der Fertigung | (speziell für das Produkt angefallene Einzelkosten, z. B. Patentkosten) |
| = Herstellungskosten | |

Anschaffungs- und Herstellungskosten sind bei der laufenden Bewertung des kommunalen Vermögens der Regelfall.

Verwaltungsgemeinkosten können, anders als in der privatwirtschaftlich verwendeten Definition der Herstellungskosten, nicht angesetzt werden. Dies soll Gestaltungsspielräume ausschließen.

**Vorsichtig geschätzter Zeitwert**

Der Zeitwert ist kein fester Wert. Es ist unter Berücksichtigung des Einzelfalls nach kaufmännischer Vorsicht zu schätzen. Somit bildet der Begriff „vorsichtig geschätzter Zeitwert" einen übergeordneten Wertbegriff, dem das Vorsichtsprinzip angegliedert wird und der sich aus verschiedenen anderen Wertbegriffen ableiten lässt. Der vorsichtig geschätzte Zeitwert findet bei der Eröffnungsbilanz im Rahmen des Umstiegs auf die Doppik Anwendung.

**Verkehrswert**

Im privatwirtschaftlichen Bereich wird der Zeitwert üblicherweise vom Verkehrswert abgeleitet. Der Verkehrswert resultiert aus dem erzielbaren Verkaufspreis eines Vermögensgegenstands, insbesondere im Bereich von Immobilien. Der Verkehrswert wird aufgrund von Sach-, Ertrags- oder Vergleichswerten ermittelt.

Kommunales Gebäudevermögen wird in der Eröffnungsbilanz überwiegend nach einem Sachwertverfahren zu bewerten sein. Hier ist insbesondere das Verfahren der Normalherstellungskosten (NHK) bedeutsam. Als „NHK 2000" ist eine Sammlung von standardisierten Herstellungskosten für Gebäude verbreitet. Die Kommune kann für Zwecke der Eröffnungsbilanz anhand des Gebäudetyps, der Flächen, des Ausstattungsgrades und weiterer Merkmale Gebäudedaten standardisiert erheben und anhand der Normalherstellungskosten einen aktuellen Sachwert ermitteln.

Ertragswerte können beispielsweise bei Wohn- oder Bürogebäuden zur Anwendung kommen, wenn tatsächliche oder (aber ggf. auch fiktive Mieteinnahmen für den angenommenen Fall einer Fremdvermietung) vorliegen bzw. ermittelt werden können. Der Ertragswert ist dann der abgezinste Barwert der Zahlungsüberschüsse (Mieteinnahmen abzüglich Kosten) einer unendlichen Zeitreihe.

Vergleichswerte stellen auf den Wert ähnlicher Vermögensgegenstände ab. Wird beispielsweise das Grundvermögen der Kommune nach den Normrichtwerten für Grundstücke bewertet, so handelt es sich um ein Vergleichswertverfahren. Es wird für ein Grundstück der Wert angesetzt, den benachbarte Grundstücke in der Vergangenheit erzielt haben. Quelle ist hierbei regelmäßig der vom kommunalen Gutachterausschuss festgestellte Normrichtwert, der sich aus der Sammlung von Kaufpreisen der Vergangenheit ergibt.

**Wiederbeschaffungswert**

Der Wiederbeschaffungswert stellt den Anschaffungswert eines vorhandenen Vermögensgegenstands zum Bilanzstichtag dar. Beim Wiederbeschaffungswert wird unterstellt, dass ein Vermögensgegenstand in unveränderter Form wiederbeschafft wird. Im Bereich der langlebigen Vermögensgegenstände können aufgrund veränderter Anforderungen und Technologien jedoch Abweichungen entstehen.

In der Praxis werden Wiederbeschaffungswerte z. B. aktuellen Katalogen von Herstellern der zu bewertenden Vermögensgegenstände entnommen. Als Wiederbeschaffungszeitwert werden diese Werte bezeichnet, wenn sie anschließend um die Alterswertminderung gekürzt werden. Dabei werden von dem Wiederbeschaffungswert die Abschreibungen für die Jahre abgesetzt, die der Vermögensgegenstand bereits genutzt wurde.

## Fortgeführte Anschaffungs- bzw. Herstellungskosten

Die fortgeführten Anschaffungs- bzw. Herstellungskosten bezeichnen den Wert für die abnutzbaren Anlagegüter abzüglich der fortgeführten planmäßigen Abschreibungen. Außerplanmäßige Abschreibungen müssen dann berücksichtigt werden, wenn eine voraussichtlich dauerhafte Wertminderung eintritt.

Anschaffungs- bzw. Herstellungskosten

./. Abschreibungen

= Fortgeführte Anschaffungs- bzw. Herstellungskosten

### 3.3.2.2 Bewertungsansätze

**Anlagevermögen (§ 253 Abs. 2 HGB)**

Um die Bewertung des Anlagevermögens vornehmen zu können, muss dieses in abnutzbare und nicht abnutzbare Anlagegüter eingeteilt werden[15].

Für das abnutzbare Anlagevermögen gilt das strenge Niederstwertprinzip. Dieses besagt, dass abnutzbare Anlagegüter am Abschlussstichtag mit den fortgeführten Anschaffungs- bzw. Herstellungskosten zu bewerten sind.

Nicht abnutzbares Anlagevermögen darf höchstens mit den Anschaffungs- bzw. Herstellungskosten bewertet werden. Sollte eine voraussichtliche dauerhafte Wertminderung am Abschlussstichtag ersichtlich sein, so ist diese bei der Bewertung zu berücksichtigen und der Zeitwert in der Bilanz anzusetzen.

**Bewertung von Umlaufvermögen[16] (§ 253 Abs. 3 HGB)**

Auch für das Umlaufvermögen gilt das strenge Niederstwertprinzip. Wie bei dem Anlagevermögen darf höchstens mit Anschaffungs- bzw. Herstellungskosten bewertet werden. Sollte der vorsichtig geschätzte Zeitwert am Abschlussstichtag unter den Anschaffungs- bzw. Herstellungskosten liegen, so ist in der Bilanz immer der niedrigere Wert anzusetzen.

---

[15] Vgl. Kapitel C 3.6.2 „Abschreibungen".

[16] Für die Bewertung von Forderungen vgl. Kapitel C 3.6.2.6 „Abschreibung auf Forderungen".

**Bewertung von Fremdkapital**[17]

Bei Fremdkapital wird das Höchstwertprinzip angewendet. Insofern muss das Fremdkapital zum Abschlussstichtag mit dem Rückzahlungsbetrag angesetzt werden, der u. U. höher als der zuvor passivierte Wert sein kann. Ein Beispiel sind hier Währungsschwankungen.

### 3.3.3 (Teil-)Ergebnis- und Finanzrechnung, Zielerreichung

Im Jahresabschluss werden die Istwerte aus der Bewirtschaftung der Ergebnispläne in Ergebnisrechnungen nachgewiesen. Gleiches gilt analog für die Finanzpläne.

Die Gliederung der Rechnungen orientiert sich an denen der Pläne. Es gibt also wiederum die Gesamtebene sowie die Teilebene der Produktbereiche.

Im Jahresabschluss sind bei den Produktbereichen auch Istwerte zur Zielerreichung, also z. B. Leistungsmengen oder Wirkungskennzahlen, anzugeben.

### 3.3.4 Anhang, Lagebericht

Der Anhang besteht u. a. aus:

- Erläuterung der Bilanzierungs- und Bewertungsmethoden
- Anlagenspiegel
- Verbindlichkeitenspiegel
- Forderungsspiegel

Zudem hat die Kommune einen Lagebericht zu erstellen, der einen Überblick über die Ergebnisse des abgelaufenen Haushaltsjahres gibt und diese kommentiert.

Für den Anlagenspiegel (Abb. 26), den Verbindlichkeitenspiegel (Abb. 27) sowie den Forderungsspiegel (Abb. 28) hat das Innenministerium NRW Muster für die Mindestgliederung veröffentlicht. Diese finden sich im Folgenden. Allerdings ist die erste und letzte Spalte des Anlagenspiegels in der Beschriftung unklar. Die erste Spalte könnte auch mit „Anschaffungs- und Herstellungskosten" bezeichnet werden und dann den ursprünglichen Ausgangsbetrag im Jahr der Aktivierung zeigen.

---

[17] Für die Bewertung von Rückstellungen vgl. Kapitel C 4.2 „Rückstellungen".

| Anlagenspiegel | Anschaffungs- und Herstellungskosten | | | | Abschreibungen | | | Buchwert | |
|---|---|---|---|---|---|---|---|---|---|
| | Stand 31.12. Vorjahr | Zugänge im Haushaltsjahr | Abgänge im Haushaltsjahr | Umbuchungen im Haushaltsjahr | Abschreibungen im Haushaltsjahr | Zuschreibungen im Haushaltsjahr | kumulierte Abschreibungen | Buchwert am 31.12. des Haushaltsjahres | Buchwert am 31.12. des Vorjahres |
| | + | – | +/– | – | + | – | | |
| I. Immaterielle Vermögensgegenstände | | | | | | | | | |
| II. Sachanlagen | | | | | | | | | |
| 1. Unbebaute Grundstücke und grundstücksgleiche Rechte | | | | | | | | | |
| a) Grünflächen | | | | | | | | | |
| b) ...(wie Bilanzgliederung) | | | | | | | | | |
| 2. Bebaute Grundstücke und grundstücksgleiche Rechte mit | | | | | | | | | |
| a) Kindertageseinrichtungen | | | | | | | | | |
| b) ... | | | | | | | | | |
| 3. Infrastrukturvermögen | | | | | | | | | |
| a) Grund und Boden des Infrastrukturvermögens | | | | | | | | | |
| b) ... | | | | | | | | | |
| f) Sonstige Bauten des Infrastrukturvermögens | | | | | | | | | |
| 4. Bauten auf fremdem Grund und Boden | | | | | | | | | |
| 5. Kunstgegenstände, Kulturdenkmäler | | | | | | | | | |
| 6. Fahrzeuge | | | | | | | | | |
| 7. Maschinen und technische Anlagen, Fahrzeuge | | | | | | | | | |
| 8. Betriebs- und Geschäftsausstattung | | | | | | | | | |
| 9. Geleistete Anzahlungen, Anlagen im Bau | | | | | | | | | |
| III. Finanzanlagen | | | | | | | | | |
| 1. Anteile an verbundenen Unternehmen | | | | | | | | | |
| 2. Beteiligungen | | | | | | | | | |
| 3. Sondervermögen | | | | | | | | | |
| 4. Wertpapiere des Anlagevermögens | | | | | | | | | |
| 5. Ausleihungen | | | | | | | | | |
| a) ... | | | | | | | | | |

Abb. 26: Anlagenspiegel (Auszug)

| Verbindlichkeitenspiegel | Gesamt-betrag lfd. Jahr | mit einer Restlaufzeit von | | | Gesamt-betrag Vorjahr |
|---|---|---|---|---|---|
| | | bis zu 1 Jahr | 1 bis 5 Jahre | mehr als 5 Jahre | |
| | 1 | 2 | 3 | 4 | 5 |
| I. Anleihen | | | | | |
| II. Verbindlichkeiten a. Krediten f. Investitionen | | | | | |
| 1. von verbundenen Unternehmen | | | | | |
| 2. von Beteiligungen | | | | | |
| 3. von Sondervermögen | | | | | |
| 4. vom öffentlichen Bereich | | | | | |
| 4.1. vom Bund | | | | | |
| 4.2. vom Land | | | | | |
| 4.3. von Gemeinden (GV) | | | | | |
| 4.4. von Zweckverbänden | | | | | |
| 4.5. vom sonstigen öffentlichen Bereich | | | | | |
| 4.6 von sonst. öffentlichen Sonderrechnungen | | | | | |
| 5. vom privaten Kreditmarkt | | | | | |
| 5.1 von Banken und Kreditinstituten | | | | | |
| 5.2 von übrigen Kreditgebern | | | | | |
| III. Verbindlichkeiten a. Krediten z. Liquiditätssicherung | | | | | |
| IV. Verbindlichkeiten a. Vorgängen, die Kreditaufnah-men wirtschaftlich gleichkommen | | | | | |
| V. Verbindlichkeiten aus Lieferungen u. Leistungen | | | | | |
| VI. Verbindlichkeiten aus Transferleistungen | | | | | |
| VII. Sonstige Verbindlichkeiten | | | | | |
| VIII. Summe aller Verbindlichkeiten | | | | | |
| Nachrichtlich: Haftungsverhältnisse, z. B. Bürgschaften | | | | | |

Abb. 27: Verbindlichkeitenspiegel

| Forderungsspiegel | Gesamt-betrag lfd. Jahr | mit einer Restlaufzeit von | | | Gesamt-betrag Vorjahr |
|---|---|---|---|---|---|
| | | bis zu 1 Jahr | 1 bis 5 Jahre | mehr als 5 Jahre | |
| | 1 | 2 | 3 | 4 | 5 |
| I. Öffentl.-rechtl. Forderungen, Transferforderungen | | | | | |
| 1. Gebühren | | | | | |
| 2. Beiträge | | | | | |
| 3. Steuern | | | | | |
| 4. Forderungen aus Transferleistungen | | | | | |
| 5. sonst. öffentlich-rechtliche Forderungen | | | | | |
| II. Privatrechtliche Forderungen | | | | | |
| 1. gegen den privaten Bereich | | | | | |
| 2. gegen den öffentlichen Bereich | | | | | |
| 3. gegen verbundene Unternehmen | | | | | |
| 4. gegen Beteiligungen | | | | | |
| 5. gegen Sondervermögen | | | | | |
| III. Summe aller Forderungen | | | | | |

Abb. 28: Forderungsspiegel

### 3.3.5  Prüfung und Feststellung

Jahresabschlüsse sind zu prüfen (§§ 101 ff. GO NRW) und von der Vertretungskörperschaft festzustellen (§ 96 GO NRW). Die Prüfung gliedert sich in die örtliche und überörtliche Rechnungsprüfung.

Die örtliche Rechnungsprüfung wird durch ein Testat bescheinigen, dass der Jahresabschluss ordnungsgemäß aus der Buchhaltung entwickelt und nach den einschlägigen Regeln aufgestellt wurde. Im Rahmen der Prüfung können Externe (Wirtschaftsprüfer) zur Unterstützung herangezogen werden (§ 103 Abs. 5 GO NRW). Letztlich bleiben aber die Aufgaben und die Stellung der Rechnungsprüfung der Kommunen auch im doppischen Gemeindehaushaltsrecht weitgehend unverändert. Eine alleinverantwortliche Prüfung der Kommunen durch Wirtschaftprüfer, die dann auch ein Testat abgeben würden, hat das Gemeindehaushaltsrecht ausdrücklich nicht vorgesehen. Auch ist für die Prüfung selbstverständlich als primärer Maßstab das Gemeindehaushaltsrecht und nicht das HGB anzulegen.

### 3.4  Haushaltsausgleich

Der Ressourcenverbrauch einer Periode darf das Ressourcenaufkommen nicht übersteigen. In der Konsequenz ist der Haushalt ausgeglichen, wenn die Aufwendungen vollständig durch Erträge gedeckt sind. Hierin liegt der Kern des Haushaltsausgleichs im doppischen System (vgl. § 75 GO NRW).

Er sichert die dauerhafte Leistungsfähigkeit der Kommune und die intergenerative Gerechtigkeit durch die Erhaltung des Eigenkapitals. Werden alle Aufwendungen durch Erträge ersetzt, bleibt es konstant. Diese Konstanz stellt allerdings nur eine nominelle Substanzerhaltung sicher, ein Inflationsausgleich ist also nicht enthalten (qualifizierte Kapitalerhaltung).

Zu dieser Regel tritt eine „Nebenbedingung": Die Finanzrechnung muss die Liquidität der Gemeinde sicherstellen Die Finanzrechnung selbst ist somit i. e. S. nicht relevant für den Haushaltsausgleich. Hierin drücken sich die Abkehr vom Geldverbrauchskonzept und die Hinwendung zum Ressourcenverbrauchskonzept aus. Sie stellt eine wichtige „Nebenbedingung" des Haushaltsausgleichs dar, weil die Sicherstellung einer soliden Finanzierung und der laufenden Liquidität unabdingbare ergänzende Ziele für eine gesunde Haushaltswirtschaft sind.

Eine weitere Anforderung an den Haushaltsausgleich: Eine Kommune darf sich nicht überschulden. Sie ist überschuldet, wenn das Eigenkapital aufgebraucht ist.

Mindestzuführungen o. Ä., wie sie aus der Kameralistik bekannt sind, kann es systembedingt nicht mehr geben.

Der Haushaltsausgleich wird also u. a. beeinflusst durch

- Abschreibungen,
- Bildung von Rückstellungen (u. a. für Pensionen),
- Zinsaufwand und
- sonstigen sächlichen oder personellen Aufwand.

Er wird nicht beeinflusst durch Geschäftsvorfälle, die nicht ergebniswirksam sind, u. a. sind dies:

- Investitionsauszahlungen, z. B. für eine Baumaßnahme oder für die Anschaffung eines Fahrzeugs (beides geht allerdings nach Inbetriebnahme anteilig durch die Abschreibungen in den Haushaltsausgleich ein),
- Kreditaufnahme,
- Kredittilgung,
- Pensionsauszahlungen.

Am Beispiel der Pensionen verdeutlicht Abbildung 28, dass bei der Bildung der Rückstellung der Aufwand anfällt, bei der Auszahlung von Pensionen hingegen nicht. Diese werden – untechnisch formuliert – „aus den angesammelten Rückstellungen in der Bilanz gespeist".

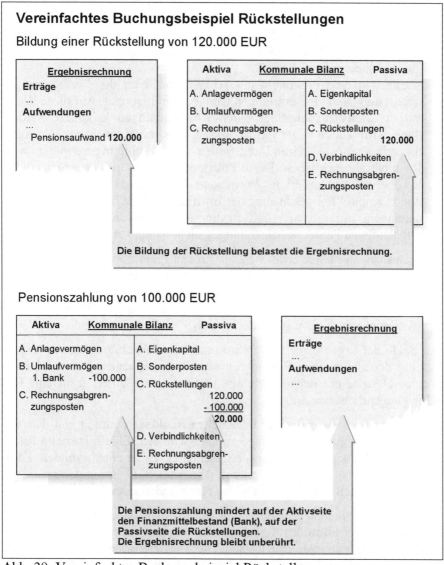

Abb. 29: Vereinfachtes Buchungsbeispiel Rückstellungen

Bei der Prognose, wie schwer der Haushaltsausgleich in der Doppik fällt, ist generell Folgendes zu bedenken:

- Die Abschreibungen belasten den Haushaltsausgleich. Dafür fallen die Tilgungen weg, die früher über die Mindestzuführung im Verwaltungshaushalt „zu verdienen" waren. Sofern eine zeitlich mit der Nutzungsdauer übereinstimmende Finanzierung stattgefunden hat und Investitionen vollständig kreditfinanziert wurden, ergibt sich exakt die gleiche Haushaltsbelastung.
- Häufig wird von Praktikern überschlägig der Wert des Vermögens geschätzt und dann eine mittlere Nutzungsdauer angesetzt. Auf diese Weise soll die Haushaltsbelastung durch Abschreibungen kalkuliert werden. Dabei wird jedoch außer Acht gelassen, dass nur abnutzbares Vermögen abgeschrieben wird. Grund und Boden oder Beteiligungsvermögen werden nicht abgeschrieben. Diese Positionen werden in vielen Gemeinden den überwiegenden Teil des Vermögens darstellen.
- Wie in Kapitel E 2 „Belastung der Eröffnungsbilanz durch Pensionsrückstellungen" gezeigt wird, müssen die vor dem Wechsel auf die Doppik aufgelaufenen Pensionsrückstellungen nicht mehr „verdient" werden.

Der Haushaltsausgleich zeigt sich im Ergebnisplan bzw. in der Ergebnisrechnung in den Zeilen „Jahresergebnis" und kann die Ausprägungen Jahresüberschuss oder Jahresfehlbedarf (in der Planung)/Jahresfehlbetrag (im Jahresabschluss) annehmen. Der Haushalt ist nur ausgeglichen, wenn die Aufwendungen durch Erträge gedeckt sind.

Der Saldo der Ergebnisrechnung wird nach dem Jahresabschluss im Grundsatz mit der allgemeinen Rücklage innerhalb des Eigenkapitals verrechnet. Werden Defizite mit der allgemeinen Rücklage verrechnet, greift eine Genehmigungspflicht der Aufsicht.

Allerdings ist der Begriff einer bilanziellen Rücklage deutlich von dem der kameralen (allgemeinen) Rücklage zu unterscheiden. Eine bilanzielle Rücklage ist kein Bankguthaben oder Vergleichbares. Es ist eine besondere Form des Eigenkapitals, das – wie bereits in Abschnitt B 1 – gezeigt wurde, „gedanklich als Anteil in allen Vermögensgegenständen steckt".

Neben der allgemeinen Rücklage gibt es eine „Ausgleichsrücklage" innerhalb der Bilanzposition des Eigenkapitals – übrigens nur im NKF und sonst (noch) in keinem anderen Bundesland. Die Ausgleichsrücklage soll als „Puffer" helfen, Schwankungen des Jahresergebnisses auszugleichen. Jahresüberschüsse könnten in der Ausgleichsrücklage angesammelt und in späteren Jahren zur Abdeckung von Jahresfehlbeträgen wieder entnommen werden.

Positive Jahresergebnisse könnten demnach in einer Ausgleichsrücklage „geparkt" und später mit negativen verrechnet werden. Wesentlicher Unterschied zur allgemeinen Rücklage ist also, dass die Verrechnung von Defiziten keiner Genehmigung durch die Aufsicht bedarf.

Bei der Eröffnungsbilanz soll jede Kommune erstmals eine solche Ausgleichsrücklage ausweisen können, mit der sie anschließend eigenverantwortlich wirtschaften kann. Die Höhe der Ausgleichsrücklage wird wie folgt bemessen:

- Sie kann in Höhe von einem Drittel des vorhandenen Eigenkapitals gebildet werden,
- jedoch höchstens in der Höhe von einem Drittel der jährlichen Steuereinnahmen und allgemeinen Zuweisungen (berechnet im Mittel der letzten drei Jahresrechnungen).

Die Ausgleichsrücklage kann von den Kommunen auch dazu eingesetzt werden, Belastungen, die im Rahmen der Doppikeinführung erstmals aufgedeckt werden (Abschreibungen), in den ersten Jahren abzufedern. Ferner stellt sie einen Puffer dar, mit dem die aufgrund einer Übertragung von Mitteln in das folgende Haushaltsjahr im doppischen System unvermeidbaren Ergebnisveränderungen überjährig ausgeglichen werden können.

Die Ausgleichsrücklage öffnet die ansonsten absolute Forderung, das Eigenkapital konstant zu halten. Dafür sind vor allem die oben genannten Gründe maßgeblich. Ein weiterer soll hier erwähnt werden, der ausführlich in dem NKF-Modellprojekt sowie dessen Ergebnisdokumentation diskutiert wurde. Die Forderung nach einem sehr hohen bzw. nach einem unter allen Umständen konstanten Eigenkapital ist weder betriebswirtschaftlich noch ordnungspolitisch sinnvoll.

- Eigenkapital dient in der Privatwirtschaft der Absicherung gegen Risiken und der Sicherung der Kreditwürdigkeit. Beides stellt sich für Gebietskörperschaften deutlich anders dar als für Privatunternehmen.
- Betriebswirtschaftlich gilt die Maxime, dass Eigenkapital teurer ist als Fremdkapital. Auch für die öffentliche Hand gilt, dass Eigenkapital nicht „umsonst" ist. Die Mittel müssen dem Bürger über Steuern entzogen werden, beim Bürger entstehen hierbei Opportunitätskosten: Er kann das Geld nicht an anderer Stelle Gewinn bringend anlegen. Diese eher abs-

trakt-theoretische Begründung untermauert, dass es nicht das Ziel einer Kommune sein kann, soviel Eigenkapital wie möglich zu haben. Vielmehr wäre die Bestimmung einer ausreichenden Eigenkapitalquote notwendig, für die es aber mangels theoretischer und empirischer Herleitungen (noch) keinen Maßstab gibt.

- Volkswirtschaftlich betrachtet besteht Einigkeit, dass in Deutschland die Staatsquote in Zukunft sinken soll und sinken wird. Dies muss damit einhergehen, dass der Staat insgesamt weniger Vermögen zur Erledigung der verbleibenden Aufgaben benötigt. Soll die Eigenkapitalquote konstant gehalten werden, kann das Eigenkapital sinken. Daher ist die absolute Forderung, dass das in der Eröffnungsbilanz einer Gebietskörperschaft festgestellte Eigenkapital für immer zu erhalten ist, nicht haltbar.
- Eine Kommune, die sich aus Aufgaben ganz zurückzieht, kann – eine konstante Eigenkapitalquote als Ziel vorausgesetzt – Eigenkapital abbauen.

> Eine Kommune beschließt, zur Haushaltskonsolidierung in den nächsten Jahren Leistungen wie Hallenbäder oder Bürgerbüro-Nebenstellen aufzugeben. Das hierfür vorgehaltene abnutzbare Anlagevermögen (im Wesentlichen Gebäude) soll nicht mehr ersetzt werden. Es stellt sich die Frage, ob die hierfür anfallenden Abschreibungen im Haushaltsausgleich noch „zu verdienen" sind oder ob diese aus dem Haushaltsausgleich herausgenommen werden können (und damit letztlich ein Eigenkapitalverzehr in gleichem Umfang zulässig sein soll).

Aufgrund des oben genannten Beispiels wurde im NKF-Modellprojekt untersucht, ob es Abgrenzungsmöglichkeiten geben könnte für Abschreibungen, die zu verdienen sind (haushaltsausgleichsrelevant), und solchen, die nicht zu verdienen sind (haushaltsausgleichsneutral). Diese Abgrenzungen ließen sich aufgrund praktischer, aufsichtsrechtlicher und politischer Probleme aber nicht finden:

- Kann man Entscheidungen über den Verzicht auf Vermögensgegenstände „im Voraus" fällen?
- Kann die Berücksichtigung von bestimmten Abschreibungen im Haushaltsausgleich an der unsicheren Einhaltung von Willenserklärungen für die Zukunft hinsichtlich aufzugebender Leistungen festgemacht werden?

- Was passiert, wenn die Kommune (beispielsweise ein neu gewählter Stadtrat) seine Meinung über die Notwendigkeit eines Hallenbades ändert?

All diese Gründe sprechen dafür, in der Praxis vor einen Eigenkapitalabbau hohe Hürden aufzubauen. Andererseits gilt es, bei der Diskussion über den Haushaltsausgleich die oben angeführten Relativierungen zu bedenken. Ein möglichst hohes oder unter allen Umständen konstantes Eigenkapital für Gebietskörperschaften zu fordern, ist falsch.

Neben der Bestimmung des Haushaltsausgleichs i. e. S. ist festgelegt, welche aufsichtsrechtlichen Konsequenzen ein nicht ausgeglichener Haushalt und die Reduzierung des Eigenkapitals (im Rahmen der Ausgleichsrücklage bzw. darüber hinaus) hat. Auch ist in § 75 GO NRW festgelegt, wann das (länderspezifisch unterschiedlich benannte und ausgestaltete) Haushaltssicherungskonzept (HSK) zu erstellen ist. In NRW ist nach der Gemeindeordnung der Abbau von Eigenkapital der allgemeinen Rücklage genehmigungspflichtig. Wird die allgemeine Rücklage in einem Jahr um mehr als 25 % reduziert, ist ein HSK aufzustellen (§ 76 GO NRW). Wird sie innerhalb von zwei Jahren jeweils um mehr als 5 % verringert, ist ebenfalls ein HSK aufzustellen. Auch einer Überschuldung ist mit einem HSK entgegenzuwirken.

Noch gibt es keine Praxiserfahrungen (auch und gerade in der aufsichtsrechtlichen Handhabung der genannten Bestimmungen) zum doppischen Haushaltsausgleich. Eine Überprüfung des neuen Haushaltsrechts nach einigen Jahren ist daher bereits im Rahmen des Gesetzgebungsverfahrens vorgesehen worden.

## 3.5    Begrenzung der Kreditaufnahme

Wird das Eigenkapital in der Bilanz negativ, spricht man von einer bilanziellen Überschuldung. Dieser neue Maßstab sollte die Regel, dass Kredite nur für Investitionen aufgenommen werden dürfen, ersetzen. Wie bereits eingangs geschildert ist diese Position nicht in den Gesetzestext des neuen Gemeindehaushaltsrechts in NRW eingeflossen.

Bisher gab es im Haushaltsrecht eine Zweiteilung: Es gab Haushaltskredite und Kassenkredite. Erstere durften maximal in Höhe der Investitionen aufgenommen werden. Anders formuliert: Laufende Ausgaben durften nicht kreditfinanziert werden (ein Grundsatz, der sich auch in Artikel 115 Abs. 1 des Grundgesetzes findet).

Die Kassenkredite sollten ursprünglich lediglich die Liquidität sichern und hatten somit maximal Laufzeiten von einigen Monaten. Sie sind, nach kameralem Verständnis, per Definition „Nicht-Kredite".

In der Praxis hat sich diese (betriebswirtschaftlich ohnehin unscharfe) Unterteilung allerdings verwischt. Ursache sind die vielerorts defizitären Haushalte. Kamerale Haushaltsdefizite sind letztlich nicht gedeckte Liquiditätsbedarfe. Wenn Kommunen über 10 Jahre ihre Defizite bzw. die aufgelaufenen Altdefizite nicht abbauen können, haben sie einen massiven mittelfristigen Liquiditätsbedarf, den sie nur über Kassenkredite decken können. Viele Großstädte haben also über viele Jahre hinweg einen konstanten Sockel von z. T. mehreren hundert Millionen Euro Kassenkrediten. Dies zeigt, dass Kassenkredite als temporäre Verstärkungsmittel für die Liquiditätssicherung der Gemeindekasse mittlerweile eine praxisferne Fiktion geworden sind.

Auch die Regel, dass nur Investitionen kreditfinanziert werden durften, kann die angestrebte Wirkung im kameralen System nicht mehr zufriedenstellend erfüllen. Die Regel sollte sicherstellen, dass Vermögen und Schulden in einem verträglichen Gleichgewicht bleiben. Die Aufnahme neuer Schulden sollte nur dann möglich sein, wenn damit auch neues Vermögen geschaffen wurde. Da es jedoch im kameralen System keine echte, wertmäßige Vermögensrechnung gab, lief die Vorschrift in der Praxis teilweise ins Leere. Eine Kommune konnte z. B. Computer, die nur für die nächsten fünf Jahre einen Vermögensgegenstand darstellten, mit einem Kredit über 20 Jahre finanzieren. Die mangelnde Kongruenz von Kreditlaufzeit und Abschreibungsdauer (und damit dem fortgeschriebenen Wert des Vermögensgegenstands) hat die Regel zur Begrenzung der Kreditaufnahme auf die Investitionshöhe ausgehebelt. Auch konnte Vermögen kreditfinanziert angeschafft werden, um anschließend verkauft zu werden. Der Erlös konnte dann als Ersatzdeckungsmittel in den Verwaltungshaushalt fließen.

Die vermeintlich restriktive Regel zur Begrenzung der Kreditaufnahme stellt sich in der Praxis also als eher löchrig dar.

In der Doppik gibt es durch die Bilanz die Chance, die genannten Schwächen zu beheben und insgesamt ein weiter gefasstes Verständnis von Haushaltsstabilität zugrunde zu legen:

- Maßstab könnten nicht nur die gesamten Kredite (unabhängig von der Laufzeit), sondern nunmehr alle Verpflichtungen auf der Passivseite der

Bilanz einer Kommunen (also z. B. einschließlich der Rückstellungen) sein.

- Auf der Seite des Vermögens (Aktivseite der Bilanz) wird der jeweilige Wert des Vermögens zum Bilanzstichtag als Maßstab herangezogen.
- Der Vergleich dieser beiden, deutlich aussagekräftigeren Größen zeigt an, ob eine Kommune sich weitere Schulden „leisten" kann.

Die Kreditaufnahme sollte in der Doppik also nur in der Höhe zulässig sein, wie die Gesamtsumme der Verbindlichkeiten und Rückstellungen zum Bilanzstichtag durch entsprechendes Vermögen gedeckt ist. Konsequenterweise wäre in der Haushaltssatzung der Höchstbetrag der Kreditaufnahme im Haushaltsjahr nur noch in einem Betrag anzugeben. Die Unterteilung in Kassen- und Haushaltskredite entfiele. Der Betrag könnte insofern höher liegen als der geplante Stand zum Bilanzstichtag, als die „Gemeindekasse" unterjährig einen höheren Bedarf an kurzfristiger Liquidität haben würde.

Die Folgerung, die Aufhebung der Begrenzung der Kreditaufnahme auf die Investitionen und die Einführung des Begriffs der bilanziellen Überschuldung wäre eine haushaltsrechtliche Lockerung, ist falsch. Vielmehr würde eine solche neue Regel einen realistischeren (und damit letztlich strengeren) Maßstab anlegen.

Vor dem Hintergrund des kameral geprägten Haushaltsgrundsätzegesetzes des Bundes und eines allgemeinen Unbehagens hinsichtlich der Veränderung der Kreditgrenzen war es im Rahmen der Gemeindehaushaltsrechtsrefom in NRW nicht möglich, diesen Reformschritt zu gehen. Auch andere Länder werden sich schwer tun, für die Kommunen hier einen Alleingang zu wagen. Insofern wird es der Umstellung des staatlichen Rechnungswesens vorbehalten bleiben, hier mittelfristig systemkonforme Regelungen zu treffen.

# C Einführung in die Buchführung nach dem NKF

**Auf einen Blick:**

⇒ Die doppische Buchführung entsteht, indem zunächst die Vermögensgegenstände und die Schulden der Kommune in einem Inventar aufgelistet werden. Nach deren Bewertung kann die Bilanz aufgestellt werden.

⇒ Die Bilanz wird in der Buchhaltung in einzelne Bestandskonten aufgelöst, auf denen die Veränderungen im Laufe des Jahres erfasst werden. Dabei werden immer zwei Konten angesprochen. Hieraus ist der Begriff doppelte Buchführung entstanden.

⇒ Am Jahresende werden die Konten abgeschlossen und in der Bilanz zusammengeführt.

⇒ Der Ressourcenverbrauch und der Ressourcenzuwachs im Haushaltsjahr werden auf Erfolgskonten erfasst, die mit ihrem Saldo ebenfalls in die Bilanz einfließen.

⇒ Neben der doppischen Buchung werden die Zahlungsströme gesondert erfasst.

## 1 Grundsätze ordnungsmäßiger Buchführung für Kommunen

Die Gemeindehaushaltsverordnung NRW fordert die Beachtung der Grundsätze ordnungsmäßiger Buchführung (§ 27 Abs. 1 GemHVO NRW). In Anlehnung an §§ 238 ff. HGB und §§ 145 ff. AO sind folgende Grundsätze[18] zu beachten (GoB-K):

a) Vollständigkeit
b) Richtigkeit und Willkürfreiheit
c) Verständlichkeit
d) Öffentlichkeit

---

[18] Vgl. Modellprojekt „Doppischer Kommunalhaushalt in NRW" (Hrsg.), S. 52 ff.

e) Aktualität
f) Relevanz
g) Stetigkeit
h) Nachweis der Recht- und Ordnungsmäßigkeit
i) Dokumentation der intergenerativen Gerechtigkeit

a) Vollständigkeit
Die Vollständigkeit ist die grundlegende Voraussetzung für eine aussagekräftige Dokumentation. Aus dem Grund müssen sowohl der Vermögens- und Kapitalstatus als auch alle Güter- und Zahlungsbewegungen vollständig erfasst werden. Ein wichtiger Teil der Forderung nach Vollständigkeit ist die Einbeziehung und Konsolidierung der städtischen Eigengesellschaften, Beteiligungen und Sondervermögen in das Haushaltswesen.

b) Richtigkeit und Willkürfreiheit
Gleichzeitig ist es unabdingbar, dass alle Aufzeichnungen die Realität möglichst genau abbilden. Die Informationen müssen daher begründet und nachvollziehbar sein. Die Nachprüfbarkeit muss gewährleistet sein. Als Rahmengrundsätze für die Dokumentation werden in Übereinstimmung mit den Rahmengrundsätzen der kaufmännischen Buchführung daher die Richtigkeit und Willkürfreiheit angesehen.

c) Verständlichkeit (Klarheit)
Die notwendigen Informationen müssen so aufbereitet werden, dass Dritte diese innerhalb einer angemessenen Zeit aufnehmen und verwerten können. Diese Aufbereitung muss in einer Weise erfolgen, dass aus der Zusammenfassung die wesentlichen Aussagen über den Vermögens- und Kapitalstatus und über die Güter- und Zahlungsbewegungen entnommen werden können.

d) Öffentlichkeit
Die Informationen der Haushaltswirtschaft müssen für den Adressaten zugänglich sein. Dies bedeutet im kommunalen Haushaltswesen die Notwendigkeit einer Offenlegung. Hierfür gibt es besondere gesetzliche Pflichten. Daneben kann aus diesem Grundsatz abgeleitet werden, dass die Unterlagen zur Haushaltswirtschaft verständlich und informativ sein sollen.

e) Aktualität

Es muss ein unmittelbarer zeitlicher Bezug zwischen dem Zeitraum, über den Rechenschaft gegeben wird, und dem Zeitpunkt der Veröffentlichung bestehen. Diese Aktualität bezieht sich damit auf den Termin der Rechenschaft und auch auf die Anforderungen, die an die Überprüfung und Fortschreibung, insbesondere der Vermögens- und Finanzlage, zu stellen sind. Nur derjenige, der aktuelle Informationen zur Verfügung hat, kann seine Einflussmöglichkeiten auf die zukünftige Ressourcenverwendung im Rahmen der Planung sinnvoll nutzen. In diesem Sinne kann eine Deckungsgleichheit mit dem ungeschriebenen Grundsatz einer zeitnahen Buchführung aus dem Handelsrecht festgestellt werden.

f) Relevanz

Die Informationen, die das Haushaltswesen dem externen Betrachter bietet, müssen darüber hinaus mit dem berechtigten Informationsinteresse des Betrachters übereinstimmen. Es muss die Informationen bieten, die zur Rechenschaft notwendig sind. Gleichzeitig soll sich das Haushaltswesen im Hinblick auf die Wirtschaftlichkeit und Verständlichkeit auf die relevanten Informationen beschränken.

g) Stetigkeit

Damit es für den Adressaten möglich wird, aus den Rechenwerken der vergangenen Jahre Entwicklungen und Trends über die Vermögens- und Kapitalsituation der Kommune abzuleiten, ist es notwendig, dass Ansatz und Bewertung des Vermögens im Zeitablauf in ihrer Struktur unverändert bleiben. Bei notwendigen Anpassungen sind diese besonders kenntlich zu machen. Die Stetigkeit des Haushaltswesens erstreckt sich sowohl auf die Rechenschaft als auch auf die kurz- und mittelfristige Planung.

h) Nachweis der Recht- und Ordnungsmäßigkeit

Die Einhaltung des Haushaltsplans muss gewährleistet werden. Daher ist der Nachweis der Recht- und Ordnungsmäßigkeit ein weiterer Grundsatz für das kommunale Haushaltswesen.

i) Dokumentation und intergenerative Gerechtigkeit

Um das zukünftige Nutzungspotenzial (Vermögen) und die Vorbelastung zukünftiger Haushaltsjahre (Schulden) der Kommune abschätzen zu können, ist ein Nachweis des Bestands an Kapital und Vermögen notwendig. Es müssen Rückschlüsse auf den Deckungsprozess des kommunalen Vermögens und die finanzwirtschaftlichen Auswirkungen auf zukünftige Haushalte möglich sein. Diese Sichtweise ist die Grundlage für die Ausrichtung der kommunalen Haushaltswirtschaft auf eine intergenerative Gerechtigkeit. Diese soll letztlich dadurch erreicht werden, dass der gesamte Ressourcenverbrauch einer Periode regelmäßig durch die Erträge derselben Periode gedeckt wird. Die Berücksichtigung nachfolgender Generationen ist auch im Zusammenhang zu sehen mit der Forderung nach „Nachhaltigkeit des öffentlichen Wirtschaftens".

Auch die Forderung nach der Wirtschaftlichkeit des Haushaltswesens kann als Grundsatz betrachtet werden. Die Kosten der Informationsgewinnung und der Nutzen müssen in einem angemessenen Verhältnis stehen. Die ersten Erfahrungen mit der Doppik zeigen, dass manche Kommunen in der Gefahr stehen, die Doppik zu perfekt einzuführen. Hier hilft ein Blick auf die Praxis der Privatwirtschaft: Was für das Ergebnis nicht wesentlich ist, muss nicht mit viel Aufwand ermittelt werden. Für die Bestimmung, was wesentlich ist, wird in der Wirtschaft beispielsweise folgender Maßstab angelegt[19]. Wesentlich ist ein Sachverhalt, wenn

- dadurch das Jahresergebnis insgesamt um mindestens 10 % und außerdem die Bilanzsumme um mindestens 0,25 % verändert wird oder
- die Bilanzsumme um mindestens 5 % verändert wird oder
- besonders wichtige Einzelposten des Jahresabschlusses um mindestens 10 % verändert werden.

# 2 Begriffsabgrenzung

Im Folgenden werden zunächst die wichtigsten Begriffspaare zur Charakterisierung des Buchungsstoffs vorgestellt.

| Einzahlung | vs. | Auszahlung |
|---|---|---|
| Die Einzahlung ist durch einen tatsächlichen Geldzufluss bedingt. Sie entsteht zum Zeitpunkt der Bezahlung eines Gutes, einer Dienstleistung oder einer Steuerforderung. | | Bei einer Auszahlung fließen monetäre Mittel direkt bei Bezahlung ab. Die Finanzmittel[20] vermindern sich. |

---

[19] Vgl. Beck'scher Bilanzkommentar, zu § 264 Tz. 57.

[20] Liquide Mittel sind der Wert der Zahlungsmittel, welche einer Verwaltung unmittelbar zur Verfügung stehen. Dazu gehören Schecks, Kassenbestand sowie Guthaben bei Kreditinstituten. Auch Briefmarken werden zu den liquiden Mitteln gezählt.

Der Finanzplan und die Finanzrechnung beinhalten die Einzahlungen und Auszahlungen.

| Einnahme | vs. | Ausgabe |
|---|---|---|
| Das Geldvermögen[21] steigt an, wobei nicht unbedingt ein Fluss an liquiden Mitteln stattfinden muss. Die Einnahme kann auch allein durch eine Forderung entstehen.<br><br>Eine Einnahme kann gleichzeitig eine Einzahlung sein, wenn sich dadurch die liquiden Mittel erhöhen (z. B. Barzahlung für einen ausgestellten Pass). | | Bei einer Ausgabe wird das Geldvermögen vermindert. Dies muss nicht mit dem Abgang liquider Mittel verbunden sein. Auch die Entstehung einer Verbindlichkeit stellt eine Ausgabe dar.<br><br>Sie ist gleichzeitig eine Auszahlung, wenn sich dabei auch der Zahlungsmittelbestand verringert (z. B. Überweisung einer Rechnung sofort nach Erhalt). |

Der kamerale Haushalt hat Einnahmen und Ausgaben verzeichnet.

| Kosten | vs. | Leistung |
|---|---|---|
| Kosten sind die Werte an Gütern und Dienstleistungen, die bei der Leistungserstellung verbraucht werden. | | Leistung ist das Ergebnis von Arbeit in Menge, Wert oder Qualität ausgedrückt. |

Das Begriffspaar kennzeichnet den Buchungsstoff der Kostenrechnung.

| Aufwand | vs. | Ertrag |
|---|---|---|
| Aufwand bedeutet ein Werteverzehr (Verbrauch) an Gütern und Dienstleistungen, der das Eigenkapital mindert. | | Ertrag ist ein Wertezufluss an Gütern und Dienstleistungen, der das Eigenkapital erhöht. |

Aufwand und Ertrag stellen den Buchungsstoff des Ergebnisplans und der Ergebnisrechnung im NKF dar.

Das kamerale System erfasst Einnahmen und Ausgaben im Haushalt. Das doppische zeichnet im Ergebnisplan Aufwand und Erträge auf, im Finanzplan Einzahlungen und Auszahlungen. Die Kostenrechnung hat als Buchungsstoff Kosten und Erlöse, die jedoch je nach angewandter betriebswirt-

---

[21] Geldvermögen ist die Summe aus den liquiden Mitteln (Zahlungsmittelbestand) und den Forderungen abzüglich der Verbindlichkeiten. Die liquiden Mittel stellen somit einen Teil des Geldvermögens dar.

schaftlicher Definition bzw. in Abhängigkeit von pragmatischen Festlegungen weitgehend mit Aufwand und Ertrag identisch sein können (vgl. Abb. 30).

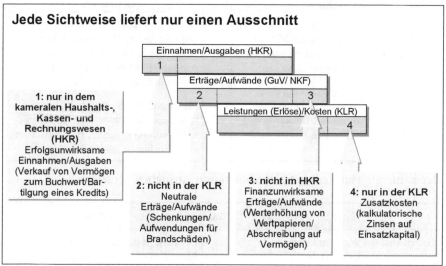

Abb. 30: Ausschnitte des Buchungsstoffs

# 3 Das System der Buchführung

## 3.1 Inventur

Die Kommune ist verpflichtet, eine körperliche und eine buchmäßige Bestandsaufnahme (Inventur) durchzuführen (vgl. § 28 GemHVO NRW in Anlehnung an §§ 238 ff. HGB).

- Körperliche Inventur:
  Physisch vorhandene Vermögensgegenstände werden durch Zählen, Messen, Wiegen und Schätzen erfasst.

- Buchmäßige Inventur:
  Nicht-physisch vorhandene Vermögensgegenstände und Schulden werden anhand von Buchführungsaufzeichnungen ermittelt.

Durch die Bestandsaufnahme werden Vermögen und Schulden der Kommune festgehalten und die Ergebnisse nach Art, Menge und Wert aufgelistet. Diese Auflistung ist das Inventar.

Mehrere Inventurmethoden sind bei der Erfassung zulässig:

a) Zeitnahe Stichtagsinventur
b) Permanente Inventur
c) Zeitlich verlegte Inventur
d) Stichprobeninventur

a) Zeitnahe Stichtagsinventur
Die zeitnahe Stichtagsinventur erfordert eine Bestandsaufnahme innerhalb eines Zeitraums von 10 Tagen vor oder nach dem Abschlussstichtag (i. d. R. 31. Dezember). Dabei ist zu beachten, dass jeweilige Bestandsveränderungen fortgeschrieben bzw. zurückgerechnet und durch Belege nachgewiesen werden müssen.

b) Permanente Inventur
Bei der permanenten Inventur wird die Bestandsaufnahme über das gesamte Jahr verteilt. Die Bestände werden fortlaufend EDV-unterstützt erfasst und fortgeschrieben. Trotzdem ist eine körperliche Bestandsaufnahme zu einem beliebigen Zeitpunkt des Jahres unumgänglich. Danach erfolgt ein Soll-Ist-Vergleich der ermittelten Bestände. Bei eventuellen Abweichungen wird der Ist-Bestand korrigiert.

c) Zeitlich verlegte Inventur
Dieses Verfahren ist eine körperliche Bestandsaufnahme innerhalb der letzten drei Monate vor oder der ersten zwei Monate nach dem Abschlussstichtag. Wie bei der zeitnahen Stichtagsinventur ist darauf zu achten, dass die Bestandsveränderungen jeweils fortgeschrieben bzw. zurückgerechnet und durch Belege nachgewiesen werden müssen.

d) Stichprobeninventur
Die Wirtschaftsgüter werden mithilfe von anerkannten mathematisch-statistischen Methoden anhand von Stichproben ermittelt. Das Verfahren muss den GoB-K entsprechen.

Eine Kommune lagert Streusalz im Bauhof. Dabei stellt sich die Frage, wie die Menge des gelagerten Streusalzes zum Inventurzeitpunkt ermittelt werden kann. Da die Methoden der körperlichen Inventur Zählen, Wiegen, Messen nicht infrage kommen, wäre es an dieser Stelle sinnvoll, den Bestand zu schätzen.

Hierbei ist es hilfreich, sich an den Bestellscheinen und Materialentnahmescheinen zu orientieren. Insofern müssen auf den Anfangsbestand der letzten Inventur die gesamten Zugänge addiert und die Abgänge subtrahiert werden. Auf diese Weise ist es möglich, die Menge abzuschätzen, die zum Abschlussstichtag am Lager des Bauhofs vorhanden sein müsste.

## 3.2 Inventar

Die lt. Inventur ermittelten Vermögensteile und Schulden werden zusammengetragen und in dem Bestandsverzeichnis (Inventar) mit Angabe der Mengen und Werte aufgelistet (s. Beispiel in Abb. 31):

A      Vermögen

B      Schulden

C      Ermittlung des Reinvermögens (Eigenkapital)

### A      Vermögen

Das Vermögen wird nach Liquidität (Flüssigkeit) eingeteilt, d. h. wie schnell sich die Vermögensgegenstände in Geld umsetzen lassen. Unterschieden wird in Anlage- und Umlaufvermögen.

- Anlagevermögen:
  Das Anlagevermögen besteht aus den weniger schnell umsetzbaren Vermögensgegenständen, die dem dauernden Verwaltungsbetrieb dienen und somit die eigentliche Grundlage für die Verwaltung bilden (z. B. Grundstücke oder Gebäude). Diese sind langfristig in der Kommune gebunden.

- Umlaufvermögen:
  Das Umlaufvermögen besteht aus Vermögensposten, die nur kurzfristig in der Verwaltung verweilen (z. B. Roh-, Hilfs- und Betriebsstoffe, For-

derungen). Insofern verändert sich das Umlaufvermögen laufend mit der Verwaltungstätigkeit.

## B    Schulden

Die Schulden werden nach der jeweiligen Fälligkeit (Dringlichkeit) eingeteilt, d. h. je nachdem, wie lange sie in der Kommune bestehen. Sie stellen das in der Verwaltung gebundene Fremdkapital dar.

Die Schulden werden in lang- und kurzfristige Schulden unterteilt.

* Langfristige Schulden:
  Die langfristigen Schulden setzen sich überwiegend aus langfristigen Verbindlichkeiten gegenüber Kreditinstituten zusammen (z. B. Kommunalkrediten).

* Kurzfristige Schulden:
  Kurzfristige Schulden stellen insbesondere kurzfristige Verbindlichkeiten aus Lieferungen und Leistungen dar (z. B. Lieferschulden, Bankschulden).

## C    Ermittlung des Reinvermögens

Das Reinvermögen oder auch Eigenkapital ist die Differenz aus Vermögen und Schulden. Es stellt den von der Kommune selbst finanzierten Teil des Kapitals dar.

Vermögen
./. Schulden

= Reinvermögen (Eigenkapital)

## Beispiel eines Inventars:

| INVENTAR<br>der Kommune Neu-Kirchen, Friesland, 31. Dezember 20XX | Einzelpos.<br>in EUR | Gesamt<br>in EUR |
|---|---|---|
| **A. Vermögen** | | |
| (a)  Anlagevermögen | | |
|    I.   Immaterielle Vermögensgegenstände lt. Anlagenverzeichnis | | 50.000,00 |
|    II.  Sachanlagen | | |
|       1.  Bebaute und unbebaute Grundstücke | 1.000.000,00 | |
|       2.  Infrastrukturvermögen | 4.700.000,00 | |
|       3.  Gebäude | 4.000.000,00 | |
|       4.  Kunstgegenstände, Kulturdenkmäler | 500.000,00 | |
|       5.  Fahrzeuge | 270.000,00 | |
|       6.  Maschinen und technische Anlagen | 10.000,00 | |
|       7.  Betriebs- und Geschäftsausstattung | 3.000.000,00 | 13.480.000,00 |
|    III. Finanzanlagen | | |
|       1.  Beteiligungen | 400.000,00 | |
|       2.  Wertpapiere des Anlagevermögens | 300.000,00 | |
|       3.  Sonstige Ausleihungen | 50.000,00 | 750.000,00 |
| (b)  Umlaufvermögen | | |
|    ●  Vorräte | | 200.000,00 |
|    ●  Forderungen und sonstige Vermögensgegenstände | 200.000,00 | |
|       1.  Öffentlich-rechtliche Forderungen | 180.000,00 | |
|       2.  Sonstige Forderungen | 250.000,00 | 630.000,00 |
|       3.  Sonstige Vermögensgegenstände | | 150.000,00 |
|    ●  Wertpapiere des Umlaufvermögens | | 1.500.000,00 |
|    ●  Liquide Mittel | | |
| Summe des Vermögens: | | 16.760.000,00 |
| **B. Schulden** | | |
| (a)  Langfristige Schulden | | |
|    I.   Anleihen | | 1.300.000,00 |
|    II.  Verbindlichkeiten aus Krediten | | |
|       1.  von verbundenen Unternehmen | 100.000,00 | |
|       2.  von Beteiligungen | 150.000,00 | |
|       3.  von Sondervermögen | 50.000,00 | |
|       4.  vom öffentlichen Bereich | 2.800.000,00 | |
|       5.  vom privaten Kreditmarkt | 400.000,00 | 3.500.000,00 |
| (b)  Kurzfristige Schulden | | |
|    I.   Verbindlichkeiten aus Lieferungen und Leistungen (a. LL) | | 2.960.000,00 |
| Summe der Schulden: | | 7.760.000,00 |
| **C. Ermittlung des Reinvermögens (Eigenkapital)** | | |
|    Summe des Vermögens | | 16.760.000,00 |
|    ./.  Summe der Schulden | | 7.760.000,00 |
|    =  Reinvermögen (Eigenkapital) | | 9.000.000,00 |

Abb. 31: Inventar

## 3.3 Bilanz

Das Inventar dient als Grundlage für die Aufstellung der Bilanz. Sie ist die Kurzform des Inventars, bei der Vermögen und Kapital in Kontenform gegenübergestellt und auf einen Blick erkennbar werden (s. Abb. 32).

Abb. 32: Vom Inventar zur Bilanz

Das Vermögen (Anlage- und Umlaufvermögen), steht dabei auf der linken (Aktiv-)Seite, das Kapital (Eigen- und Fremdkapital) auf der rechten (Passiv-)Seite. Beide Seiten weisen dieselbe Summe aus. Daraus leitet sich die Bilanzgleichung

**Vermögen = Kapital**

ab. Genau wie bei dem Auflisten des Inventars werden die Bilanzposten nach Liquidität auf der Aktivseite und nach Fälligkeit auf der Passivseite gegliedert.

- Auf der Aktivseite stehen die Vermögensformen, die über die Mittelverwendung Auskunft geben.
- Auf der Passivseite kann anhand der Vermögensquellen die Mittelherkunft aufgezeichnet werden.

111

Beide Seiten der Bilanz müssen ausgeglichen sein, da Vermögen und Kapital gleich groß sind. Hieraus leitet sich der Begriff der „Bilanz" ab (italienisch: bilancia = Waage).

Nachfolgend ist eine Bilanz abgebildet, die über die Positionen des Inventars hinaus weitere aufführt, auf die im weitern Verlauf des Kapitels eingegangen wird.

| Bilanz (in EUR) | | | |
|---|---|---|---|
| **Aktiva** der Kommune Neu-Kirchen, Friesland, 31. Dezember 20XX | | | **Passiva** |
| **A. Anlagevermögen** | | **A. Eigenkapital** | 9.000.000,00 |
| I. Immaterielle Vermögensgegenstände | 50.000,00 | I. Allgemeine Rücklage | 0,00 |
| | | II. Sonderrücklagen | 0,00 |
| II. Sachanlagen | | III. Ausgleichsrücklage | 0,00 |
| 1. Bebaute und unbebaute Grundstücke | 1.000.000,00 | IV. Jahresüberschuss/-fehlbetrag | 0,00 |
| 2. Infrastrukturvermögen | 700.000,00 | | |
| 3. Gebäude | 8.000.000,00 | **B. Sonderposten** | |
| 4. Kunstgegenstände, Kulturdenkmäler | 500.000,00 | I. Zuwendungen | 0,00 |
| 5. Fahrzeuge | 270.000,00 | II. Beiträge | 0,00 |
| | | III. Gebührenausgleich | 0,00 |
| 6. Maschinen und technische Anlagen | 10.000,00 | IV. Sonstige Sonderposten | 0,00 |
| 7. Betriebs- und Geschäfts-ausstattung (BGA) | 3.000.000,00 | **C. Rückstellungen** | |
| | | I. Pensionsrückstellungen | 0,00 |
| III. Finanzanlagen | | II. Rückst. f. d. Rekultivierung und Nachsorge v. Deponien | 0,00 |
| 1. Beteiligungen | 400.000,00 | III. Aufwandsrückstellungen | 0,00 |
| 2. Wertpapiere des AV | 300.000,00 | IV. Sonstige Rückstellungen | 0,00 |
| 3. Sonstige Ausleihungen | 50.000,00 | **D. Verbindlichkeiten** | |
| **B. Umlaufvermögen** | | I. Anleihen | 1.300.000,00 |
| I. Vorräte | 200.000,00 | II. Verbindlichkeiten aus Krediten | |
| II. Forderungen und sonstige Vermögensgegenstände | | 1. von verbundenen Unternehmen | 100.000,00 |
| 1. Öffentlich-rechtliche Forderungen | 200.000,00 | 2. von Beteiligungen | 150.000,00 |
| 2. Sonstige Forderungen | 180.000,00 | 3. von Sondervermögen | 50.000,00 |
| | | 4. vom öff. Bereich | 2.800.000,00 |
| 3. Sonstige Vermögensgegenstände | 250.000,00 | 5. vom priv. Kreditmarkt | 400.000,00 |
| III. Wertpapiere des UV | 150.000,00 | III. Verbindlichkeiten a. LL | 2.960.000,00 |
| IV. Liquide Mittel (Bank, Kasse) | 1.500.000,00 | **E. Rechnungsabgrenzungsposten** | 0,00 |
| **C. Rechnungsabgrenzungsposten** | 0,00 | | |
| | 16.760.000,00 | | 16.760.000,00 |

Abb. 33: Bilanz einer Kommune

Die Freiräume, die u. U. auf einer Seite der Bilanz entstehen, werden auf der jeweiligen Seite von links unten nach rechts oben durchgestrichen, damit keine ungewollten Eintragungen nachträglich hinzugefügt werden können. Dieser Strich heißt auch „Buchhalternase".

Der Jahresabschluss, der die Bilanz enthält, wird vom Kämmerer aufgestellt und vom Bürgermeister festgestellt (§ 95 GO NRW).

### 3.3.1 Bilanzveränderungen im Überblick

Die Bilanz ändert sich bei jedem buchhalterisch relevanten Vorgang (Geschäftsvorfall) in der Verwaltung in doppelter Weise. Bei jedem Geschäftsvorfall werden mindestens zwei Bilanzpositionen angesprochen.

Man unterscheidet vier mögliche Bilanzveränderungen, die bereits in Kapitel B 1 kurz vorgestellt wurden:

a) **Aktivtausch** = **Bilanzumschichtung**

b) **Passivtausch** = **Bilanzumschichtung**

c) **Aktiv-Passiv-Mehrung** = **Bilanzverlängerung**

d) **Aktiv-Passiv-Minderung** = **Bilanzverkürzung**

An Beispielen sollen die Veränderungen noch einmal detailliert erläutert werden. Die (stark vereinfacht) Ausgangsbilanz für alle Beispiele sieht wie folgt aus:

| Aktiva | Bilanz | | Passiva |
|---|---:|---|---:|
| Grundstück | 900.000,00 | Eigenkapital | 700.000,00 |
| Fahrzeuge | 90.000,00 | Darlehen | 480.000,00 |
| BGA[22] | 300.000,00 | Verbindlich- | |
| Bank | 100.000,00 | keiten a. LL | 230.000,00 |
| Kasse | 20.000,00 | | |
| | 1.410.000,00 | | 1.410.000,00 |

a) **Aktivtausch**

Aktivtausch heißt, dass eine Bilanzumschichtung auf der Aktivseite stattfindet. Eine Vermögensposition wächst durch Finanzierung aus einer anderen

---

[22] Betriebs- und Geschäftsausstattung.

113

Vermögensposition in gleicher Höhe an. Dabei bleibt der Kapitalbereich (die Passivseite) unberührt. Die Bilanzsumme ändert sich nicht.

> Die Kommune Neu-Kirchen, Friesland, kauft Bürotische im Wert von 5.000 EUR und bezahlt diese sofort bar aus der Kasse.

| Aktiva | | Bilanz | | Passiva |
|---|---|---|---|---|
| Grundstück | | 900.000,00 | Eigenkapital | 700.000,00 |
| Fahrzeuge | | 90.000,00 | Darlehen | 480.000,00 |
| BGA | + 5.000,00 | **305.000,00** | Verbindlich- | |
| Bank | | 100.000,00 | keiten a. LL | 230.000,00 |
| Kasse | ./. 5.000,00 | **15.000,00** | | |
| | | 1.410.000,00 | | 1.410.000,00 |

Es findet ein Tausch auf der Aktivseite zwischen den Bilanzpositionen BGA und Kasse statt. Der Wert der BGA vermehrt sich um 5.000 EUR auf 305.000 EUR, dafür vermindert sich der Kassenbestand um 5.000 EUR auf 15.000 EUR. Die Bilanzsumme bleibt von diesem Geschäftsvorfall unberührt.

**b) Passivtausch**

Auch der Passivtausch erzeugt eine Bilanzumschichtung. Eine Position aus dem Kapital erhöht sich, während eine andere sich in gleicher Höhe verringert. Hierbei bleibt das Vermögen unberührt und die Bilanzsumme unverändert.

> Die Kommune Neu-Kirchen, Friesland, wandelt bei einem ihrer Lieferanten eine kurzfristige Verbindlichkeit in Höhe von 14.000 EUR in ein langfristiges Darlehen um.

| Aktiva | Bilanz | | | Passiva |
|---|---|---|---|---|
| Grundstück | 900.000,00 | Eigenkapital | | 700.000,00 |
| Fahrzeuge | 90.000,00 | Darlehen | + 14.000,00 | **494.000,00** |
| BGA | 300.000,00 | Verbindlich- | | |
| Bank | 100.000,00 | keiten a. LL | ./. 14.000,00 | **216.000,00** |
| Kasse | 20.000,00 | | | |
| | 1.410.000,00 | | | 1.410.000,00 |

Hierbei findet ein Tausch auf der Passivseite zwischen den Bilanzpositionen Verbindlichkeiten a. LL und Darlehen statt. Die Position Verbindlichkeiten a. LL verringert sich um 14.000 EUR, dafür steigt die Darlehenssumme um 14.000 EUR an. Auch bei dem Passivtausch bleibt die Bilanzsumme unberührt.

## c)   Aktiv-Passiv-Mehrung

Derartige Geschäftsvorfälle verursachen eine Bilanzverlängerung. Das zusätzliche Vermögen wird durch zusätzliches Kapital finanziert. Die Bilanzsumme erhöht sich auf der Aktiv- und Passivseite.

> Die Kommune Neu-Kirchen, Friesland, kauft ein Fahrzeug einem Händler im Wert von 13.000 EUR auf Ziel[23].

| Aktiva | | Bilanz | | Passiva |
|---|---|---|---|---|
| Grundstück | | 900.000,00 | Eigenkapital | 700.000,00 |
| Fahrzeuge | + 13.000,00 | **103.000,00** | Darlehen | 480.000,00 |
| BGA | | 300.000,00 | Verbindlich- | |
| Bank | | 100.000,00 | keiten a. LL  + 13.000,00 | **243.000,00** |
| Kasse | | 20.000,00 | | |
| | + 13.000,00 | **1.423.000,00** | + 13.000,00 | **1.423.000,00** |

Bei diesem Geschäftsvorfall erhöht sich jeweils eine Position auf Aktiv- und Passivseite. Die Bilanzpositionen Fahrzeuge und Verbindlichkeiten a. LL vermehren sich um 13.000 EUR. Hierbei steigt die Bilanzsumme auf beiden Seiten um 13.000 EUR auf 1.423.000 EUR an.

## d)   Aktiv-Passiv-Minderung

Die Aktiv-Passiv-Minderung entspricht einer Bilanzverkürzung. Vermögen und Kapital verringern sich in demselben Ausmaß und kürzen dadurch die Bilanzsumme.

> Die Kommune Neu-Kirchen, Friesland, begleicht eine Lieferantenrechnung nach vier Wochen per Banküberweisung in Höhe von 6.000 EUR.

---

[23]   „Auf Ziel": Bezahlung der Ware erst nach einem bestimmten Zeitraum, dem Zahlungsziel.

| Aktiva | | Bilanz | | Passiva |
|---|---|---|---|---|
| Grundstück | | 900.000,00 | Eigenkapital | 700.000,00 |
| Fahrzeuge | | 103.000,00 | Darlehen | 480.000,00 |
| BGA[24] | | 300.000,00 | Verbindlich- | |
| Bank | ./. 6.000,00 | **94.000,00** | keiten a. LL ./. 6.000,00 | **237.000,00** |
| Kasse | | 20.000,00 | | |
| | ./. 6.000,00 | **0,00** | ./. 6.000,00 | **1.417.000,00** |

Hierbei vermindert sich jeweils eine Position auf der Aktiv- und der Passivseite. Die Bilanzpositionen Bank und Verbindlichkeiten a. LL reduzieren sich jeweils um 6 000 EUR. Die Bilanzsumme sinkt dafür ebenfalls auf beiden Seiten um 6.000 EUR auf 1.417.000 EUR.

### 3.3.2 Bestandskonten: Auflösung der Bilanz in Konten

Jeder Geschäftsvorfall ändert[25] die Bilanz in mindestens zwei Posten. Theoretisch könnten alle Geschäftsvorfälle direkt in der Bilanz gebucht werden. Es wäre jedoch sehr aufwändig, für jeden einzelnen Geschäftsvorfall eine neue Bilanz zu erstellen. Daher wird die Bilanz in Konten – die so genannten Bestandskonten – aufgelöst. Diese Konten stellen im Prinzip eine Einzelrechnung in T-Konten-Form für jede einzelne Bilanzposition dar. Das so genannte T-Konto wird heute in EDV-Systemen nicht mehr sichtbar, ist jedoch zur Verdeutlichung der doppelten Buchführung hilfreich.

Der Betrag eines Bilanzposten ist der Anfangsbestand (AB) des aus diesem Posten resultierenden Kontos. Hierbei werden die Aktivposten ebenfalls auf die linke, die Passivposten auf die rechte Seite übertragen (mittels eines weiteren, zwischengeschalteten Kontos). Jetzt ist die Aktivseite als „Soll" (S), die Passivseite als „Haben" (H) bezeichnet.

Hinter den Begriffen „Soll" und „Haben" steht keine wichtige Bedeutung. „Soll" bezeichnet die linke und „Haben" die rechte Seite eines Kontos. Allerdings darf im umgangssprachlichen Sinn „Haben" nicht mit „Besitz" und „Soll" nicht mit „Schulden" gleichgesetzt werden.

---

[24] Betriebs- und Geschäftsausstattung.

[25] Vgl. Kapitel C 3.3.1 „Bilanzveränderungen im Überblick".

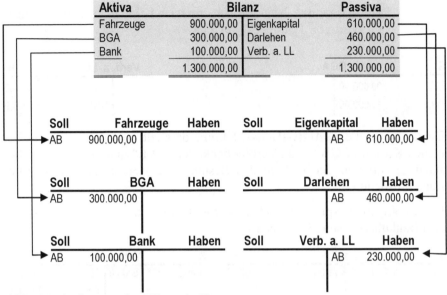

Abb. 34: Auflösung der Bilanz in Konten

### 3.3.3 Bestandsveränderungen

Mehrungen werden immer unter dem Anfangsbestand aufgelistet, da sie zu diesem hinzuaddiert werden. Minderungen verringern den Anfangsbestand und werden deshalb auf der entgegengesetzten Seite eingetragen.

Bei dem Eintrag in das Konto wird nicht nur der Betrag, sondern auch das Gegenkonto notiert. Es steht jeweils für die zweite Bilanzposition, die durch den Geschäftsvorfall verändert wird.

Um Fehler zu vermeiden ist es sinnvoll, vor jeder Buchung folgende Fragen zu beantworten:

1. Welche Konten werden angesprochen?
2. Sind es Aktiv- oder Passivkonten?
3. Handelt es sich um eine Bestandsmehrung oder -minderung?

Aus der Beantwortung der Fragen folgt zwangsläufig die Seite, auf die der jeweilige Betrag zu buchen ist.

> Die Kommune Neu-Kirchen, Friesland, kauft einen Computer im Wert von 1.500 EUR auf Ziel.

| S | BGA | H | S | Verb. a. LL | H |
|---|---|---|---|---|---|
| AB | 300.000,00 | | | AB | 230.000,00 |
| Verb. | 1.500,00 | ← Mehrung | Mehrung → BGA | | 1.500,00 |

Da das Beispiel eine Aktiv-Passiv-Mehrung darstellt, werden die Beträge bei beiden Konten „BGA" und „Verbindlichkeiten a. LL" unter den Anfangsbestand geschrieben. Sie mehren den Bestand und werden zum Anfangsbestand hinzuaddiert.

Die im obigen Beispiel entstandene Verbindlichkeit a. LL wird später durch eine Banküberweisung beglichen.

| S | Bank | H | S | Verb. a. LL | H |
|---|---|---|---|---|---|
| AB | 100.000,00 | Verb. 1.500,00 | Bank 1.500,00 | AB | 230.000,00 |
| | | Minderung ↑ | Minderung ↑ | BGA | 1.500,00 |

Bei dieser Aktiv-Passiv-Minderung wird der Betrag auf die dem Anfangsbestand gegenüberliegende Seite des Kontos geschrieben, da er vom Anfangsbestand abgezogen werden muss. Dadurch mindert sich der Anfangsbetrag um 1.500 EUR.

**Grundlage jeder Buchung eines Geschäftsvorfalls ist der Beleg (z. B. Eingangs- bzw. Ausgangsrechnung, Quittung, Kontoauszug, Überweisungsbeleg etc.). Es gilt der Grundsatz: Keine Buchung ohne Beleg.**

### 3.3.4 Abschluss eines Kontos

Auf der einen Seite des Kontos werden die Minderungen aufsummiert und auf der anderen die Mehrungen und der Anfangsbestand. I. d. R. besteht zwischen den beiden Summen eine Differenz. Die Differenz ist der Betrag, der den Schlussbestand (SB) darstellt. Dieser wird auf die wertmäßig kleinere Seite als letzte Position geschrieben. Ziel ist es, am Ende auf der Soll- und Habenseite dieselbe Summe zu erhalten. In der Praxis werden die Konten mindestens monatlich saldiert, um einen Überblick zu bekommen.

| Soll | aktives Bestandskonto | Haben |
|---|---|---|
| AB | ./. Minderungen | |
| + Mehrungen | = SB (Saldo) | |

| Soll | passives Bestandskonto | Haben |
|---|---|---|
| ./. Minderungen | AB | |
| = SB (Saldo) | + Mehrungen | |

Abb. 35: Abschluss eines Bestandskontos

Beispiel

| S | Bank | | H |
|---|---|---|---|
| AB | 100.000,00 | ./. Verb. | 1.500,00 |
| + Ford. | 14.000,00 | ./. Kasse | 5.000,00 |
| + Darleh. | 7.000,00 | ./. Darleh. | 50.000,00 |
| | | SB | 66.000,00 |
| | 121.000,00 | | 121.000,00 |

| S | Verb. a. LL | | H |
|---|---|---|---|
| ./. Bank | 1.500,00 | AB | 230.000,00 |
| SB | 243.000,00 | + BGA | 1.500,00 |
| | | + Fuhrp. | 13.000,00 |
| | 244.500,00 | | 244.500,00 |

Die Beträge der Positionen werden auf der Soll- und Habenseite saldiert. Der durch die Differenz entstandene Schlussbestand wird auf die wertmäßig kleinere Seite geschrieben, sodass wie bei der Bilanz die Summe beider Seiten ausgeglichen ist. Auch hier werden die Freiräume mit der Buchhalternase entwertet.

### 3.3.5 Der Buchungssatz

Alle zu buchenden Geschäftsvorfälle werden mithilfe von kurzen eindeutigen Buchungssätzen beschrieben, anhand derer die Buchungen vorgenommen werden. Mindestens zwei Konten werden bei jedem Geschäftsvorfall angesprochen. Jeder löst mindestens eine Soll- und eine Habenbuchung aus.

**Bildung eines Buchungssatzes:**

1. Nennung des Sollkontos mit dem entsprechenden Betrag (d. h. das Konto, bei dem der Betrag auf der Sollseite eingetragen wird).
2. Nennung des Wortes „an". Es stellt eine Trennung zwischen der Soll- und der Habenseite dar. Ansonsten hat es keine weitere Bedeutung.
3. Nennung des Habenkontos, ebenfalls mit Betrag. Auf diesem wird der Betrag auf die Habenseite geschrieben.

Die Sollsumme ist bei jeder Buchung immer gleich der Habensumme.

Die Kommune Neu-Kirchen, Friesland, hebt 5.000 EUR vom Konto ab und legt diese in die Barkasse. Die Konten „Bank" und „Kasse" werden angesprochen. Der Kassenbestand vermehrt sich auf der Sollseite um 5.000 EUR. Hingegen vermindert sich der Bankbestand auf der Habenseite um denselben Betrag. Daraus folgt, dass „Kasse" das Sollkonto ist. (Kasse steht in der Begriffswelt der Doppik für den Bargeldbestand und nicht wie in der Verwaltung sonst üblich für die Organisationseinheit, die die Kassengeschäfte abwickelt. An dieser Stelle ist zwischen Kameralisten und Doppikern Verwirrung vorprogrammiert.)

Der Buchungssatz dazu lautet:

| Buchungssatz | Soll | Haben |
|---|---|---|
| Kasse | 5.000,00 EUR | |
| an Bank | | 5.000,00 EUR |

Ein anderes Beispiel:

Von der Kommune wird ein Kleinbus im Wert von 20.000 EUR auf Ziel angeschafft.

In diesem Fall wird auf den Konten „Fahrzeuge" und „Verbindlichkeiten a. LL" gebucht. Der Fahrzeugbestand erhöht sich auf der Sollseite um 20.000 EUR, „Fahrzeuge" ist somit das Sollkonto. Da sich der Verbindlichkeitenbestand im Haben vermehrt, ist es das Habenkonto.

Daraus ergibt sich folgender Buchungssatz:

| Buchungssatz | Soll | Haben |
|---|---|---|
| Fahrzeuge | 20.000,00 EUR | |
| an Verbindlichkeiten a. LL | | 20.000,00 EUR |

Manchmal erscheint die Reihenfolge, in der die Konten genannt werden, unlogisch. Es darf jedoch kein tieferer Sinn in der Reihenfolge ergründet werden. Sie gibt lediglich Hinweis darauf, auf welcher Kontoseite der Betrag verbucht wird. Auf jedem Konto, das vor dem „an" steht, wird im „Soll" gebucht, auf jedem, das danach folgt, im „Haben".

### 3.3.6 Der zusammengesetzte Buchungssatz

Häufig werden bei einem Geschäftsvorfall nicht nur zwei, sondern mehrere Konten angesprochen. Es handelt sich dann um einen zusammengesetzten Buchungssatz. In diesem Fall werden alle Konten, bei denen eine Sollbuchung erfolgt, zuerst genannt, danach das Wort „an" und anschließend die Konten mit Habenbuchung.

> Die Kommune Neu-Kirchen, Friesland, begleicht eine Lieferantenrechnung nach zwei Wochen in Höhe von 3.000 EUR. Dabei nimmt sie 500 EUR aus der Barkasse und 2.500 EUR werden per Banküberweisung gezahlt.

Buchungssatz:

| Buchungstext | Soll | Haben |
|---|---|---|
| Verbindlichkeiten a. LL | 3.000,00 EUR | |
| an Bank | | 2.500,00 EUR |
| an Kasse | | 500,00 EUR |

Buchung auf Konten:

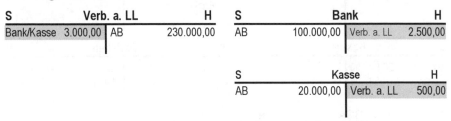

Die Buchung eines Geschäftsvorfalls erfolgt immer in zwei Schritten. Zuerst wird der Buchungssatz in das Grundbuch[26] aufgenommen, welches eine Art Tagebuch (Journal) darstellt. Hier werden sämtliche Geschäftsvorfälle zeitlich (chronologisch) geordnet. Anschließend erfolgt die Buchung auf Konten, die im Hauptbuch zu finden sind. Dort wird der Geschäftsvorfall in eine sachliche (systematische) Ordnung gebracht.

---

[26] Vgl. Kapitel C 3.11 „Das System der Bücher".

> Geschäftsvorfall 1: Barverkauf eines gebrauchten PCs im Wert von 500 EUR.
>
> Geschäftsvorfall 2: Eine kurzfristige Lieferschuld von 10.000 EUR wird zu einem Teil per Banküberweisung in Höhe von 2.500 EUR getilgt. Der andere Teil wird in eine langfristige Darlehensschuld von 7.500 EUR umgewandelt.

Buchung im Grundbuch:

| Nr. | Buchungstext | Soll | Haben |
|-----|--------------|------|-------|
| 1 | Kasse | 500,00 EUR | |
| | an BGA | | 500,00 EUR |
| 2 | Verbindlichkeiten a. LL | 10.000,00 EUR | |
| | an Darlehen | | 7.500,00 EUR |
| | an Bank | | 2.500,00 EUR |

Buchung im Hauptbuch:

| S | Bank | | H | | S | Verb. a. LL | | H |
|---|------|---|---|---|---|------|---|---|
| AB | 100.000,00 | [2] Verb. | 2.500,00 | | [2] Darl./ Bank | 10.000,00 | AB | 230.000,00 |

| S | Kasse | | H | | S | Darlehen | | H |
|---|-------|---|---|---|---|----------|---|---|
| AB | 20.000,00 | | | | | | AB | 480.000,00 |
| [1] BGA | 500,00 | | | | | | [2] Verb. | 7.500,00 |

| S | BGA | | H |
|---|-----|---|---|
| AB | 300.000,00 | [1] Kasse | 500,00 |

Vor das jeweilige Gegenkonto wird zur Zuordnung immer die Nummer des Geschäftsvorfalls geschrieben.

### 3.3.7 Unterkonten

Zu Hauptkonten können Unterkonten gebildet werden. Sie dienen dazu, die Klarheit und Verständlichkeit des Hauptkontos zu gewährleisten und stellen einzelne Positionen des Kontos gesondert dar. Unterkonten haben dementsprechend auch keinen Anfangs- oder Schlussbestand, sondern nur einen Saldo. Am Abschlussstichtag werden die Konten summarisch über das Hauptkonto abgeschlossen. Die laufenden Buchungen erfolgen wie auf dem Hauptkonto.

Zwei Beispiele für häufig vorkommende Unterkonten sind die Positionen Bezugskosten und Nachlässe, die bei Materialeinkäufen vorzufinden sind.

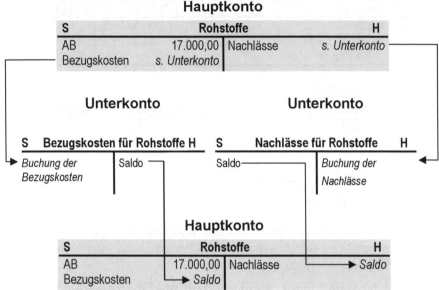

Abb. 36: Hauptkonto und Unterkonten

**Bezugskosten**

Die Bezugskosten entstehen beim Einkauf von Gütern (z. B. Roh-, Hilfs-, Betriebsstoffe, BGA etc.). Sie sind Nebenkosten des Erwerbs und erhöhen dadurch die Anschaffungskosten[27].

Beispiele für Bezugskosten:

- Transportkosten
- Verpackungskosten
- Versicherungskosten
- Zölle

---

[27] Vgl. Kapitel B 3.3.2.1 „Wert- bzw. Bewertungsbegriffe".

123

Die Kommune kauft Kies im Wert von 200 EUR. Die Anlieferung des Kieses durch den Händler verursacht Transportkosten von 20 EUR. Die Rechnung, in der beide Beträge aufgelistet sind, wird anschließend per Banküberweisung beglichen.

Buchung im Grundbuch:

| Nr. | Buchungstext | Soll | Haben |
|---|---|---|---|
| 1 | Rohstoffe | 200,00 EUR | |
| | Bezugskosten für Rohstoffe | 20,00 EUR | |
| | an Bank | | 220,00 EUR |

Buchung im Hauptbuch:

| S | Rohstoffe | H | S | Bezugskosten für Rohstoffe | H |
|---|---|---|---|---|---|
| AB | 17.000,00 | | 1. Bank | 20,00 | |
| 1. Bank | 200,00 | | | | |

| S | Bank | H |
|---|---|---|
| AB | 100.000,00 | 1. Rohst./ 220,00 |
| | | Bezugsk. |

Da die Bezugskosten ein Unterkonto des Rohstoffkontos sind und die Bezugskosten den Wert der Anschaffungskosten erhöhen, wird – ebenso wie auf dem Hauptkonto – im Soll gebucht.

**Abschluss des Unterkontos „Bezugskosten" über das Hauptkonto**

Buchung im Grundbuch:

| Buchungstext | Soll | Haben |
|---|---|---|
| Rohstoffe | 20,00 EUR | |
| an Bezugskosten für Rohstoffe | | 20,00 EUR |

Buchung im Hauptbuch:

| S | Rohstoffe | | H |
|---|---|---|---|
| AB | 17.000,00 | SB | 17.220,00 |
| 1. Bank | 200,00 | | |
| Bezugsk. | 20,00 | | |
| | 17.220,00 | | 17.220,00 |

| S | Bezugskosten für Rohstoffe | | H |
|---|---|---|---|
| 1. Bank | 20,00 | Rohstoffe | 20,00 |

**Nachlässe**

Im Gegensatz zu den Bezugskosten vermindern Nachlässe die Anschaffungskosten eines Gutes. Sie werden im Nachhinein von dem Lieferanten gewährt.

Zu den Nachlässen zählen:

- Preisnachlässe aufgrund von Mängelrügen
- Boni (nachträglich gewährte Rabatte, meist am Jahresende)

> Die Kommune bestellt für den Bauhof 500 kg Streusalz im Wert von 100 EUR inkl. Transportkosten. Nach der Ankunft der Lieferung wird festgestellt, dass fälschlicherweise nur 450 kg Streusalz angeliefert worden sind. Nach Absprache mit dem Hersteller wird vereinbart, dass die Kommune einen Nachlass von 10 % auf die Lieferung erhält.

Buchung im Grundbuch:

| Nr. | Buchungstext | Soll | Haben |
|---|---|---|---|
| 1 | Rohstoffe | 100,00 EUR | |
| | an Bank | | 100,00 EUR |
| 2 | Bank | 10,00 EUR | |
| | an Nachlässe für Rohstoffe | | 10,00 EUR |

Buchung im Hauptbuch:

| S | Rohstoffe | | H | S | Nachlässe für Rohstoffe | | H |
|---|---|---|---|---|---|---|---|
| AB | 17.000,00 | | | | | 2. Bank | 10,00 |
| 1. Bank | 100,00 | | | | | | |

| S | Bank | | H |
|---|---|---|---|
| AB | 100.000,00 | 1. Rohstoffe | 100,00 |
| 2. Nachl. | 10,00 | | |

Da Nachlässe den Wert der Anschaffungskosten mindern, wird auf dem Unterkonto jeweils auf der Habenseite gebucht. Eine saldierte Buchung ist nicht zulässig. Der Nachlass muss als solcher ersichtlich sein.

**Abschluss des Unterkontos „Bezugskosten" über das Hauptkonto**

Buchung im Grundbuch:

| Buchungstext | | Soll | Haben |
|---|---|---|---|
| 3 | Nachlässe für Rohstoffe | 10,00 EUR | |
| | an Rohstoffe | | 10,00 EUR |

Buchung im Hauptbuch:

| S | Rohstoffe | | H | S | Nachlässe für Rohstoffe | | H |
|---|---|---|---|---|---|---|---|
| AB | 17.000,00 | 3. Nachl. | 10,00 | 3. Rohstoffe | 10,00 | 2. Bank | 10,00 |
| 1. Bank | 100,00 | SB | 17.090,00 | | | | |
| | 17.100,00 | | 17.100,00 | | | | |

Sollte der Kommune bei der Bestellung von Gütern ein Rabatt gewährt werden (z. B. ein Mengenrabatt), wird dieser nicht auf dem Konto „Nachlässe" erfasst. In diesem Fall wird der Rabatt direkt vom Nettoanschaffungspreis abgezogen und nur der verminderte Betrag bilanziert.

### 3.3.8 Stornierung

Muss ein Artikel storniert werden (z. B. bei Lieferung einer falschen Ware), erfolgt diese Buchung nicht auf einem gesonderten Konto. Vielmehr wird der Artikel durch Rückbuchung (umgekehrter Buchungssatz) auf dem jeweiligen Konto storniert.

> Die Kommune schickt Bürosessel im Wert von 5.000 EUR, die in einer falschen Farbe geliefert worden sind, wieder an den Hersteller zurück. Da die Sessel bei Lieferung bereits buchhalterisch erfasst worden sind, müssen diese storniert werden.

Buchung im Grundbuch:

| Nr. | Buchungstext | Soll | Haben |
|-----|--------------|------|-------|
| 1 | BGA | 5.000,00 EUR | |
| | an Verbindlichkeiten | | 5.000,00 EUR |
| 2 | Verbindlichkeiten | 5.000,00 EUR | |
| | an BGA | | 5.000,00 EUR |

Buchung im Hauptbuch:

| S | BGA | | H | S | Verbindlichkeiten | | H |
|---|-----|---|---|---|-------------------|---|---|
| AB | 300.000,00 | 2. Verb. | 5.000,00 | 2. BGA | 5.000,00 | AB | 230.000,00 |
| 1. Verb. | 5.000,00 | | | | | 1. BGA | 5.000,00 |

## 3.3.9  Eröffnungs- und Schlussbilanzkonto

### Eröffnungsbilanzkonto (EBK)

Im Kapitel C 3.3.2 „Bestandskonten: Auflösung der Bilanz in Konten" ist die Auflösung der Bilanz in die Bestandskonten dargestellt. Die einzelnen Positionen wurden dabei von der Aktiv- auf die Sollseite (bzw. von der Passiv- auf die Habenseite) des jeweiligen Bestandskontos übertragen. Hierbei wurde das System der Doppik nicht konsequent verfolgt. Es besagt, dass jeder Buchung mindestens eine Soll- und eine Habenbuchung zugrunde liegt. Da jedoch jeweils der Betrag auf dieselbe Seite eingetragen wird, fehlt somit die Gegenbuchung.

Um diesen Systembruch zu vermeiden, wird ein Hilfskonto eingeführt, welches das Gegenkonto für die Übergangsbuchungen von der Bilanz zum Konto darstellt. Dieses Hilfs- bzw. Gegenkonto wird als Eröffnungsbilanzkonto (EBK) bezeichnet. Es beinhaltet dieselben Bestände wie die Bilanz, jedoch spiegelverkehrt und mit einer Soll- und einer Habenseite.

Mithilfe dieses Kontos lassen sich die Eröffnungsbuchungen für die aktiven und passiven Bestandskonten im Grundbuch vornehmen, aus denen dann die einzelnen Konten aufgestellt werden können.

Eröffnungsbuchungen:

| Buchungstext | Soll | Haben |
|---|---|---|
| **aktives** Bestandskonto<br>   an Eröffnungsbilanzkonto (EBK) | | |
| Eröffnungsbilanzkonto (EBK)<br>   an **passives** Bestandskonto | | |

| Aktiva | | Bilanz | Passiva |
|---|---|---|---|
| Grundstück | 900.000,00 | Eigenkapital | 700.000,00 |
| Fahrzeuge | 90.000,00 | Darlehen | 480.000,00 |
| BGA | 300.000,00 | Verbindlichkeiten a. LL | 230.000,00 |
| Bank | 100.000,00 | | |
| Kasse | 20.000,00 | | |
| | 1.410.000,00 | | 1.410.000,00 |

| Soll ▼ | | Eröffnungsbilanzkonto (EBK) | ▼ Haben |
|---|---|---|---|
| Eigenkapital | 700.000,00 | Grundstück | 900.000,00 |
| Darlehen | 480.000,00 | Fahrzeuge | 90.000,00 |
| Verbindlichkeiten a. LL | 230.000,00 | BGA | 300.000,00 |
| | | Bank | 100.000,00 |
| | | Kasse | 20.000,00 |
| | 1.410.000,00 | | 1.410.000,00 |

**Schlussbilanzkonto (SBK)**

Über das gesamte Jahr werden die laufenden Buchungen auf den einzelnen Bestandskonten erfasst und am Ende des Jahres saldiert[28]. Es erfolgt ein Soll-Ist-Vergleich zwischen Schlussbestand und Ergebnis lt. Inventur. Bei Abweichungen wird der Ist-Bestand als Buchbestand übernommen (s. Abb. 37).

Um vom Bestandskonto zur (Schluss-)Bilanz zu gelangen, wird ebenfalls ein Gegenkonto benötigt, damit das System der Doppik gewahrt bleibt. Dieses ist das Schlussbilanzkonto (SBK). Es weist alle Schlussbestände der aktiven und passiven Bestandskonten auf.

---

[28]   Vgl. Kapitel C 3.3.4 „Abschluss eines Kontos".

Abschlussbuchungen:

| Buchungstext | Soll | Haben |
|---|---|---|
| Schlussbilanzkonto (SBK)<br>    an **aktives** Bestandskonto | | |
| **passives** Bestandskonto<br>    an Schlussbilanzkonto (SBK) | | |

Die Schlussbilanz zum Ende eines Jahres ist gleichzeitig die Eröffnungsbilanz des folgenden Jahres. Hierdurch wird dem Grundsatz der Bilanzidentität entsprochen.

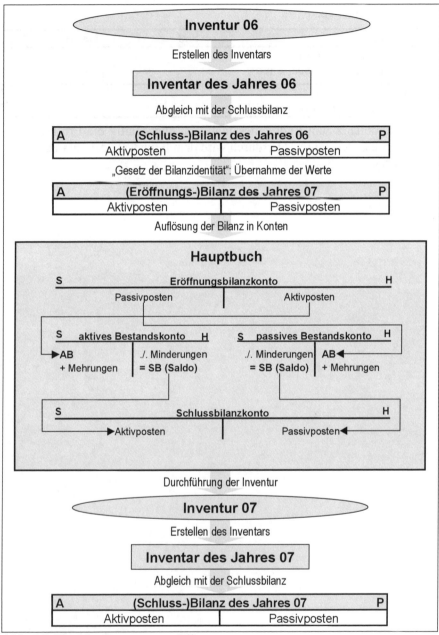

Abb. 37: Von der Inventur zur Bilanz

## 3.4    Ergebnisrechnung

Die Kommune ist nach dem NKF-Konzept zu einer Gegenüberstellung der Aufwendungen und Erträge in Form einer Ergebnisrechnung verpflichtet. Die Ergebnisrechnung ist vergleichbar mit der klassischen Gewinn- und Verlustrechnung (GuV), die in der kaufmännischen Buchführung ihre Anwendung findet. Allerdings gibt es einige grundlegende Unterschiede:

- Beispielsweise besteht bei vielen Handlungen kein Leistungstausch, d. h., dass es sich um einseitige Geschäftsvorfälle handelt. Diese bestehen aus Zuweisungen[29] (z. B. Schlüsselzuweisungen vom Land an die Kommune) oder Zuschüssen[30] sowie Transfererträgen (z. B. Ersatz gewährter Sozialhilfe) und Transferaufwendungen (z. B. Zahlung der wirtschaftlichen Jugendhilfe).
- Darüber hinaus werden von den Kommunen i. d. R. keine Umsatzerlöse erzielt. Begriffe wie „Gewinn" oder „Verlust" finden im Gegensatz zur kaufmännischen Buchführung im Rahmen des NKF keine Anwendung. Vielmehr handelt es sich, je nach Erfolgslage, um einen Jahresüberschuss bzw. einen Jahresfehlbetrag.

Das Ziel der Ergebnisrechnung liegt darin, die verursachungs- und periodengerechte Ermittlung des Ressourcenaufkommens (Ertrag) und Ressourcenverbrauchs (Aufwand) in Art, Höhe und Quelle durchzuführen.

Die Aufstellung der Ergebnisrechnung in Staffelform ermöglicht einen Ausweis von Zwischensummen. Ein Muster wurde bereits in Kapitel B 3.1.3 dargestellt. In der Finanzbuchhaltung wird die Ergebnisrechnung ähnlich wie die Bilanz jedoch in Kontenform geführt (s. Abb. 38).

---

[29]    Übertragung von Geld- oder Sachleistungen innerhalb des öffentlichen Bereichs.

[30]    Übertragung von Geld- oder Sachleistungen vom öffentlichen an einen unternehmerischen Bereich und umgekehrt.

Beispiel Ergebniskonto einer Kommune:

| S | Ergebniskonto | | H |
|---|---|---|---|
| Personalaufwendungen | ... | Steuern und ähnl. Abgaben | ... |
| Versorgungsaufwendungen | ... | Zuwendungen und allg. Umlagen | ... |
| Aufwendungen für Sach- und Dienstleistungen | ... | Sonstige Transfererträge | ... |
| Bilanzielle Abschreibungen | ... | Öffentlich-rechtliche Leistungsentgelte | ... |
| Transferaufwendungen | ... | | |
| Sonstige ordentliche Aufwendungen | ... | Privatrechtliche Leistungsentgelte | ... |
| **Jahresüberschuss** | X EUR | Kostenerstattungen und Kostenumlagen | ... |
| | | Sonstige ordentliche Erträge | ... |
| | | Aktivierte Eigenleistung | ... |
| | | **Jahresfehlbetrag** | Y EUR |
| | ... | | ... |

Abb. 38: Ergebniskonto

Das Ergebniskonto, auf dem die Aufwendungen und Erträge im Detail dargestellt werden, ist ein Unterkonto des Eigenkapitalkontos. Ein positiver oder negativer Saldo des Ergebniskontos aus den Aufwendungen und Erträgen einer Periode führt zu einer Veränderung des Eigenkapitals. Werden mehr Erträge erwirtschaftet als Aufwendungen anfallen, ist die Kommune „reicher" geworden. Es gibt einen Jahresüberschuss auf dem Ergebniskonto, der letztlich das Eigenkapital (Nettovermögen) in der Bilanz mehrt.

- Aufwand: Ressourcenverbrauch, d. h. Werteverzehr an Gütern und Dienstleistungen innerhalb einer Abrechnungsperiode, welcher das Nettovermögen bzw. Eigenkapital mindert (z. B. Abschreibungen, Personalaufwendungen).
- Ertrag: Ressourcenaufkommen, d. h. Wertezufluss an Gütern und Dienstleistungen innerhalb einer Abrechnungsperiode, welches das Nettovermögen bzw. Eigenkapital erhöht (z. B. Steuererträge, Zinserträge).

Weil Aufwendungen das Eigenkapital mindern, stehen diese auf der Sollseite des Eigenkapitalkontos; die Erträge hingegen werden auf die Habenseite geschrieben, da sie das Eigenkapital mehren.

| Soll | Eigenkapital | Haben |
|---|---|---|
| ./. Minderungen durch **Aufwendungen** | AB | |
| = SB | + Mehrungen durch **Erträge** | |

## 3.5 Buchungen auf Erfolgskonten

Aufwendungen und Erträge könnten direkt auf dem Eigenkapitalkonto erfasst werden. Um dem Grundsatz der Übersichtlichkeit und Verständlichkeit gerecht zu werden, ist es jedoch notwendig, dafür Unterkonten, die Erfolgskonten, vorzusehen. Auf diese werden die gleichartigen Aufwendungen und Erträge auf dieselbe Weise gebucht, wie auf dem Eigenkapitalkonto: Aufwendungen im Soll und Erträge im Haben. Mit den Erfolgskonten wird also (neben den Bestandskonten) ein weiterer Typ von Konten eingeführt. Sie sind die Unterkonten des Ergebniskontos und teilen sich in Aufwands- und Ertragskonten. Auf diesen werden die einzelnen Aufwendungen und Erträge der Kommune erfasst.

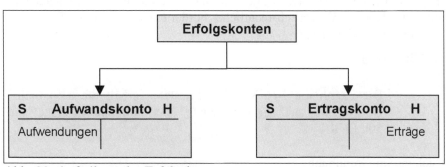

Abb. 39: Aufteilung der Erfolgskonten

Im Gegensatz zu den Bestandskonten haben Unterkonten generell keinen Anfangsbestand. Dementsprechend gibt es auch keinen Schlussbestand, sondern nur einen Saldo, der dann wiederum am Ende der Periode in das Hauptkonto übernommen wird.

133

Da das Eigenkapitalkonto das Hauptkonto des Ergebniskontos ist, welches die Erfolgskonten als Unterkonten hat, werden diese somit auch über das Eigenkapitalkonto abgeschlossen, d. h., der Saldo der Erfolgskonten geht am Ende der Periode in das Eigenkapital ein.

## 1. Erträge aus Gewerbesteuer

> Die Kommune versendet den Gewerbesteuerbescheid an ein ortsansässiges Unternehmen in Höhe von 7.500 EUR.

Buchung im Grundbuch:

| Buchungstext | Soll | Haben |
|---|---|---|
| Öffentlich-rechtliche Forderungen | 7.500,00 EUR | |
| an Gewerbesteuererträge | | 7.500,00 EUR |

Buchung im Hauptbuch:

| S | Öffentl.-rechtl. Ford. | H | S | Gewerbesteuererträge | H |
|---|---|---|---|---|---|
| Gewerbe-<br>steuerertr. | 7.500,00 | | | Bank | 7.500,00 |

Gewerbesteuerertrag liegt bereits dann vor, wenn der Gewerbesteuerbescheid von der Kommune versendet wird. Dieser Betrag wird auf dem Ertragskonto „Gewerbesteuererträge" im Haben verbucht. Im Gegenzug wird auf dem Konto „Öffentlich-rechtliche Forderungen" derselbe Betrag als Mehrung im Soll erfasst.

## 2. Mietertrag

> Die Kommune Neu-Kirchen, Friesland, erhält die monatliche Überweisung aus der Vermietung einer Turnhalle in Höhe von 500 EUR.

Buchung im Grundbuch:

| Buchungstext | Soll | Haben |
|---|---|---|
| Bank | 500,00 EUR | |
| an Mieterträge | | 500,00 EUR |

Buchung im Hauptbuch:

| S | Bank | H | S | Mieterträge | H |
|---|---|---|---|---|---|
| Mieterträge 500,00 | | | | Bank 500,00 | |

Die Überweisung einer Miete erhöht das Bankkonto im Soll. Im Gegenzug wird die Miete auf dem Ertragskonto „Mieterträge" im Haben verbucht.

### 3. Mietaufwand

Für ein von der Kommune angemietetes Bürogebäude wird die monatliche Miete von 7.800 EUR überwiesen.

Buchung im Grundbuch:

| Buchungstext | Soll | Haben |
|---|---|---|
| Mietaufwendungen | 7.800,00 EUR | |
| an Bank | | 7.800,00 EUR |

Buchung im Hauptbuch:

| S | Mietaufwendungen | H | S | Bank | H |
|---|---|---|---|---|---|
| Bank 7.800,00 | | | | Mietaufwen- 7.800,00 dungen | |

Durch die zu zahlende Miete entsteht ein Aufwand, der auf dem Aufwandskonto „Mietaufwendungen" im Soll notiert wird. Das Konto „Bank" vermindert sich hingegen im Haben.

Dies kann, in Wiederholung der vorangegangenen Kapitel, wie folgt hergeleitet werden: Bank ist ein Bestandskonto. In der Bilanz ist es den Finanzmitteln im Umlaufvermögen auf der Aktivseite zugeordnet, weil das Guthaben auf dem Konto ein Vermögensgegenstand ist (Vermögen = Aktiva = linke Seite). Das aus der Bilanzposition (auf dem Weg über das Eröffnungsbilanzkonto) entstandene Bestandskonto hat seinen Anfangsbestand auf derselben Seite, auf der auch die Bilanzposition in der Bilanz steht. Der Anfangsbestand steht also links, im Soll. Mehrungen werden unter den Anfangsbestand geschrieben, weil sie zu diesem hinzuaddiert werden. Die Zahlung von Mietaufwand ist eine Minderung, folglich gehört sie auf die Habenseite.

## 4. Personalaufwand

> Die Kommune Neu-Kirchen, Friesland, überweist Gehälter in Höhe von 100.000 EUR.

Buchung im Grundbuch:

| Buchungstext | Soll | Haben |
|---|---|---|
| Personalaufwendungen | 100.000,00 EUR | |
| an Bank | | 100.000,00 EUR |

Buchung im Hauptbuch:

| S | Personalaufwendungen | H | S | Bank | H |
|---|---|---|---|---|---|
| Bank | 100.000,00 | | | Personal-<br>aufwand | 100.000,00 |

Da Gehälter als Aufwand verbucht werden müssen, werden sie auf der Soll-seite des Aufwandkontos „Personalaufwendungen" erfasst. Dabei mindert sich das Bestandskonto „Bank" im Haben um denselben Betrag.

In der Praxis werden deutlich mehr Konten angesprochen, da auch Lohnne-benkosten u. Ä. zu erfassen sind. Es handelt sich also um die bereits be-schriebenen „zusammengesetzten Buchungssätze".

## 3.6    Spezielle Erfolgskonten

### 3.6.1   Verbrauch von Gütern

Bei der Be- oder Verarbeitung von Gütern zu anderen Produkten werden Werkstoffe benötigt. Diese sind im Wesentlichen:

* Rohstoffe
  Diese Werkstoffe sind Hauptbestandteile eines Produkts, z. B. Holz, Blech, Dachpappe für die Herstellung einer Bude für den Weihnachts-markt.

* Hilfsstoffe
  Hilfsstoffe sind Nebenbestandteile eines Produkts und wert- sowie men-genmäßig unbedeutend, z. B. Schrauben, Nägel, Leim für die Herstellung der Weihnachtsmarktbude.

- Betriebsstoffe
  Betriebsstoffe gehen nicht direkt in ein Produkt mit ein. Sie dienen der Herstellung und werden währenddessen verbraucht, z. B. Schmieröl oder Benzin.

Werden Güter aus dem Lagerbestand zum Verbrauch, d. h. zur Weiterverarbeitung entnommen, müssen diese als Aufwand erfolgswirksam erfasst werden. Die Konten lauten dementsprechend:

- Aufwendungen für Rohstoffe
- Aufwendungen für Hilfsstoffe
- Aufwendungen für Betriebsstoffe

Die Auszahlung erfolgt bei dem Kauf der Ware. Der Aufwand entsteht jedoch erst dann, wenn die Ware aus dem Lager genommen und damit buchhalterisch verbraucht wird. Somit fallen der Auszahlungs- und Aufwandszeitpunkt auseinander.

Für die Erfassung der Materialabgänge aus dem Lager gibt es zwei Möglichkeiten:

- Fortschreibungsmethode
- Inventurmethode

**Fortschreibungsmethode**

Bei der Fortschreibungsmethode erfolgt die Ermittlung des Materialverbrauchs direkt durch Materialentnahmescheine (MES). Diese werden fortlaufend erfasst, sodass ein Überblick über den Bestand und Verbrauch zu jedem Zeitpunkt möglich ist (permanente Inventur). Weicht am Ende des Jahres der buchmäßige Bestand von dem lt. Inventur ermittelten Bestand ab, so wird der Buchbestand dem Inventurbestand entsprechend korrigiert[31].

Somit dienen die MES zum einen zur Ermittlung der Bestandsminderung, zum anderen zur Aufwandserfassung.

Der dazu gehörige Buchungssatz im Grundbuch lautet:

| Buchungstext | Soll | Haben |
|---|---|---|
| Aufwendungen für Roh-/Hilfs-/Betriebsstoffe<br>    an Roh-/Hilfs-/Betriebsstoffe | | |

---

[31] Vgl. auch Kapital C 3.1 „Inventur".

Im Hauptbuch:

| S | Rohstoffe | | H |
|---|---|---|---|
| AB | 17.000,00 | 07.03. Aufw. für Rohstoffe | 3.600,00 |
| 03.04. Bank | 10.000,00 | 12.06. Aufw. für Rohstoffe | 9.800,00 |
| 21.07. Bank | 1.500,00 | 10.09. Aufw. für Rohstoffe | 600,00 |
| | | 13.11. Aufw. für Rohstoffe | 52,00 |
| | | SB | 14.448,00 |
| | 28.500,00 | | 28.500,00 |

| S | Bank | | H |
|---|---|---|---|
| AB | 55.000,00 | 03.04. Rohstoffe | 10.000,00 |
| | | 21.07. Rohstoffe | 1.500,00 |
| | | SB | 43.500,00 |
| | 55.000,00 | | 55.000,00 |

| S | Aufwendungen für Rohstoffe | | H |
|---|---|---|---|
| 07.03. Rohstoffe | 3.600,00 | Ergebniskonto | 14.052,00 |
| 12.06. Rohstoffe | 9.800,00 | | |
| 10.09. Rohstoffe | 600,00 | | |
| 13.11. Rohstoffe | 52,00 | | |
| | 14.052,00 | | 14.052,00 |

**Inventurmethode**

Die Inventurmethode eignet sich nur bei einem geringen Verbrauch an Gütern, da sonst die Übersichtlichkeit nicht mehr gegeben ist. Es wird dabei unterstellt, dass Minderungen der Lagerbestände nur durch Verbrauch entstehen und Schwund oder Verderb ganz außer Acht gelassen werden können.

Am Ende der jeweiligen Rechnungsperiode wird lediglich ein Vergleich zwischen dem Anfangsbestand, den Zugängen und dem Schlussbestand vollzogen. Insofern wird der Verbrauch indirekt ermittelt.

Die Rechnung dafür lautet wie folgt:

Anfangsbestand

+ Zugänge

./. Schlussbestand

= Verbrauch

| S | Rohstoffe | | H |
|---|---|---|---|
| AB | 17.000,00 | Aufwendungen für Rohstoffe | 14.052,00 |
| 03.04. Bank | 10.000,00 | SB | 14.448,00 |
| 21.07. Bank | 1.500,00 | | |
| | 28.500,00 | | 28.500,00 |

| S | Bank | | H |
|---|---|---|---|
| AB | 55.000,00 | 03.04. Rohstoffe | 10.000,00 |
| | | 21.07. Rohstoffe | 1.500,00 |
| | | SB | 43.500,00 |
| | 55.000,00 | | 55.000,00 |

| S | Aufwendungen für Rohstoffe | | H |
|---|---|---|---|
| Rohstoffe | 14.052,00 | Ergebniskonto | 14.052,00 |

### 3.6.2 Abschreibungen

Abschreibungen stellen den Werteverzehr von abnutzbaren und nicht abnutzbaren Anlagegütern dar. I. d. R. dienen diese Güter dem Verwaltungsbetrieb über mehrere Jahre. Die jährliche Wertminderung wird als Aufwand auf einem Abschreibungskonto erfasst.

Die Abschreibungen dienen u. a. dazu, in der kommunalen Bilanz die Vermögenssituation der Kommune widerzuspiegeln und den tatsächlichen Ressourcenverbrauch darzustellen.

**Abnutzbares Anlagevermögen (planmäßige Abschreibung)**

Zum abnutzbaren Anlagevermögen zählen z. B. Gebäude, Straßen, Fahrzeuge, technische Anlagen sowie Büro- und Geschäftsausstattung. Jedes einzelne Gut hat eine bestimmte Nutzungsdauer. Diese kann i. d. R. aus Abschreibungstabellen entnommen werden. In NRW hat das Innenministerium in den bereits zitierten Handreichungen (Band 2) kommunale Abschreibungsdauern veröffentlicht.

Andererseits könnten AfA-Tabellen (AfA = Absetzung für Abnutzung), die vom Bundesministerium der Finanzen herausgegeben werden, Orientierungsgrößen liefern. Sie weisen allerdings nur Mindestnutzungsdauern aus. Auch von der KGSt sowie von anderen Fachverbänden gibt es Empfehlungen. In der Dokumentation zum NKF-Modellprojekt[32] sind ebenfalls entsprechende Muster zu finden.

Diese Abschreibungstabellen stellen Orientierungswerte dar, die von den Kommunen ggf. ortspezifisch abgeändert werden können und müssen. Letztendlich müssen die gewählten Abschreibungsdauern ein den tatsächlichen Verhältnissen entsprechendes Bild vermitteln. Die GoB-K sind zu beachten. Das Haushaltsrecht in NRW sieht ferner ausdrücklich die Stetigkeit der zugrunde gelegten Abschreibungsdauern vor (§ 35 Abs. 3 GemHVO NRW).

Für abnutzbares Anlagevermögen erfolgt in jedem Jahr eine planmäßige Abschreibung. Am Ende des Jahres wird dann der um die Abschreibung verminderte Buchwert in der Bilanz verzeichnet, der sich wie folgt errechnet:

Anschaffungs- bzw. Herstellkosten

./. Summe der Abschreibungen

= Buchwert

Bleibt der Vermögensgegenstand auch nach vollständiger Abschreibung noch im Verfügungsbereich der Kommune, so ist der Ausweis eines Erinnerungswerts von 0 EUR (oder früher üblich 1 EUR) notwendig.

Abnutzung entsteht durch folgende Umstände:

- Technischer Verschleiß (durch die Nutzung)
- Natürlicher Verschleiß (durch das Verrosten, Verfaulen etc.)

Eine der Abnutzung vergleichbare Wertminderung kann auch die Folge von technischem Fortschritt sein.

---

[32] Vgl. Modellprojekt „Doppischer Kommunalhaushalt in NRW" (Hrsg.), S. 205 ff.

Beispiele für Nutzungsdauern lt. NKF-Rahmentabelle der Gesamtnutzungsdauer für kommunale Vermögensgegenstände des Innenministeriums NRW:

- Lastkraftwagen      8–12 Jahre
- Parkscheinautomat 8–12 Jahre
- Spielplatz               8–10 Jahre
- Parkhaus               30-50 Jahre

Die Verteilung der Investitionsausgaben als Aufwand auf die Nutzungsdauer ist damit die wichtigste Aufgabe der planmäßigen Abschreibungen.

**Nicht abnutzbares Anlagevermögen (außerplanmäßige Abschreibung)**

Das nicht abnutzbare Anlagevermögen (z. B. Grundstücke, Beteiligungen, langfristig angelegte Wertpapiere) kann lediglich außerplanmäßig abgeschrieben werden. Diese außerplanmäßige Abschreibung **muss** dann vorgenommen werden, wenn außergewöhnliche Vorfälle vorliegen und damit eine **dauerhafte** Wertminderung verbunden ist (z. B. ein Brand oder ein Börsencrash). Dabei ist das strenge Niederstwertprinzip anzuwenden. Liegt im Gegensatz dazu eine **vorübergehende** Wertminderung vor, **kann** nach dem gemilderten Niederstwertprinzip eine außergewöhnliche Abschreibung vorgenommen werden (vgl. § 253 Abs. 2 Satz 3 HGB).

Auch das abnutzbare Anlagevermögen kann unter den o. g. Bedingungen außerplanmäßig abgeschrieben werden.

Dasselbe gilt für das Umlaufvermögen. Dieses muss allerdings mit dem niedrigeren Wert am Abschlussstichtag angesetzt werden (strenges Niederstwertprinzip, § 253 Abs. 3 Satz 1 und 2 HGB).

Die Ermittlung des Abschreibungsbetrags ist allerdings nicht allein von der Anzahl der Nutzungsjahre abhängig, sondern auch von der Abschreibungsmethode. Die Kommune hat die Möglichkeit, zwischen den folgenden Methoden zu wählen:

- lineare Abschreibung
- degressive Abschreibung
- Leistungsabschreibung

In der Privatwirtschaft sind darüber hinaus weitere Abschreibungsarten zu finden, beispielsweise die progressive Abschreibung, die in den ersten Jahren sehr geringe Beträge ergibt. Allerdings ist diese steuerrechtlich nur ausnahmsweise vorgesehen. Ein generelles Ziel des NKF ist, die Gestaltungsspielräume bei der Führung des Haushaltswesens für die Kommunen gering zu halten. Dadurch sollen vergleichbare, willkürfreie Ergebnisse sichergestellt werden. Die Spielräume für gezielte „Bilanzpolitik" sollen so gering wie möglich gehalten werden. Aus diesem Grund wurde die Zahl der zur Verfügung stehenden Abschreibungsmethoden begrenzt. Die vor allem aus steuerlicher Sicht für Unternehmen interessante progressive Abschreibung wurde ausgeschlossen. Ferner sieht das Haushaltsrecht die lineare Abschreibung als Regelfall vor (§ 35 Abs. 1 GemHVO NRW). Abweichungen von dieser Abschreibungsmethode (degressive oder Leistungsabschreibung) sind nur zulässig, wenn sie im Einzelfall die tatsächlichen Nutzungsverhältnisse nachweislich besser abbilden.

### 3.6.2.1 Lineare Abschreibung

Bei der linearen Abschreibung handelt es sich um eine Abschreibungsmethode nach der Zeit. Sie führt zu gleich bleibenden Abschreibungsbeträgen während der planmäßigen Nutzungsdauer des Vermögensgegenstands. Der Abschreibungsausgangswert (i. d. R. Anschaffungs- oder Herstellungskosten) wird durch die geplante Nutzungsdauer dividiert. Auf diese Weise ergibt sich der Abschreibungsbetrag pro Periode. Der Abschreibungsprozentsatz errechnet sich, indem 100 % durch die geplante Nutzungsdauer dividiert wird.

Die Kommune Neu-Kirchen, Friesland, kauft einen Lkw im Wert von 40.000 EUR und möchte anhand der lt. Abschreibungstabelle vorgeschriebenen Nutzungsdauer den linearen Abschreibungsbetrag errechnen.

| | |
|---|---|
| Anschaffungskosten eines Lkw: | 40.000 EUR |
| Geschätzte Nutzungsdauer: | 8 Jahre |
| Abschreibungsprozentsatz: | 100 % / 8 Jahre = 12,5 % p. a. |
| Jährlicher Abschreibungsbetrag: | 40.000 EUR : 8 Jahre<br>= 5.000 EUR p. a. |

**Abschreibungsverlauf bei linearer Abschreibung:**

| Jahr | Abschreibungsbetrag in EUR | (Rest-)Buchwert in EUR |
|---|---|---|
| *Anschaffung* | | 40.000,00 |
| 1 | 5.000,00 | 35.000,00 |
| 2 | 5.000,00 | 30.000,00 |
| 3 | 5.000,00 | 25.000,00 |
| 4 | 5.000,00 | 20.000,00 |
| 5 | 5.000,00 | 15.000,00 |
| 6 | 5.000,00 | 10.000,00 |
| 7 | 5.000,00 | 5.000,00 |
| 8 | 4.999,00 | 1,00 |
| | Σ = 39.999,00 | |

Nach der Nutzungsdauer von 8 Jahren ist der Lkw nur noch mit einem Erinnerungswert von 1 EUR im Anlagevermögen verzeichnet.

### 3.6.2.2 Degressive Abschreibung (Buchwertabschreibung)

Bei der degressiven Abschreibung ist ebenfalls die Nutzungsdauer der Ausgangspunkt. Die Anschaffungs- und Herstellungskosten werden bei diesem Verfahren mit sinkenden Beträgen auf die Jahre verteilt.

Die degressive Abschreibung wird anhand von gleich bleibenden Prozentsätzen immer ausgehend vom jeweiligen Buchwert (Anschaffungs- bzw. Herstellkosten oder dem Restbuchwert) berechnet. Somit fallen in den ersten Jahren hohe absolute und in den späteren Jahren niedrige absolute Abschreibungsbeträge an, wodurch eine realitätsnahe Wertminderung widergespiegelt wird. Mathematisch ergibt sich hieraus eine endlose Folge. Um die Abschreibung zu beenden, muss entweder zu irgendeinem Zeitpunkt der gesamte Restbuchwert bis auf einen Erinnerungswert von 1 EUR abgeschrieben oder auf eine andere Abschreibungsmethode gewechselt werden[33].

Den Prozentsatz legt die Kommune selbst fest. Dabei müssen die Abschreibungssätze einer realistischen Abnutzung entsprechen. I. d. R. ist der Prozentsatz der degressiven Abschreibung höher als der der linearen.

Abschreibung = (Buchwert · Prozentsatz) : 100

---

[33] Vgl. Kapitel C 3.6.2.4 „Wechsel der Abschreibungsmethoden".

143

Die Kommune Neu-Kirchen, Friesland kauft einen Lkw im Wert von 40.000 EUR und möchte anhand der lt. Abschreibungstabelle vorgeschriebenen Nutzungsdauer die Abschreibung errechnen.

Anschaffungskosten eines Lkw:    40.000 EUR

Geschätzte Nutzungsdauer:    8 Jahre

Abschreibungsprozentsatz:    40 % p. a.

Jährlicher Abschreibungsbetrag:    $\dfrac{(\text{Buchwert} \cdot 40)}{100}$

**Abschreibungsverlauf bei degressiver Abschreibung:**

| Jahr | Abschreibungsbetrag in EUR | (Rest-)Buchwert in EUR |
|---|---|---|
| *Anschaffung* | | 40.000,00 |
| 1 | 16.000,00 | 24.000,00 |
| 2 | 9.600,00 | 14.400,00 |
| 3 | 5.760,00 | 8.640,00 |
| 4 | 3.456,00 | 5.184,00 |
| 5 | 2.073,60 | 3.110,40 |
| 6 | 1.244,16 | 1.866,24 |
| 7 | 746,50 | 1.119,74 |
| 8 | 447,90 | 671,84 |
| | Σ = 39.328,16 | |

Nach acht Jahren ist der Lkw mit der degressiven Methode nicht abgeschrieben, da sich diese geometrische Folge endlos fortsetzen ließe. Das bedeutet, dass der Restbuchwert von 671,84 EUR komplett (oder auf einen Erinnerungswert von 1 EUR) im letzten Jahr abzuschreiben ist.

### 3.6.2.3 Leistungsabschreibung

Bei der Leistungsabschreibung wird der Vermögensgegenstand nicht nach Zeit, sondern nach der Inanspruchnahme abgeschrieben. Zu diesem Zweck werden zunächst die voraussichtlich während der gesamten Lebensdauer erzielbaren Leistungseinheiten ermittelt. Es kann sich dabei z. B. um Produktionsstückzahlen bzw. -stunden (bei Maschinen) oder km-Leistungen (bei Fahrzeugen) handeln. Auf diese Weise wird die technische Abnutzung sehr realitätsgetreu dargestellt. Allerdings muss die jährliche Leistung nachgewiesen werden (z. B. durch das Führen eines Fahrtenbuches).

Die Leistungsabschreibung eignet sich vorwiegend bei hohen Leistungsschwankungen während der Nutzungsdauer.

Zur Ermittlung der jährlichen Abschreibungsrate wird die jährliche Leistung durch die geschätzte Gesamtleistung dividiert und mit den Anschaffungskosten multipliziert:

Abschreibung = (jährliche Leistung : Gesamtleistung) · Anschaffungs-/Herstellkosten

> Der o. g. Lkw im Wert von 40.000 EUR ist für eine gesamte km-Leistung von 250.000 km ausgelegt. Lt. Fahrtenbuch ergeben sich pro Jahr die folgenden km-Leistungen:
>
> | | |
> |---|---|
> | 1. Jahr 48.000 km | 5. Jahr 36.000 km |
> | 2. Jahr 32.000 km | 6. Jahr 20.000 km |
> | 3. Jahr 23.000 km | 7. Jahr 29.000 km |
> | 4. Jahr 40.000 km | 8. Jahr 22.000 km |

Anschaffungskosten eines Lkw:     40.000 EUR

Geschätzte Nutzungsdauer:     8 Jahre

Jährlicher Abschreibungsbetrag:     $\dfrac{\text{km pro Jahr}}{250.000 \text{ km}} \cdot 40.000 \text{ EUR}$

**Abschreibungsverlauf bei der Leistungsabschreibung:**

| Jahr | Abschreibungsbetrag in EUR | (Rest-)Buchwert in EUR |
|---|---|---|
| *Anschaffung* | | 40.000,00 |
| 1 | 7.680,00 | 35.320,00 |
| 2 | 5.120,00 | 27.200,00 |
| 3 | 3.680,00 | 23.520,00 |
| 4 | 6.400,00 | 17.120,00 |
| 5 | 5.760,00 | 11.360,00 |
| 6 | 3.200,00 | 8.160,00 |
| 7 | 4.640,00 | 3.520,00 |
| 8 | 3.519,00 | 1,00 |
| | $\Sigma = 39.999,00$ | |

Nach der Nutzungsdauer von acht Jahren ist der Lkw vollständig abgeschrieben. Bleibt der Lkw danach noch in der Kommune im Einsatz, so erfolgt die Abschreibung im letzten Jahr nur bis auf den Erinnerungswert von 1 EUR.

### 3.6.2.4 Wechsel der Abschreibungsmethoden

Als eigene Abschreibungsmethode ist die „Kombination von Abschreibungsmethoden" anzusehen, wenn der Wechsel von einer zu einer anderen Abschreibungsweise bereits im Abschreibungsplan vorgesehen ist. Praktische Bedeutung erhält diese Methode vor allem in privatwirtschaftlichen Unternehmen, um den steuerpflichtigen Gewinn zu schmälern. Dabei findet ein planmäßiger Übergang von der degressiven zur linearen Abschreibungsmethode statt. Nur in dieser Richtung darf nach steuerlichen Regeln gewechselt werden, nicht umgekehrt. Der Wechsel ist vorteilhaft, sobald die jährlichen Abschreibungsbeträge der linearen Abschreibung über denen der degressiven liegen. Grundlage für die verbleibenden linearen Abschreibungsbeträge ist die Restnutzungsdauer. Der verbliebene Buchwert wird durch die Restnutzungsdauer geteilt.

Ausgehend von dem Beispiel der linearen bzw. degressiven Abschreibung, wird hier die Kombination aus beiden tabellarisch dargestellt:

| Jahr | Abschreibungsbetrag in EUR | | (Rest-)Buchwert in EUR |
|---|---|---|---|
| | Degressiv | Linear | |
| *Anschaffung* | | | 40.000,00 |
| 1 | 16.000,00 | *5.000,00* | 24.000,00 |
| 2 | 9.600,00 | *3.428,57* | 14.400,00 |
| 3 | 5.760,00 | *2.400,00* | 8.640,00 |
| 4 | 3.456,00 | *1.728,00* | 5.184,00 |
| 5 | 2.073,60 | *1.296,00* | 3.110,40 |
| 6 | 1.244,16 | *1.036,80* | 1.866,24 |
| 7 | *746,50* | 933,12 | 933,12 |
| 8 | *447,90* | 932,12 | 1,00 |
| | $\Sigma$ = 39.999,00 | | |

Der Wechsel der Methode erfolgt im 7. Jahr. Zu dem Zeitpunkt übersteigt der Betrag der linearen den der degressiven Abschreibung.

### 3.6.2.5 Buchung der Abschreibung

Die Abschreibung beginnt in der kaufmännischen Buchführung grundsätzlich im Monat der Anschaffung oder Herstellung des Anlagevermögens. Abweichend hiervon hat das Gemeindehaushaltsrecht NRW in § 35 Abs. 2 GemHVO NRW den Monat nach der Fertigstellung als Beginn der Abschreibung festgelegt. Teilweise hat kaufmännische Buchführungssoftware Schwierigkeiten, Abschreibungen nach dieser Regel zu berechnen. Vor dem Hintergrund der Wesentlichkeit muss jede Kommune, die auf dieses Problem stößt, eine Lösung finden.

Bei eigener Herstellung des Vermögensgegenstands ist die vollständige Fertigstellung und Betriebsbereitschaft Voraussetzung für den Beginn der Abschreibung. So beträgt z. B. die Abschreibung eines Vermögensgegenstands, der im März eines Jahres angeschafft wurde, kaufmännisch 10/12 des Jahresabschreibungsbetrags (streng nach dem Haushaltsrecht: 9/12).

Die Buchung von planmäßigen und außerplanmäßigen Abschreibungen erfolgt in der gleichen Art, allerdings mit unterschiedlichen Kontobezeichnungen.

> Die Kommune bucht die im Jahr 03 planmäßig angefallenen Abschreibungen in Höhe von 5.000 EUR (Anknüpfung an das Beispiel in Kapitel C 3.6.2.1).

Buchung im Grundbuch:

| Nr. | Buchungstext | Soll | Haben |
|-----|-------------|------|-------|
| 1 | Abschreibungen | 5.000,00 EUR | |
| | an Fahrzeuge | | 5.000,00 EUR |

Abschlussbuchung:

| Nr. | Buchungstext | Soll | Haben |
|-----|-------------|------|-------|
| 2 | Ergebniskonto | 5.000,00 EUR | |
| | an Abschreibungen | | 5.000,00 EUR |

| Nr. | Buchungstext | Soll | Haben |
|-----|-------------|------|-------|
| 3 | Schlussbilanzkonto | 265.000,00 EUR | |
| | an Fahrzeuge | | 265.000,00 EUR |

Buchung im Hauptbuch:

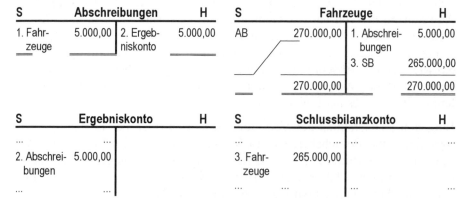

### 3.6.2.6 Abschreibung auf Forderungen

Die Kommune hat Forderungen gegenüber anderen Gebietskörperschaften, Bürgern oder Gesellschaften. Diese bestehen größtenteils aus Gebühren-,

Beitrags- und Steuerforderungen. Allerdings sind nicht alle Forderungen gleich zu bewerten.

Sie werden wie folgt eingeteilt:

- Einwandfreie Forderungen
- Zweifelhafte (dubiose) Forderungen
- Uneinbringliche Forderungen

**Einwandfreie Forderungen**

Diese Forderungen werden als vollständig einbringlich eingestuft, da es keine gegenteiligen Anzeichen gibt.

Einwandfreie Forderungen werden in der Bilanz in voller Höhe angesetzt.

**Zweifelhafte (dubiose) Forderungen**

Bei zweifelhaften Forderungen wird der Zahlungseingang als unsicher bewertet. Es wird erwartet, dass sie zu einem Teil oder in voller Höhe ausbleiben werden. Anlass dieser Einschätzung können sowohl ausbleibende Zahlungen als auch ein eröffnetes Insolvenzverfahren sein.

Werden die Forderungen als zweifelhaft eingestuft, so müssen sie je nach Einschätzung teilweise oder komplett von den Forderungen auf das Konto „Zweifelhafte Forderungen" umgebucht werden.

> Die Kommune wandelt aufgrund von Zahlungsproblemen eines Gewerbetreibenden eine Forderung von 5.000 EUR in eine zweifelhafte Forderung um.

Buchung im Grundbuch:

| Buchungstext | Soll | Haben |
|---|---|---|
| Zweifelhafte Forderungen | 5.000,00 EUR | |
| an Forderungen | | 5.000,00 EUR |

**Uneinbringliche Forderungen**

Für uneinbringliche Forderungen gilt, dass der Eingang der Zahlung in jedem Fall ausbleibt. Grund dafür kann ein abgeschlossenes Insolvenzverfahren, eine erfolglose Pfändung, eine Niederschlagung oder eine Verjährung sein.

Werden Forderungen als uneinbringlich eingestuft, so müssen sie direkt auf dem Konto „Außerplanmäßige Abschreibungen auf Forderungen" vollständig abgeschrieben werden.

Hierbei gilt, ebenso wie bei den zweifelhaften Forderungen, dass bei einem unerwarteten Zahlungseingang in einer der folgenden Rechnungsperioden die Zahlung auf dem Ertragskonto „andere sonstige ordentliche Erträge" erfasst werden muss.

> 1. Aufgrund einer uneinbringlichen Forderung, die bereits als zweifelhaft eingestuft wurde, muss die Kommune am Ende der Rechnungsperiode 2.500 EUR abschreiben.
> 2. Überraschend erhält die Kommune in der darauf folgenden Periode doch noch eine Überweisung von 1.500 EUR.

Buchung im Grundbuch:

| Buchungstext | Soll | Haben |
| --- | --- | --- |
| 1. Außerplanm. Abschr. auf Forderungen an Zweifelhafte Forderungen | 2.500,00 EUR | 2.500,00 EUR |
| 2. Bank an Ertragskonto | 1.500,00 EUR | 1.500,00 EUR |

Müssen Forderungen ganz oder teilweise abgeschrieben werden, so kann dies zum einen durch eine Einzelwertberichtigung, zum anderen durch eine Pauschalwertberichtigung vorgenommen werden. Eine Kombination aus beiden ist ebenfalls zulässig.

**Einzelwertberichtigung (EWB) auf zweifelhafte Forderungen**

Zum Bilanzstichtag wird jede Forderung mit einer individuellen Risikoüberprüfung bewertet und gegebenenfalls in der geschätzten Höhe des Ausfalls abgeschrieben. Einzelwertberichtigungen stellen dabei eine indirekte Abschreibungsmethode dar. Hierbei wird die geschätzte Minderung der Forderung nicht direkt auf dem Forderungskonto verbucht, sondern indirekt auf dem passiven Bestandskonto „EWB zu Forderung". Auf diesem Konto werden alle Wertberichtigungen zusammengefasst (kumuliert), um somit dem Grundsatz der Verständlichkeit[34] gerecht zu werden. Diese Position wird in

---

[34] Vgl. Kapitel C 1 „Grundsätze ordnungsmäßiger Buchführung für Kommunen".

dem Schlussbilanzkonto den Forderungen als Korrekturposten gegenüberge-stellt. Die Abschreibung wird auf dem Aufwandskonto „Einstellung in EWB" notiert.

Die Einzelwertberichtigung ist eine arbeits- und zeitintensive Methode. Da-her ist sie entweder nur bei einer überschaubaren Forderungsanzahl oder bei betragsmäßig relevanten Forderungen sinnvoll.

Es wird am Jahresende vermutet, dass 80 % der zweifelhaften Forderung von 5.000 EUR ausbleiben werden. Die Kommune schreibt diesen Betrag indirekt ab (Anknüpfung an das Beispiel zu zweifelhaften Forderungen).

Buchung im Grundbuch (Nr. 1 im Jahresverlauf, die folgenden zum 31. De-zember):

| Buchungstext | Soll | Haben |
|---|---|---|
| 1. Zweifelhafte Forderungen an Forderungen | 5.000,00 EUR | 5.000,00 EUR |
| 2. Einstellung in EWB an EWB zu Forderungen | 4.000,00 EUR | 4.000,00 EUR |
| 3. Ergebniskonto an Einstellung in EWB | 4.000,00 EUR | 4.000,00 EUR |
| 4. EWB zu Forderungen an SBK | 4.000,00 EUR | 4.0000,00 EUR |
| 5. Schlussbilanzkonto an Forderungen | 625.000,00 EUR | 625.000,00 EUR |
| 6. Schlussbilanzkonto an Zweifelhafte Forderungen | 5.000,00 EUR | 5.000,00 EUR |

Buchung im Hauptbuch:

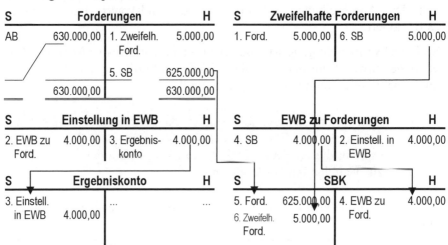

**Pauschalwertberichtigung (PWB) auf Forderungen**

Für den Wertansatz der Pauschalwertberichtigungen von Forderungen werden i. d. R. aus Erfahrungen generierte Prozentsätze von jährlichen Forderungsausfällen zugrunde gelegt. Dieser Prozentsatz wird jährlich überprüft und angepasst. Seine Herleitung muss für Dritte nachvollziehbar sein.

Nachdem die Forderungen bereits um Einzelwertberichtigungen bereinigt sind und der o. g. Prozentsatz ermittelt ist, werden die restlichen Forderungen mit dem Prozentsatz multipliziert. Hieraus ergibt sich der abzuschreibende Betrag.

Pauschalabschreibung = ($\Sigma$ Forderungen − $\Sigma$ EWB) · Prozentsatz

Dieser Betrag wird, wie bei der Einzelwertberichtigung, nicht direkt abgeschrieben, sondern ebenfalls aus Gründen der Verständlichkeit indirekt auf dem Konto „Pauschalwertberichtigungen zu Forderungen" notiert und auf dem Schlussbilanzkonto auf der Passivseite ebenfalls als Korrekturposten der Forderungsposition gegenübergestellt.

Der ermittelte Pauschalabschreibungsbetrag wird auf dem Aufwandskonto „Einstellung in Pauschalwertberichtigung" gebucht.

Diese Vorgehensweise ist vor allem bei einer großen Anzahl von Forderungen sinnvoll, da hierbei die Einzelwertberichtigung nicht infrage kommen würde.

Verfolgt die Kommune eine Kombination aus Einzel- und Pauschalwertberichtigung, so müssen einzelwertberichtigte Forderungen aus dem pauschal zu berichtigenden Forderungsvolumen herausgerechnet werden.

> Zum Bilanzstichtag ermittelt die Kommune aufgrund von Erfahrungswerten der vergangenen Jahre einen Forderungsausfall von 3 %. Der bereinigte Forderungsbestand beläuft sich auf 626.000 EUR. Gemäß der o. g. Formel ergibt sich eine Pauschalabschreibung von 18.780 EUR (Anknüpfung an das Beispiel zur Einzelwertberichtigung).

Buchung im Grundbuch zum 31. Dezember:

| Buchungstext | Soll | Haben |
|---|---|---|
| 1. Einstellung in PWB<br>     an PWB zu Forderungen | 18.780,00 EUR | 18.780,00 EUR |
| 2. Ergebniskonto<br>     an Einstellung in PWB | 18.780,00 EUR | 18.780,00 EUR |
| 3. PWB zu Forderungen<br>     an SBK | 18.780,00 EUR | 18.780,00 EUR |

Die Buchungen im Hauptbuch entsprechen denen bei der Einzelwertberichtigung.

### 3.6.2.7 Geringwertige Wirtschaftsgüter (GWG)

Für Wirtschaftsgüter von geringem Wert gibt es ein gesondertes Wahlrecht. Danach dürfen abnutzbare Wirtschaftsgüter, die zu einer selbstständigen Nutzung fähig sind, im Jahr der Anschaffung oder Herstellung vollständig abgeschrieben werden, wenn die Anschaffungs- oder Herstellungskosten 410 EUR (exkl. Umsatzsteuer) nicht übersteigen (vgl. § 33 Abs. 4 GemHVO NRW). Zunächst werden diese bei der Beschaffung auf dem jeweiligen Anlagenkonto als Bestandszugang erfasst, bevor sie dann bei Erstellung des

Jahresabschlusses entweder vollständig oder über die Nutzungsdauer planmäßig abgeschrieben werden (s. Abb. 40).

Lediglich Anlagegüter mit Anschaffungs- und Herstellungskosten bis 60 EUR oder einer Nutzungsdauer, die unwesentlich länger als ein Jahr beträgt, können sofort als Aufwand gebucht werden.

Beim Jahresabschluss ist zu prüfen, ob eine Aktivierung gleichartiger geringwertiger Wirtschaftsgüter vorgenommen wurde, bei der sich am Jahresende herausstellt, dass die Vermögensgegenstände in ihrer Summe wertmäßig doch bedeutend für das Gesamtvermögen sind. Sollte das der Fall sein, besteht abweichend zum o. g. Wahlrecht eine Aktivierungspflicht. In diesem Fall muss dann die Gruppe von geringwertigen Wirtschaftsgütern planmäßig über die Nutzungsdauer abgeschrieben werden.

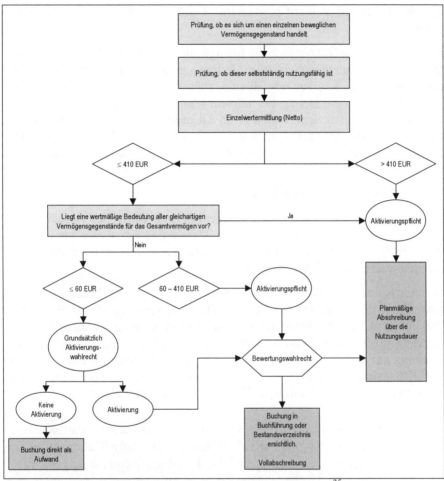

Abb. 40: Prüfungsschema geringwertige Wirtschaftsgüter[35]

### 3.6.3 Erlöse

„Erlöse" gehören zu den Erträgen und sind Entgelte für erbrachte Leistungen, die klassischerweise in der Privatwirtschaft zu finden sind. Dort stellen die Umsatzerlöse den wichtigsten Posten der Erträge eines Unternehmens

---

[35] Vgl. Modellprojekt „Doppischer Kommunalhaushalt in NRW" (Hrsg.), S. 203.

dar, die durch den Verkauf produzierter Güter oder Dienstleistungen erzielt werden.

In einer Kommune setzen sich die Erträge aus anderen Positionen zusammen (Steuern, Zuweisungen, Gebühren, Beiträge etc.). Die Erstellung von Dienstleistungen, die z. T. unentgeltlich sind, steht im Vordergrund. Umsatzerlöse sind selten und vom Betrag her nur ein kleiner Teil der gesamten Erträge. Sie werden z. B. bei dem Verkauf von Theaterkarten oder von Artikeln aus dem Museumsshop oder von Stammbüchern im Standesamt erzielt. Das Konto im NKF-Kontenrahmen dafür lautet „44 11 Erträge aus Verkauf".

### 3.6.4    Aktivierte Eigenleistung

Erstellt eine Verwaltung für den eigenen Betrieb Güter des Anlagevermögens, so müssen diese aktiviert werden. Das fertige Erzeugnis muss im Anlagevermögen mit den angefallenen Herstellkosten (d. h. dem gesamten Herstellungsaufwand) aktiviert werden.

In einer Kommune können Eigenleistungen vor allem bei Bauplanungsleistungen und durch die Tätigkeit des Bauhofs entstehen (z. B. das Bauen von Spielplätzen). Bei der Herstellung dieser Vermögensgegenstände fällt Aufwand an (z. B. durch Lohn, Gehalt und Material). Demgegenüber steht die Buchung auf dem Ertragskonto „Aktivierte Eigenleistung", welches als eine Art Ertragskorrekturposten bezeichnet werden könnte. Die angefallenen Aufwendungen werden durch die Ertragsbuchung neutralisiert.

> Ein Hochbauamt muss also für den doppischen Haushaltsplan nicht nur die Personalaufwendungen für seinen Teilergebnisplan prognostizieren, es muss auch die zu aktivierenden Eigenleitungen eines Jahres planen. Beide beeinflussen das Ergebnis – im Plan, wie auch im Jahresergebnis.

### 3.7    Ermittlung des Jahresergebnisses

Abb. 41 stellt den Weg der Ermittlung des Jahresergebnisses schematisch dar.

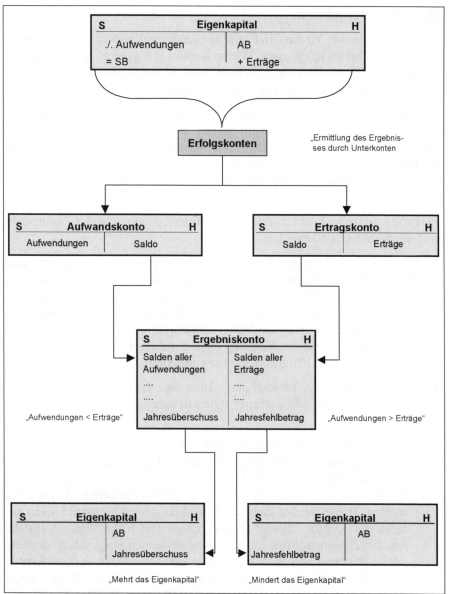

Abb. 41: Ermittlung des Jahresergebnisses

## 3.8 Finanzrechnung

Die Finanzrechnung ist im NKF ein notwendiges Element des Haushaltsplans und des Jahresabschlusses. Wie in Kapitel B 1 gezeigt wurde, dient sie vor allem der Ermächtigung investiver Auszahlungen und der Planung der mittel- und langfristigen Finanzierung des Haushalts.

Ihre Zahlen können in besonderen Systemen auch zur Liquiditätsplanung herangezogen werden. Gleichwohl gehört die Liquiditätsplanung nicht zu ihren Aufgaben. Für eine exakte Liquiditätsplanung sind ggf. tagesgenaue Prognose- und Ist-Zahlen über Einzahlungen und Auszahlungen differenziert nach den Bankkonten notwendig. Zudem findet Liquiditätsmanagement sinnvollerweise auf Konzernebene statt.

Die Privatwirtschaft kennt mit der Kapitalflussrechnung ein der Finanzrechnung vergleichbares Element.

Der Finanzplan ist die dritte Komponente des doppischen Haushaltswesens und Teil des Haushaltsplans. Er ist durch die detaillierte Planung einzelner großer Einzahlungs- und Auszahlungspositionen (insbesondere im investiven Bereich) und durch die summarische Überleitung von Positionen des Ergebnisplans in die voraussichtlichen Zahlungsströme aufzustellen. Dabei werden Erfahrungswerte der Vergangenheit zur Zahlungswirksamkeit spezifischer Aufwands- und Ertragspositionen einfließen.

Die Finanzrechnung als Ist-Rechnung kann aus dem Buchungsstoff eines Haushaltsjahres theoretisch auf zwei Arten in insgesamt vier Varianten entwickelt werden:

1. Die Einzahlungen und Auszahlungen können in der Bewirtschaftung laufend mitgebucht werden („direkte Ermittlung"). Dies wiederum ist in zwei verschiedenen Arten möglich:
   a) Es können im Kontenrahmen Finanzrechnungskonten vorgesehen werden. Diese werden dann bei Einzahlungen und Auszahlungen anstelle des Kontos „Bank" angesprochen. Die Kontenklassen für die Finanzrechnung wurden im NKF-Kontenrahmen vorgesehen, um eine solche Buchung von Einzahlungen und Auszahlungen auf Sachkonten in der Finanzbuchhaltung zu ermöglichen. Die Bestände der damit nicht mehr vorhandenen Finanzmittelkonten wie „Bank" oder „Kasse" werden durch Summation der Finanzrechnungskonten in einer Nebenrechnung ermittelt.

b) Alternativ kann in der klassischen Weise doppisch gebucht werden, Einzahlungen und Auszahlungen werden also sämtlich gegen „Bank" oder „Kasse" gebucht. Die Information über die betroffene Finanzposition wird dem Buchungssatz dann im DV-System durch eine Zusatzkontierung mitgegeben. Ein solcher Zusatz kann der Angabe einer Kostenstelle bei einer (kameralen oder doppischen) Buchung ähneln und ist insofern nichts Ungewöhnliches. Bei zahlreichen Buchungen kann die entsprechende Finanzposition zudem automatisch vom System gezogen werden, weil eine eindeutige Zuordnung von Ergebnis- und Finanzpositionen möglich ist. Diesen Weg sehen weit verbreitete Softwarelösungen vor.

2. Daneben können die Einzahlungen und Auszahlungen aus dem Buchungsstoff der Erfolgs- und Bestandskonten zurückgerechnet werden. Auch dies ist wiederum in zwei Arten möglich:

a) Einerseits kann im Sinne der in der Privatwirtschaft praktizierten Kapitalflussrechnung ausgehend vom Jahresergebnis in der Ergebnisrechnung eine summarische Rückrechnung erfolgen („retrograde Ermittlung").

b) Alternativ kann direkt aus allen betroffenen Konten eine detaillierte und exakte Rückrechnung erfolgen („direkt derivative Ermittlung").

Die GemHVO NRW enthält die Anforderung, die Finanzrechnung auf der Basis des vom Innenministerium bekannt gegebenen Kontierungsplans vorzunehmen (s. § 3 Abs. 3 GemHVO NRW). Aus dieser Festlegung und den Ergebnissen des NKF-Modellprojekts kann abgeleitet werden, dass eine direkte Ermittlung gewollt ist. Welcher der beiden hierbei wiederum möglichen Wege eingeschlagen wird, wird in der Praxis von den Funktionen der eingesetzten Software abhängen.

Dabei werden die aus der Privatwirtschaft stammenden Softwarelösungen in aller Regel die statistische Mitführung vorsehen (keine Finanzrechnungskonten im Kontenplan). Insofern verändert sich die klassische doppische Buchung im Kern nicht, sie wird vielmehr nur um eine Mitkontierung ergänzt. Diese wiederum kann häufig automatisch aufgrund des Sachkontos abgeleitet werden. Die Mitkontierung spricht ein gesondertes Kontierungsobjekt. In der SAP-Software heißt es Finanzpositionen.

Die Abgrenzung des Inhalts der Finanzpositionen in den Mustern erfolgt überwiegend analog zu den korrespondierenden Positionen der Ergebnisrechnung. Insofern sei an dieser Stelle auf den im Anhang dargestellten Kontenrahmen sowie die Erläuterungen zum Inhalt der Ergebnisrechnung in Kapitel B 3.1.3 verwiesen.

## 3.9    Kontenrahmen für Kommunen

Im Haushaltsplan und im Jahresabschluss der Kommune nach dem NKF sind die in der Bilanz sowie die in der Ergebnis- und der Finanzrechnung auszuweisenden Posten jeweils durch eine verbindliche Mindestgliederung festgelegt (vgl. §§ 2 und 3 GemHVO NRW). Hierin liegen die materiell bedeutsamen Festlegungen des Gemeindehaushaltsrechts. Die in diesen Paragraphen aufgeführten Positionen ersetzen die Verwaltungsvorschriften zur kameralen Gruppierung. Der Kontenrahmen oder seine detaillierte Aufgliederung, der Kontenplan, sind dahinter liegende Arbeitsinstrumente, die es ermöglichen, diese Positionen darzustellen. Daneben wird die detailliertere Gliederung des Kontenplans benötigt, um finanzstatistische Anforderungen abzudecken. Aus dieser inhaltlichen Einordnung heraus hatte sich das NKF-Modellprojekt gegen eine Normierung oder verbindliche Muster ausgesprochen.

Für den Kontenrahmen haben sich in der Privatwirtschaft einheitliche Muster entwickelt (z. B. der Industriekontenrahmen – IKR), die von Verbänden (Bundesverband der Deutschen Industrie) zur Anwendung empfohlen werden.

Die Kommunen haben den vom Innenministerium bekannt gegebenen Kontenrahmen zu verwenden (§ 27 Abs. 7 GemHVO NRW). Dieser ist im Kapitel G 2 wiedergegeben. Mit dieser Normierung soll für das doppische Haushaltswesen u. a. die Vergleichbarkeit zwischen den Kommunen gewährleistet werden. Eine Erweiterung und Ergänzung durch jede Kommune ist möglich[36].

Individuelle Veränderungen und Ergänzungen des Kontenrahmens/Kontenplans können zum Beispiel notwendig werden, wenn eine Kommune die Kontenpläne mit den jeweiligen Beteiligungsgesellschaften vereinheitlichen will. Dies kann die Erstellung des Konzernabschlusses deutlich erleichtern.

---

[36] Einzelne Kommunen, die bereits mit anderen Kontenplänen gestartet sind, könnten „hilfsweise" den Weg wählen, alternative Kontenpläne (individuell/nach verbindlichem Muster) zu hinterlegen. In der Software von SAP lässt sich hierfür mit dem „Landeskontenplan" eine Funktionalität nutzen, die eigentlich für die Berücksichtigung unterschiedlicher Kontenpläne im internationalen Kontext gedacht war.

Auch könnten unterschiedliche EDV-Programme dazu führen, dass unterschiedliche, von den Herstellern voreingestellte Kontenrahmen übernommen werden. Dies senkt den Aufwand bei der Einführung der Software.

Der NKF-Muster-Kontenrahmen ist nach dem Zehnersystem (dekadisches System) untergliedert (s. Abb. 42), es kann maximal 10 Kontenklassen geben. Er folgt in seinen Grundzügen dem IKR. Neben einigen kommunalspezifischen Posten sind für die Finanzrechnung zwei Kontenklassen reserviert. Der kommunale Kontenrahmen enthält die Kontenklassen 6 für Einzahlungen und 7 für Auszahlungen.

| Zuordnung | | Nr. | Kontenklasse | Kontengruppen |
|---|---|---|---|---|
| Bilanz | Aktiva | 0 | Immaterielle Vermögensgegenstände und Sachanlagen | 01 Immaterielle Vermögensgegenstände<br>02 Unbebaute Grundstücke und grundstücksgleiche Rechte<br>03 Bebaute Grundstücke und grundstücksgleiche Rechte<br>04 Infrastrukturvermögen<br>05 Bauten auf fremdem Grund und Boden<br>06 Kunstgegenstände, Kulturdenkmäler<br>07 Maschinen und technische Anlagen, Fahrzeuge<br>08 Betriebs- und Geschäftsausstattung<br>09 Geleistete Anzahlungen und Anlagen im Bau |
| | | 1 | Finanzanlagen, Umlaufvermögen und aktive Rechnungsabgrenzungsposten | 10 Anteile an verbundenen Unternehmen<br>11 Beteiligungen<br>12 Sondervermögen<br>13 Ausleihungen<br>14 Wertpapiere<br>15 Vorräte<br>16 Öffentlich-rechtliche Forderungen, Forderungen aus Transferleistungen<br>17 Privatrechtliche Forderungen, sonstige Vermögensgegenstände<br>18 Liquide Mittel<br>19 Aktive Rechnungsabgrenzungsposten |
| | Passiva | 2 | Eigenkapital, Sonderposten und Rückstellungen | 20 Eigenkapital<br>21 Wertberichtigungen*<br>23 Sonderposten<br>25 Pensionsrückstellungen<br>26 Rückstellungen für Deponien und Altlasten<br>27 Instandhaltungsrückstellungen<br>28 Sonstige Rückstellungen |
| | | 3 | Verbindlichkeiten und passive Rechnungsabgrenzungsposten | 30 Anleihen<br>32 Verbindlichkeiten aus Krediten für Investitionen<br>33 Verbindlichkeiten aus Krediten zur Liquiditätssicherung<br>34 Verbindlichkeiten aus Vorgängen, die Kreditaufnahmen wirtschaftlich gleichkommen<br>35 Verbindlichkeiten aus Lieferungen und Leistungen<br>36 Transferverbindlichkeiten<br>37 Sonstige Verbindlichkeiten<br>39 Passive Rechnungsabgrenzungsposten |

| Zuordnung | Nr. | Kontenklasse | Kontengruppen |
|---|---|---|---|
| Ergebnis-rechnung | 4 | Erträge | 40 Steuern und ähnliche Abgaben<br>41 Zuwendungen und allgemeine Umlagen<br>42 Sonstige Transfererträge<br>43 Öffentlich-rechtliche Leistungsentgelte<br>44 Privatrechtliche Leistungsentgelte, Kostenerstattungen und -umlagen<br>45 Sonstige ordentliche Erträge<br>46 Finanzerträge<br>47 Aktivierte Eigenleistungen und Bestandsveränderungen<br>48 Erträge aus internen Leistungsbeziehungen<br>49 Außerordentliche Erträge |
| | 5 | Aufwendungen | 50 Personalaufwendungen<br>51 Versorgungsaufwendungen<br>52 Aufwendungen für Sach- und Dienstleistungen<br>53 Transferaufwendungen<br>54 Sonstige ordentliche Aufwendungen<br>55 Zinsen und sonstige Finanzaufwendungen<br>57 Bilanzielle Abschreibungen<br>58 Aufwendungen aus internen Leistungsbeziehungen<br>59 Außerordentliche Aufwendungen |
| Finanzrechnung | 6 | Einzahlungen | 60 Steuern und ähnliche Abgaben<br>61 Zuwendungen und allgemeine Umlagen<br>62 Sonstige Transfereinzahlungen<br>63 Öffentlich-rechtliche Leistungsentgelte<br>64 Privatrechtliche Leistungsentgelte, Kostenerstattungen und -umlagen<br>65 Sonstige Einzahlungen aus lfd. Verwaltungstätigkeit<br>66 Zinsen und sonst. Finanzeinzahlungen<br>68 Einzahlungen aus Investitionstätigkeit<br>69 Einzahlungen aus Finanzierungstätigkeit |
| | 7 | Auszahlungen | 70 Personalauszahlungen<br>71 Versorgungsauszahlungen<br>72 Auszahlungen für Sach- und Dienstleistungen<br>73 Transferauszahlungen<br>74 Sonstige Auszahlungen aus lfd. Verwaltungstätigkeit<br>75 Zinsen und sonst. Finanzauszahlungen<br>78 Auszahlungen aus Investitionen<br>79 Auszahlungen aus Finanzierungstätigkeit<br>78 Korrekturkonten<br>79 Kurzfristige Erfolgsrechnung |
| Abschlusskonten | 8 | Abschlusskonten | 80 Eröffnungskonten/Abschlusskonten<br>81 Korrekturkonten<br>82 Kurzfristige Erfolgsrechnung |
| KLR | 9 | Kosten- u. Leis-tungsrechnung | *Die Ausgestaltung ist von jeder Kommune individuell festzulegen.* |

\*Bilanzausweis nicht zulässig

Abb. 42: Übersicht NKF-Kontenrahmen

Des Weiteren kommt zu den Kontenklassen, die die Posten für den Haushaltsplan bzw. den Jahresabschluss abbilden, die Kontenklasse 9 hinzu, in der die Kostenrechnung abgewickelt werden kann. Auch dies ist eine Option; eine buchhalterische Abwicklung außerhalb des Kontenrahmens wäre ebenso möglich.

Jedem Konto wird eine Kontonummer zugewiesen, die dieses Konto eindeutig beschreibt. Sie besteht aus einer vierstelligen Nummer (Ausnahme: Unterkonten, die fünfstellig sind), die sich wie folgt zusammensetzt:

- **Kontenklassen: einstellig** (die erste Ziffer der Kontonummer gibt Aufschluss über die Kontenklasse, z. B. 4 Erträge)
- **Kontengruppen: zweistellig** (40 Steuern und ähnliche Abgaben)
- **Kontenarten: dreistellig** (401 Realsteuern)
- **Konto: vierstellig** (4011 Grundsteuer A)

### 3.10    Buchen mit Kontonummern

Jeder Buchungsvorgang wird dahingehend vereinfacht, dass statt der Kontobezeichnung nur noch die jeweilige Kontonummer genannt wird.

> A. Die Kommune Neu-Kirchen, Friesland, versendet an einen Bürger, der einen Hund hält, den jährlichen Steuerbescheid über 56 EUR.
>
> B. Zwei Wochen später tätigt der Bürger die Überweisung der Hundesteuer in Höhe von 56 EUR.

| Buchungssatz | Soll | Haben |
|---|---|---|
| 1.  *1641* (Steuerforderung gegenüber dem privatem Bereich) <br> an *4033* (Hundesteuer) | 56,00 EUR | 56,00 EUR |
| 2.  *1810* (Guthaben bei Bank) <br> an *1641* (Steuerforderung gegenüber dem privatem Bereich | 56,00 EUR | 56,00 EUR |

| S | 1641 Steuerforderungen privat | H |
|---|---|---|
| 1. 4033 | 56,00 | 2. 1810 | 56,00 |

| S | 4033 Hundesteuer | H |
|---|---|---|
| | | 1. 1641 | 56,00 |

| S | 1810 Bank | H |
|---|---|---|
| 2. 1641 | 56,00 | |

## 3.11 Das System der Bücher

Die früher vorhandenen „Bücher" sind in EDV-Systemen ersetzt durch entsprechende Datenbanken bzw. Tabellen. Die Buchführung besteht aus mehreren Arten von Büchern:

Systembücher:

1. Inventar- und Bilanzbuch
2. Grundbuch
3. Hauptbuch

Nebenbücher:

4. Kontokorrentbuch
5. Lagerbuch
6. Anlagenbuch
7. Lohn- und Gehaltsbuch
8. Kassenbuch

Als „viertes Systembuch" könnte die Finanzrechnung bezeichnet werden, sofern diese direkt bebucht wird.

### 1. Inventar- und Bilanzbuch

Dort werden sämtliche Inventare sowie Bilanzen geführt und 10 Jahre lang aufbewahrt.

### 2. Grundbuch

Das Grundbuch ist eine Art Tagebuch (Journal), in dem zeitlich/chronologisch alle Buchungssätze festgehalten werden. Es stellt die Grundlage für jede Buchung eines Geschäftsvorfalls dar. Inhalte der im Grundbuch aufzuführenden Buchung sind: Datum, Belegart mit laufender Nummer (z. B. Eingangs-/Ausgangsrechnung [ER oder AR]), Buchungstext (Kurzbeschreibung), Kontierung und Betrag.

Die Kommune Neu-Kirchen, Friesland, erhält von der Firma „Lampenhandel" eine Rechnung über eine Schreibtischlampe im Wert von 100 EUR.

| Datum | Beleg | Buchungstext | Kontierung | | Betrag | |
|---|---|---|---|---|---|---|
| | | | Soll | Haben | Soll | Haben |
| 03.01. 2003 | ER 3102 | Überweisung an „Lampenhandel" | *0810* (BGA) | *1810* (Bank) | 100,00 EUR | 100,00 EUR |

## 3. Hauptbuch

Im Hauptbuch wird eine detaillierte Übersicht über Vermögen und Schulden geschaffen. Dort werden die im Grundbuch ermittelten Buchungssätze in Kontenform gebucht. Sie werden systematisch den einzelnen Sachkonten zugeordnet. Die Sachkonten bestehen im Einzelnen aus Bestandskonten, Erfolgskonten, die am Jahresende in die Bilanz und Ergebnisrechnung einfließen.

Fortführung des obigen Beispiels:

| S | 1810 Bank | H | S | 0810 BGA | H |
|---|---|---|---|---|---|
| | 0810 | 100,00 | 1810 | 100,00 | |

## 4. Kontokorrentbuch

In dem Kontokorrentbuch werden die Konten „Forderungen" und „Verbindlichkeiten" aufgeschlüsselt, um den Geschäftsverkehr einzeln nachvollziehen zu können. Die einzelnen Konten im Hauptbuch geben keine Auskunft über die jeweiligen Personen/Firmen, die hinter den Beträgen stehen. In der Kontokorrentbuchhaltung werden daher Personenkonten geführt, die einen Einzelüberblick über alle Forderungen gegenüber einem Bürger oder einer Körperschaft (Debitoren) bzw. Verbindlichkeiten gegenüber einem Lieferanten (Kreditoren) aufweisen.

## 5. Lagerbuch

Im Lagerbuch werden die Bestände sämtlicher Lagerartikel sowie ihre Zu- und Abgänge geführt (permanente Inventur). Auf diese Weise ist es möglich, zu jedem Zeitpunkt den genauen Bestand am Lager nachzuprüfen.

### 6. Anlagenbuch

In dem Anlagenbuch werden die Bestände aller Anlagegegenstände sowie die jeweiligen Zu- und Abgänge notiert. Die Abschreibungen[37] werden ebenfalls dort erfasst.

### 7. Lohn- und Gehaltsbuch

Hier wird das Konto „Personalaufwendungen" detailliert dargestellt. Jeder Verwaltungsmitarbeiter wird in einem Lohn- und Gehaltskonto mit den dazu gehörigen Lohn- und Gehaltsbuchungen geführt.

### 8. Kassenbuch

Das Kassenbuch gibt Aufschluss über den Bestand der Barkasse. Alle baren Zahlungsvorgänge werden dort aufgenommen.

Generell gilt es zu beachten, dass der Begriff „Kasse" in der Doppik immer die Barkasse meint und nicht (wie in der kameralen Begriffswelt) eine Organisationseinheit, die Zahlungsgeschäfte abwickelt. Das Äquivalent des kameralen, organisatorisch geprägten Begriffs ist der kaufmännische Begriff der „Finanzbuchhaltung". Sie wickelt sowohl Buchungen als auch Zahlungen ab.

## 3.12    Konten und Bücher in EDV-Systemen

Die Darstellung in EDV-gestützten Systemen ist nicht mehr vergleichbar mit der klassischen Darstellung in Konten und Büchern. Allerdings sind die Grundlagen nach wie vor erkennbar.

Im Folgenden sind drei Praxisbeispiele wiedergegeben. Sie zeigen Buchungsmasken aus NKF-fähigen Softwarelösungen, die bei Modellkommunen im NKF-Projekt im Einsatz waren (Stand 2002). Die Kontonummern und -bezeichnungen entsprechen daher nicht dem aktuellen Kontenplan.

Die drei gezeigten Beispiele stehen stellvertretend für weitere geeignete Softwarelösungen anderer Hersteller, die gegenwärtig auf dem Markt sind. Zudem bereiten zahlreiche Firmen neue Produkte vor, die auf den Markt kommen werden, sobald die Gesetzgebungsverfahren in weiteren Ländern zeigen, bis wann die Kommunen jeweils auf die Doppik umsteigen können oder müssen.

---

[37]    Vgl. Kapitel C 3.6.2 „Abschreibungen".

166

Es war ein Grundsatz des NKF-Projekts, dass die fachlichen Konzepte unabhängig von einzelnen Softwareherstellern und deren Produkten erarbeitet werden. Gleichwohl ist von Anfang an darauf geachtet worden, dass sich das betriebswirtschaftliche Konzept des NKF generell softwaretechnisch realisieren lässt.

Das erste Beispiel zeigt eine Ertrags- und Einzahlungsbuchung mithilfe des Finanzsoftwareverfahrens KIRP[38] der Firma KIRP GmbH, wie es bei der Landeshauptstadt Düsseldorf im Einsatz ist.

Das Verfahren enthält die doppische Buchungslogik des NKF und integriert die Ertrags- und Finanzrechnung (s. Abb. 43). Es beinhaltet Verknüpfungen von Finanzmittelkonten und Finanzrechnungskonten. Letztere werden unmittelbar im doppischen Verbund bedient.

Neben der Möglichkeit der Berechnung von Skonti und Rabatten und Mitgabe einer Rechnungsart (z. B. Teil- oder Schlussrechnung) können sich Buchungen sowohl auf Vormerkungen der Aufwands- und Ertragskonten als auch auf solche der Ein- und Auszahlungskonten beziehen.

---

[38] Die Screenshots wurden freundlicherweise von der Kämmerei der Landeshauptstadt Düsseldorf übermittelt. KIRP sowie die entsprechenden Logos sind Marken oder eingetragene Marken. Informationen unter www.kirp.de.

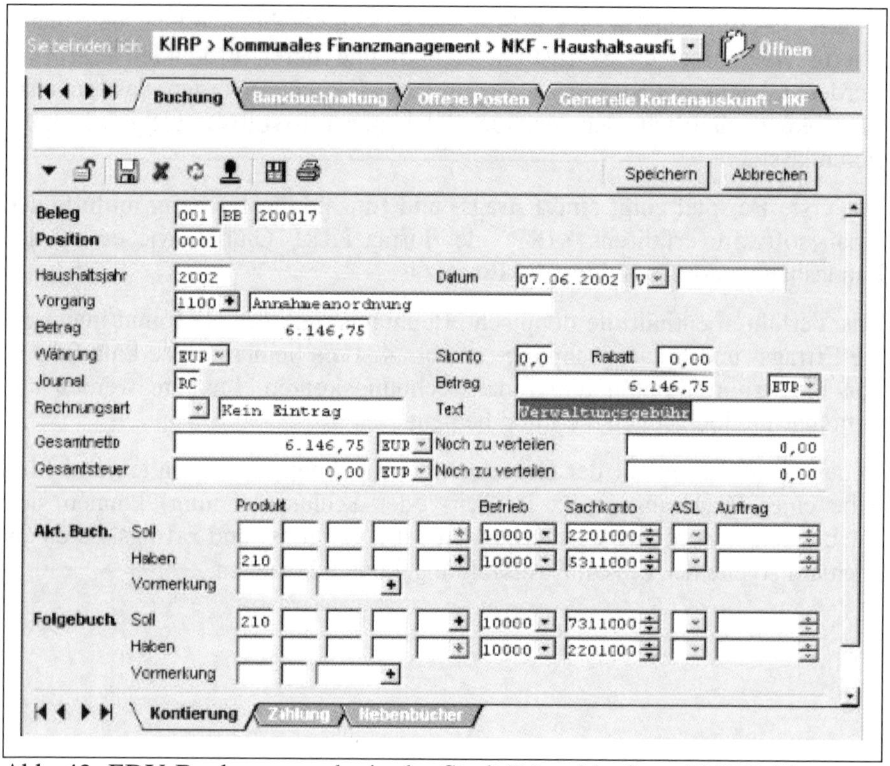

Abb. 43: EDV-Buchungsmaske in der Stadt Düsseldorf aus K-IRP (1)

Neben der Parallelität von Kameralistik und doppischem NKF ermöglicht K-IRP auch die Integration der Kosten- und Leistungsrechnung. Der Aufwand kann als Kosten in die Kostenrechnung – ggf. unter Mitgabe eines abweichenden Betrags – kontiert werden.

Weitere Verknüpfungen, z. B. in die Anlagenbuchhaltung oder die Materialwirtschaft, sind möglich (s. Abb. 44).

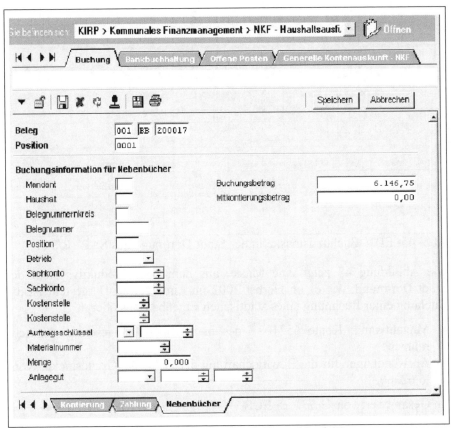

Abb. 44: EDV-Buchungsmaske in der Stadt Düsseldorf (2)

Die Stadt Dortmund setzt Software der Firma SAP®[39] ein. Sie basiert auf dem in der Privatwirtschaft verbreiteten Produkt R/3®, das in Modulen Lösungen für alle Komponenten des Rechnungswesens (Kostenrechnung, Controlling, Personalwesen), aber auch andere Aufgabenbereiche – beispielsweise Gebäudeverwaltung – beinhaltet.

---

[39] Die Screenshots wurden freundlicherweise von der Kämmerei der Stadt Dortmund übermittelt. SAP und alle Namen, die mit SAP Lösungen, Produkten und Services in Verbindung stehen, sind eingetragene Warenzeichen der SAP AG. Informationen unter www.sap-ag.de.

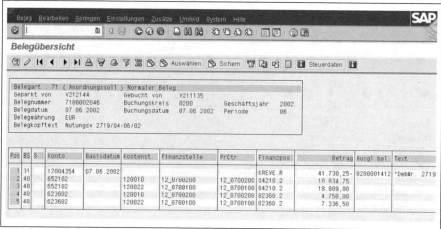

Abb. 45: EDV-Buchungsmaske in der Stadt Dortmund aus SAP® R/3 (1)

Die Abbildung 43 zeigt eine Maske aus dem NKF-Produktivsystem der Stadt Dortmund, wie es im Herbst 2002 im Einsatz war. Dargestellt ist die Buchung einer Rechnung eines städtischen Eigenbetriebs über

- Mietaufwand; Konto 652102[40] des in Dortmund eingesetzten Kontenrahmens
- Aufwendungen für die Bewirtschaftung der Gebäude, Grundstücke; Konto 623602[41]

im Gesamtwert von 41.730,25 EUR.

Der Mietaufwand und der Aufwand für die Bewirtschaftung teilen sich auf zwei Kostenstellen und zwei Produktbereiche (dargestellt durch die Finanzstelle/Profit-Center z. B. 12_0700200 Produktbereich 070, Produktgruppe 02) auf (Belegpositionen 2 bis 4).

Da es sich um einen zahlungsrelevanten Vorgang handelt, findet auch eine Buchung auf den Finanzpositionen (Spalte „Finanzpos.") statt. Diese stellen die Verbindung zur Finanzrechnung dar. Die Finanzrechnung wird integriert mitgebucht.

Soll und Haben werden anhand des Buchungsschlüssels (Spalte BS) festgelegt.

---

[40] Konto-Nr. Stand 2002.

[41] Konto-Nr. Stand 2002.

Abbildung 44 zeigt die Details der Belegposition 1: Die Buchung der gesamten Verbindlichkeit auf dem Kreditor integriert mit dem Verbindlichkeitskonto 441000.

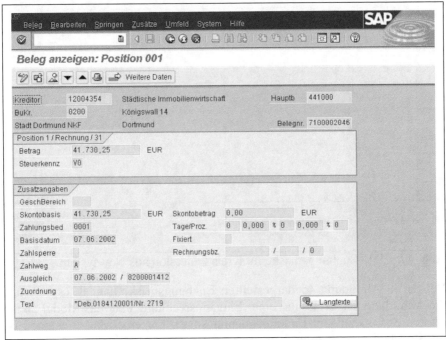

Abb. 46: EDV-Buchungsmaske der Stadt Dortmund (2)

Im Kreis Gütersloh wird NKF mit dem Produkt Newsystem Kommunal der Firma Infoma[42] eingesetzt.

---

[42] Der Screenshot wurde freundlicherweise von der Abteilung Steuerungsunterstützung des Kreises Gütersloh übermittelt. Infoma und Newsystem Kommunal sowie die entsprechenden Logos sind Marken oder eingetragene Marken der Infoma Software Consulting GmbH. Informationen unter www.infoma.de.

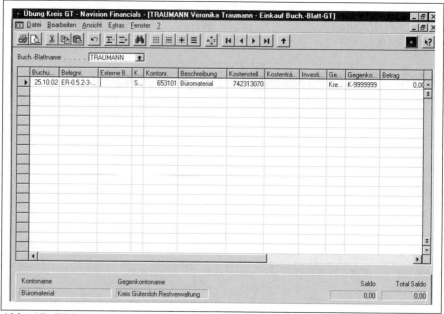

Abb. 47: EDV-Buchungsmaske im Kreis Gütersloh aus Newsystem

Bei der in Abbildung 45 dargestellten Buchungsmaske handelt es sich um die Abbildung der Erfassung einer Eingangsrechnung über das Modul „Kreditoren & Einkauf" im Einkaufsbuchungsblatt. Für eine Masseneingabe ist die Stapelerfassung vorgesehen.

Die einzelnen Spalten der Maske sind wie folgt belegt:

- **Belegnummer**
  Hier handelt es sich um die automatisch vom System vorgegebene Belegnummer, unter der auch der Originalbeleg abgelegt wird.

- **Externe Belegnummer**
  Die Belegnummer, die der Kreditor auf seiner Rechnung für diesen Vorgang vergeben hat, wird für den Zahlungsverkehr und Rückfragen benötigt.

- **Kontoart**
  Hier erfolgt die Auswahl der zu bebuchenden Kontoart. In diesem Fall handelt es sich um ein Sachkonto (Bestandskonto oder Konto der Ergebnisrechnung). Diese Auswahl beeinflusst die dann für die Spalte Konto hinterlegte Auswahl aus dem Kontenplan.

- **Konto**
  Über eine hinterlegte Kontenübersicht wird eine Auswahl des benötigten Kontos ermöglicht. Eine Direkteingabe ist ebenso möglich. Wenn der Betrag ohne Vorzeichen eingetragen wird, erscheint er auf dem Konto im Soll.

- **Investitionsnummer**
  Falls vorhanden, wird hier die Auswahl der betreffenden Investitionsmaßnahme vorgenommen.

- **Gegenkontoart**
  Hier wird die Art des Gegenkontos bestimmt (in diesem Fall handelt es sich um ein Kreditorenkonto), was die hinterlegte Auswahl der nächsten Spalte beeinflusst.

- **Gegenkonto**
  Es wird über die hinterlegte Auswahl an Kreditoren das benötigte Kreditorenkonto bestimmt, bei dem der Betrag im Haben erscheinen wird, wenn er in der folgenden Betragsspalte ohne Vorzeichen erfasst wird. Dem Kreditor ist ein Sammelkonto zugeordnet (beispielsweise „Verbindlichkeiten aus Lieferungen und Leistungen"), da es sich um eine Nebenbuchhaltung handelt und der Betrag auf einem Bilanzkonto des Gliederungspunktes Verbindlichkeiten ausgewiesen wird.

Es ist auch bei dieser Softwarelösung kein weiterer Arbeitsschritt erforderlich, um das Finanzrechnungskonto zu bebuchen. Jedem Sachkonto ist ein Finanzrechnungskonto zugeordnet, das bei Auszifferung des offenen Postens (also bei Zahlung durch den Zahlungsverkehr) automatisch bedient wird.

Als weiteres Softwareprodukt im Kreis der ehemaligen Modellkommunen ist DATEV bei der Stadt Brühl im Einsatz.

## 3.13   Belege und Belegbearbeitung

Zuerst wird jeder Beleg eines Geschäftsvorfalls mit einem Kontierungsstempel vorkontiert, wodurch die eigentliche Buchung im Grund- und Hauptbuch veranlasst wird. Dann werden die jeweiligen Konten sowie die Soll- und Habenbeträge eingetragen.

Nachdem die komplette Buchung im EDV-System vollzogen ist, wird auf dem Stempelfeld das Datum und der Name desjenigen vermerkt, der den Buchungsvorgang ausgeführt hat (s. Abb. 48).

| Konto | Soll | Haben |
|-------|------|-------|
| Verbindlichkeiten | 3.000,00 € | |
| Bank | | 2.500,00 € |
| Kasse | | 500,00 € |

**Datum:** 13.11.20XX    **Name:** N.-K. Finke

Abb. 48: Beispiel eines Kontierungsstempels

Diese Vorkontierung stellt organisatorisch eine mögliche Schnittstelle zwischen dezentralen und zentralen Prozessen der Finanzbuchhaltung dar: Die für die sachliche Prüfung und die Vorkontierung mit den wichtigen Informationen für die Doppik (einschließlich der Finanzrechnung), vor allem aber auch den Zusatzkontierungen für die Zuordnung zu Produkt, Kostenstelle/Kostenträger oder Auftrag kann häufig nur im Fachamt erfolgen. Die Buchung auf Basis der Vorkontierung hingegen kann auch in einer Finanzbuchhaltung zentralisiert durchgeführt werden.

# 4    Jahresabschlussarbeiten

## 4.1    Zeitliche Abgrenzung

Die zeitliche Abgrenzung ist notwendig, wenn der Aufwands- und Auszahlungszeitpunkt bzw. der Ertrags- und Einzahlungszeitpunkt in verschiedene Perioden fallen. In diesem Fall müssen zum Jahresabschluss die Aufwendungen und Erträge der Periode zugeordnet werden, in der sie angefallen sind. Dies erfordert eine „periodengerechte Abgrenzung" der Posten.

Als wesentliches Kriterium für die Entscheidung, ob eine Auszahlung als Aufwendung dem abgelaufenen Jahr oder dem Folgejahr zuzuordnen ist, wird der „wirtschaftliche Grund" gesehen. Hierbei wird geprüft, ob für Auszahlungen im abgelaufenen Jahr eine Gegenleistung empfangen wurde oder ob diese erst für künftige Perioden erwartet wird. Für die Zuordnung der Erträge gilt das Entsprechende.

Ziel ist es, den tatsächlichen Periodengewinn korrekt darzustellen. Die möglichen Fälle sind in Abb. 49 dargestellt.

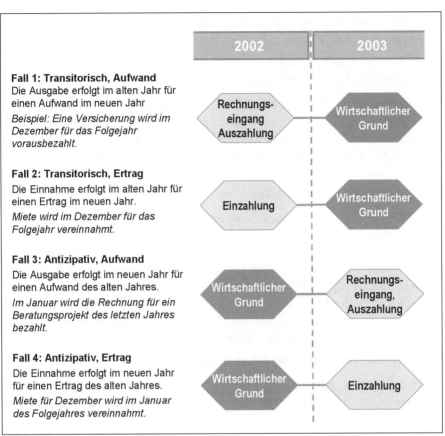

Abb. 49: Zeitliche Abgrenzung

Die vier Fälle werden buchungstechnisch wie folgt aufgeteilt:

- Transitorische (lat. hinübergehen) Posten:
  Diese teilen sich auf in
  - aktive Rechnungsabgrenzungsposten,
  - passive Rechnungsabgrenzungsposten.

Rechnungsabgrenzungsposten dürfen nur für transitorische Vorgänge gebildet werden. Sie sind dadurch charakterisiert, dass die Einzahlung oder Auszahlung in der Abrechnungsperiode erfolgt ist, der Ertrag bzw. Aufwand jedoch erst in der Folgeperiode entsteht.

175

- Antizipative (lat. vorwegnehmen) Posten:
  Diese teilen sich auf in

  – Sonstige Forderungen,
  – Sonstige Verbindlichkeiten.

  Antizipative Posten, bei denen der Aufwand bzw. Ertrag vor dem Abschlussstichtag, die Aus- bzw. Einzahlung aber nach dem Abschlussstichtag liegt, dürfen nicht unter den RAP erfasst werden, sondern müssen als sonstige Forderung oder sonstige Verbindlichkeiten ausgewiesen werden.

### 4.1.1 Transitorische Posten

Die Rechnungsabgrenzungsposten werden gebildet, um eine periodengerechte Erfolgsermittlung zu gewährleisten. Sie werden weder als Vermögen noch als Schulden interpretiert, sondern stehen neben diesen Positionen. Durch zeitliche und sachliche Abgrenzung werden in bestimmten Fällen Aufwendungen und Erträge aus dem aktuellen Geschäftsjahr herausgerechnet und anderen Geschäftsjahren zugerechnet. Es handelt sich um Vorgänge, die in der abzurechnenden Periode gebucht werden, deren Ergebnisbeitrag jedoch in einen anderen Abrechnungszeitraum gehört[43].

### 1. Aktive Rechnungsabgrenzungsposten (RAP)

Aktive Rechnungsabgrenzungsposten sind Auszahlungen vor dem Abschlussstichtag, wobei der Aufwand für eine bestimmte Zeit nach diesem Stichtag anfällt, z. B.

- Vorauszahlung von Miete und Pacht,
- Vorauszahlung von Versicherungsprämien und Verbandsbeiträgen,
- Vorauszahlung von Honorar und Schuldzinsen etc.

Aktive Rechnungsabgrenzungsposten werden im Zeitpunkt der Zahlung zunächst auf dem zugehörigen Aufwandskonto gebucht. Im Rahmen der Abschlussarbeiten erfolgt dann eine Korrekturbuchung auf dem aktiven Bestandskonto „Aktive Rechnungsabgrenzungsposten".

Die Kommune bezahlt Miete für Büroräume in Höhe von 18.000 EUR für ein Jahr im Voraus bereits am 1. August 01.

---

[43] In Anlehnung an § 250 HGB.

Die Zahlung am 1. August 01 wird wie folgt im Grundbuch gebucht:

| Buchungstext | Soll | Haben |
|---|---|---|
| *5421* Mietaufwendungen | 18.000,00 EUR | |
| an *1810* Bank | | 18.000,00 EUR |

Im Rahmen der Abschlussarbeiten des Jahres 01 wird wie folgt abgegrenzt:

| Buchungstext | Soll | Haben |
|---|---|---|
| *1990* sonst. Aktive RAP | 10.500,00 EUR | |
| an *5421* Mietaufwendungen | | 10.500,00 EUR |

Buchung im Hauptbuch:

| S | 1810 Bank | H |   | S | 5421 Mietaufwendungen | H |
|---|---|---|---|---|---|---|
| | 5421 | 18.000,00 | | 1810 | 18.000,00 \| 1990 | 10.500,00 |

| S | 1990 sonst Aktive RAP | H |
|---|---|---|
| 5421 | 10.500,00 \| SB | 10.500,00 |

Zu Beginn des Jahres 02 wird der Aktive RAP wieder aufgelöst:

| Buchungstext | Soll | Haben |
|---|---|---|
| *5421* Mietaufwendungen | 10.500,00 EUR | |
| an *1990* Aktive RAP | | 10.500,00 EUR |

| S | 1990 Aktive RAP | H |   | S | 5421 Mietaufwendungen | H |
|---|---|---|---|---|---|---|
| AB | 10.500,00 \| 5421 | 10.500,00 | | 1990 | 10.500,00 | |

Am 1. August der Rechnungsperiode 01 ist zunächst der gesamte Betrag als Auszahlung auf dem Bankkonto zu erfassen. Das Gegenkonto ist in dem Fall das Konto „Mietaufwendungen". Da sich dieser Aufwand jedoch über zwei Perioden erstreckt, muss zum Jahresende eine periodengerechte Abgrenzung vorgenommen werden. $^{7}/_{12}$ des Mietaufwands (= 10.500 EUR) fallen in das neue Jahr. Diese müssen zum Abschlussstichtag korrigiert und auf das Konto „Aktive RAP" umgebucht werden. Zu Beginn der neuen Periode ist dieser „Korrekturposten" wieder aufzulösen, um den Rest des Mietaufwands periodengerecht in das neue Jahr zu verbuchen.

In der Praxis können allerdings Vereinfachungen vorgenommen werden. Das gilt insbesondere für die Januargehälter der Beamten (Zahlung im Voraus).

177

Hier kann daher eine eigene Kontenart eingerichtet werden. Die Zahlung kann auch direkt auf aktive RAP gebucht werden.

## 2. Passive Rechnungsabgrenzung (RAP)

Auf der Passivseite werden Rechnungsabgrenzungsposten gebildet, wenn es sich um Einzahlungen vor dem Abschlussstichtag handelt, wobei die Erträge für eine bestimmte Zeit nach dem Abschlussstichtag entstehen.

Passive Rechnungsabgrenzungsposten werden im Zeitpunkt der Zahlung zunächst auf dem zugehörigen Ertragskonto gebucht. Im Rahmen der Abschlussarbeiten erfolgt dann eine Korrekturbuchung auf dem Konto „Passive Rechnungsabgrenzungsposten".

Beispiele für passive RAP sind in der Praxis selten anzutreffen, weil die Bürger nicht geneigt sind, im Voraus Zahlungen zu leisten. Für die Kommunen geläufiger ist, dass erhaltene konsumtive aperiodische Zuwendungen passivisch abgegrenzt werden müssen. Hierbei erfolgt die ausgewiesene Abgrenzung nur für den Betragsteil, der sich auf die Folgeperiode(n) bezieht[44].

Eine weitere für Kommunen typische Ausnahme ist bei der Friedhofsbewirtschaftung zu finden. Dort wird im Regelfall von den Bürgern eine Grabstätte gemietet, deren Mietzahlung für mehrere Jahre im Voraus zu tätigen ist. Die Mietzahlung wird auf die jeweiligen Jahre aufgesplittet, wobei der Teil der Zahlung für die Folgeperioden in den RAP eingestellt wird. Im Zeitverlauf werden diese Beträge dann anteilsmäßig erfolgswirksam aufgelöst.

> Ein Bürger erwirbt im Januar 01 die Nutzungsrechte an einer Familiengrabstelle (mit 4 Grabplätzen) der Kommune für die Dauer von 25 Jahren. Dazu wird im Vorfeld eine Gebühr von 5.000 EUR erhoben, für die am 5. Januar 01 der Bescheid verschickt wird. Am 15. Januar 01 überweist der Bürger den kompletten Betrag. Am Jahresende ist dieser auf die einzelnen Jahre abzugrenzen.

Bei Versendung des Gebührenbescheids am 5. Januar 01 muss wie folgt gebucht werden:

---

[44] Vgl. Modellprojekt „Doppischer Kommunalhaushalt in NRW" (Hrsg.), Kap. C 3 „Behandlung von Zuwendungen".

| Buchungstext | Soll | Haben |
|---|---|---|
| 1. *1621* Gebührenforderungen gg. Privat<br>an *4320* Benutzungsgebühren | 5.000,00 EUR | 5.000,00 EUR |

Bei Zahlungseingang am 15. Januar 01 wird die Forderung ausgebucht:

| Buchungstext | Soll | Haben |
|---|---|---|
| 2. *1810* Bank<br>an *1621* Gebührenforderungen gg. Privat | 5.000,00 EUR | 5.000,00 EUR |

Im Rahmen der Abschlussarbeiten des Jahres 01 wird wie folgt abgegrenzt:

| Buchungstext | Soll | Haben |
|---|---|---|
| 3. *4320* Benutzungsgebühren<br>an *3990* sonst. Passive RAP | 4.800,00 EUR | 4.800,00 EUR |

Buchung im Hauptbuch:

| S | 1621 Gebührenford. Privat | H | | S | 4320 Benutzungsgebühren | H |
|---|---|---|---|---|---|---|
| 1. 4320 | 5.000,00 | 2. 1810 | 5.000,00 | 3. 3990 | 4.800,00 | 1. 1621 | 5.000,00 |

| S | 1810 Bank | H | | S | 3990 sonst. Passive RAP | H |
|---|---|---|---|---|---|---|
| 2. 1621 | 5.000,00 | | | SB | 4.800,00 | 3. 1621 | 4.800,00 |

Zu Beginn des Jahres 02 wird der Passive RAP wieder aufgelöst:

| Buchungstext | Soll | Haben |
|---|---|---|
| *3990* Passive RAP<br>an *4320* Benutzungsgebühren | 4.800,00 EUR | 4.800,00 EUR |

| S | 3990 Passive RAP | H | | S | 4320 Benutzungsgebühren | H |
|---|---|---|---|---|---|---|
| 4320 | 4.800,00 | AB | 4.800,00 | | | 3990 | 4.800,00 |

In diesem Beispiel entsteht durch die Versendung des Gebührenbescheids gegenüber dem Bürger eine Forderung in Höhe von 5.000 EUR. Durch die anschließende Überweisung auf das Bankkonto erzielt die Kommune eine Einnahme in Höhe von 5.000 EUR, wobei sich der Ertrag nur zu $^1/_{25}$ (= 200 EUR) auf die derzeitige Abrechnungsperiode bezieht. Der Restbetrag von 4.800 EUR entspricht $^{24}/_{25}$ und ist am Jahresende abzugrenzen. In der Rechnungsperiode 02 wird der „Korrekturposten" wieder aufgelöst. Da sich dieser Restbetrag über einen Zeitraum von 25 Jahren erstreckt, müssen jeweils zum Jahresende Abgrenzungen für die Restdauer vorgenommen werden.

Nicht abgegrenzt werden üblicherweise geringfügige Beträge, deren Einfluss auf die Bilanz unerheblich ist. Vor allem wenn sie jährlich wiederkehren, wirkt sich eine derartige Verfahrensweise auf die Bilanz nur unwesentlich aus. Als Beispiel für einen i. d. R. betragsmäßig unbedeutenden Posten, für den eine zeitliche Abgrenzung nicht lohnenswert ist, kann das Zeitschriftenabonnement angeführt werden. Es empfiehlt sich im Vorfeld eine Abstimmung mit dem zuständigen Rechnungsprüfer, welche Fälle als unwesentlich anzusehen sind. Die Grabgebühren stellen die Haupteinnahmequelle des Produktbereichs „Friedhof" dar, sodass im Sinne der zutreffenden Periodisierung des Erfolgs eine passivische Abgrenzung geboten sein kann.

### 4.1.2 Antizipative Posten

Den antizipativen Posten werden Aufwendungen und Erträge der aktuellen Periode zugerechnet, wobei die Ausgaben bzw. Einnahmen erst in der Folgeperiode erfolgen. Hierbei sind die Aufwendungen und Erträge bereits ergebnisorientiert in der richtigen Periode verbucht. Durch periodenübergreifende Einnahmen bzw. Ausgaben werden zum Abrechnungsstichtag keine Rechnungsabgrenzungsposten benötigt. Es erfolgt lediglich eine zeitliche Abgrenzung auf den Konten „Sonstige Forderungen" bzw. „Sonstige Verbindlichkeiten".

### 1. Sonstige Forderungen

Erträge der laufenden Periode, bei denen die Einnahmen in der Folgeperiode erzielt werden, sind am Bilanzstichtag auf dem Konto „Sonstige Forderungen" in das alte Jahr zu verbuchen.

> Die Kommune erhält am 30. März 02 die Miete in Höhe von 9.000 EUR für das vergangene Dreivierteljahr.

Zum Jahresabschluss 01 wird wie folgt gebucht:

| Buchungstext | Soll | Haben |
|---|---|---|
| *1720* Privatrechtl. Forderungen gg. Private | 6.000,00 EUR | |
| an *4412* Mieten und Pachten | | 6.000,00 EUR |

Am 30. März 02 ist folgende Buchung vorzunehmen:

| Buchungstext | Soll | Haben |
|---|---|---|
| *1810* Bank | 9.000,00 EUR | |
| an *1720* Privatrechtl. Forderungen gg. Private | | 6.000,00 EUR |
| an *4412* Mieten und Pachten | | 3.000,00 EUR |

Buchung zum Jahresabschluss 01:

| S | 1720 Privatrechtl. Forderungen | H | | S | 4412 Mieten und Pachten | H |
|---|---|---|---|---|---|---|
| 4412 | 6.000,00 | SB | 6.000,00 | | 1720 | 6.000,00 |

Buchung am 30. März 02:

| S | 1720 Privatrechtl. Forderungen | H |
|---|---|---|
| AB | 6.000,00 | 1810 | 6.000,00 |

| S | 1810 Bank | H | | S | 4412 Mieten und Pachten | H |
|---|---|---|---|---|---|---|
| 4412/1720 | 9.000,00 | | | | 1810 | 3.000,00 |

Da sich die Miete auf ein dreiviertel Jahr bezieht, wovon 2/3 in das alte und 1/3 in das neue Jahr fallen, müssen diese Beträge zeitlich abgegrenzt werden. Von dem Gesamtertrag von 9.000 EUR fallen 3.000 EUR in das neue und 6.000 EUR in das alte Jahr, die auf dem Konto „Sonstige Forderungen" verlagert werden.

## 2. Sonstige Verbindlichkeiten

Aufwendungen der laufenden Periode, bei denen die Ausgabe in der Folgeperiode getätigt wird, sind am Bilanzstichtag auf dem Konto „Sonstige Verbindlichkeiten" zu verbuchen.

> Die Kommune zahlt die Miete für Büroräume in Höhe von 3.000 EUR für die Monate November 01, Dezember 01 und Januar 02 per Überweisung erst am 31. Januar 02.

Zum Jahresabschluss 01 wird wie folgt gebucht:

| Buchungstext | Soll | Haben |
|---|---|---|
| 5421 Mietaufwendungen | 2.000,00 EUR | |
| an 3790 Andere Sonst. Verbindlich-keiten | | 2.000,00 EUR |

Am 31. Januar 02 ist folgende Buchung vorzunehmen:

| Buchungstext | Soll | Haben |
|---|---|---|
| 5421 Mietaufwendungen | 1.000,00 EUR | |
| 3790 Andere Sonst. Verbindlichkeiten | 2.000,00 EUR | |
| an 1810 Bank | | 3.000,00 EUR |

Buchung zum Jahresabschluss 01:

| S | 3790 A. Sonstige Verbindlichkeiten | H | | S | 5421 Mietaufwendungen | H |
|---|---|---|---|---|---|---|
| SB | 2.000,00 | 5421 | 2.000,00 | 3790 | 2.000,00 | |

Buchung am 31. Januar 02:

| S | 3790 A. Sonstige Verbindlichkeiten | H |
|---|---|---|
| 1810 | 2.000,00 | AB | 2.000,00 |

| S | 1810 Bank | H | | S | 5421 Mietaufwendungen | H |
|---|---|---|---|---|---|---|
| | | 5421/3790 | 3.000,00 | 1810 | 1.000,00 | |

Die Miete ist für zwei Monate im alten und einen im neuen Jahr bezahlt worden. Dementsprechend werden zum Jahresabschluss 2.000 EUR über das Konto „Sonstige Verbindlichkeiten" in das alte Jahr gebucht. Die restlichen 1.000 EUR werden in der neuen Periode direkt vom Konto „Bank" abgebucht.

## 4.2 Rückstellungen

Rückstellungen werden auf der Passivseite für Verpflichtungen gebildet, die dem Grunde nach zu erwarten sind, wobei jedoch Höhe und Fälligkeitstermin noch ungewiss sind. Die Ausgaben dafür erfolgen erst in einer späteren Abrechnungsperiode. Daher müssen die Aufwendungen der Verursachungsperiode zugerechnet und zum Bilanzstichtag abgegrenzt werden.

Rückstellungen ähneln dem antizipativen Rechnungsabgrenzungsposten „Sonstige Verbindlichkeiten". Der Unterschied besteht darin, dass es sich um ungewisse Verbindlichkeiten handelt, die von den übrigen Verbindlichkeiten gesondert zu erfassen sind. Die Abgrenzung zum Abschlussstichtag dient jedoch, genau wie bei der Rechnungsabgrenzung, der periodengerechten Erfolgsermittlung.

Rückstellungen gehören nicht zum Eigenkapital. Sie sind dem Fremdkapital zuzuordnen und stellen eine Ergänzung zu den Verbindlichkeiten dar. Von diesen unterscheiden sich Rückstellungen durch ihre Unbestimmtheit.

Die Rückstellung wird am Bilanzstichtag wie folgt passiviert:

| Buchungstext | Soll | Haben |
|---|---|---|
| Aufwandskonto       an Rückstellungskonto | | |

Die einzige und maßgebliche handelsrechtliche Bewertungsvorschrift zur Höhe von Rückstellungen ist § 253 Abs. 1 Satz 2 HGB, wonach Rückstellungen nur in Höhe des Betrags anzusetzen sind, der nach vernünftiger kaufmännischer Beurteilung notwendig ist.

Das Haushaltsrecht wird eine vergleichbare Regelung vorsehen, die sich an dem Ziel orientiert, einen angemessenen Betrag gemäß der zu erwartenden Aufwendungen abzuschätzen.

**Auflösung von Rückstellungen**

Nach § 249 Abs. 3 Satz 2 HGB dürfen Rückstellungen nur dann aufgelöst werden, wenn der Grund hierfür entfallen ist. Somit ist eine willkürliche Auflösung ausgeschlossen.

Wird die Rückstellung mit der Buchung der Ausgabe aufgelöst, so können sich folgende drei Situationen ergeben:

a) Die Ausgabe entspricht dem Rückstellungsbetrag:
   Die Rückstellung wird vollständig mit der Ausgabenbuchung aufgelöst.

b) Die Ausgabe ist höher als der Rückstellungsbetrag:
   Durch die erhöhte Ausgabe in der Folgeperiode entsteht ein zusätzlicher Aufwand, der in eine vergangene Periode gehört. Die Differenz zwischen Rückstellung und Ausgabe ist auf dem sachlich zutreffenden Aufwandskonto zu erfassen.

c) Die Ausgabe ist niedriger als der Rückstellungsbetrag:
Da eine höhere Rückstellung getätigt worden ist als letztendlich gebraucht wurde, wird die Differenz auf dem Ertragskonto „4500 sonstige ordentliche Erträge" verbucht.

Für den Zeitpunkt der Auflösung der Rückstellung muss eine ausreichende Liquidität in der Finanzplanung berücksichtigt werden.

> Am 13. Dezember 01 ist ein Hochwasserschaden am Verwaltungsgebäude entstanden. Die Kommune Neu-Kirchen, Friesland, holt einen Kostenvoranschlag ein, der sich über 10.000 EUR beläuft. Aufgrund der Witterung soll die Reparatur erst Anfang Februar 02 durchgeführt werden.
>
> a) Nach der Durchführung geht am 19. Februar 02 eine Rechnung über 10.000 EUR bei der Kommune ein.
>
> b) Nach der Durchführung geht am 19. Februar 02 eine Rechnung über 10.500 EUR bei der Kommune ein.
>
> c) Nach der Durchführung geht am 19. Februar 02 eine Rechnung über 9.500 EUR bei der Kommune ein.

Buchung am Bilanzstichtag:

| Buchungstext | Soll | Haben |
|---|---|---|
| *5231* Aufwendungen für Unterhaltung der Gebäude | 10.000,00 EUR | |
| an *2710* Instandhaltungsrückstellung | | 10.000,00 EUR |

a) Buchung am 19. Februar 02 (Rückstellung = Ausgabe)

| Buchungstext | Soll | Haben |
|---|---|---|
| *2710* Instandhaltungsrückstellung | 10.000,00 EUR | |
| an *1810* Bank | | 10.000,00 EUR |

b) Buchung am 19. Februar 02 (Rückstellung < Ausgabe)

| Buchungstext | Soll | Haben |
|---|---|---|
| *2710* Instandhaltungsrückstellung | 10.000,00 EUR | |
| *5231* Aufwendungen für Unterhaltung der | | |
| Gebäude | 500,00 EUR | |
| an *1810* Bank | | 10.500,00 EUR |

c) Buchung am 19. Februar 02 (Rückstellung > Ausgabe)

| Buchungstext | Soll | Haben |
|---|---|---|
| *2710* Instandhaltungsrückstellung | 10.000,00 EUR | |
| an *1810* Bank | | 9.500,00 EUR |
| *4500* Sonstige ordentliche Erträge | | 500,00 EUR |

Buchung im Hauptbuch:

Am Bilanzstichtag:

| S 5231 Aufw. f. Unterh. d. Gebäude H | | | S 2710 Instandhaltungsrückstellung H | | |
|---|---|---|---|---|---|
| 2710 | 10.000,00 | Ergebnis-rechnung 10.000,00 | SB | 10.000,00 | 5231 10.000,00 |

a) Rückstellung = Ausgabe

| S 2710 Instandhaltungsrückstellung H | | | S 1810 Bank H | | |
|---|---|---|---|---|---|
| 1810 | 10.000,00 | AB 10.000,00 | AB | ... | 2710 10.000,00 |

b) Rückstellung < Ausgabe

| S 2710 Instandhaltungsrückstellung H | | | S 1810 Bank H | | |
|---|---|---|---|---|---|
| 1810 | 10.000,00 | AB 10.000,00 | AB | ... | 2710/5231 10.500,00 |

| S 5231 Aufw. f. Unterh. d. Gebäude H | |
|---|---|
| 1810 | 500,00 |

c) Rückstellung > Ausgabe

| S 2710 Instandhaltungsrückstellung H | | | S 1810 Bank H | | |
|---|---|---|---|---|---|
| 1810/4500 | 10.000,00 | AB 10.000,00 | AB | ... | 2710 9.500,00 |

| S 4500 sonst. ord. Erträge H | |
|---|---|
| | 2710 500,00 |

185

In Anlehnung an § 249 HGB können grundsätzlich drei Arten von Rückstellungen unterschieden werden:

- Rückstellungen für ungewisse Verbindlichkeiten (mit Schuld- bzw. Verpflichtungscharakter),
- Rückstellungen für drohende Verluste (im Gemeindehaushaltsrecht voraussichtlich als „ungeplante Aufwendungen" bezeichnet) aus schwebenden Geschäften (zeitversetzter Schuld- bzw. Verpflichtungscharakter) und
- Aufwandsrückstellungen (ohne Verpflichtungscharakter).

Die grundlegende Unterscheidung von Rückstellungen orientiert sich an ihrem Verpflichtungs- bzw. Aufwandscharakter und wird durch Abb. 50 verdeutlicht.

Nach § 249 Abs. 3 Satz 1 HGB dürfen für andere als die in den vorhergehenden Absätzen dieser Vorschrift genannten Zwecke keine Rückstellungen gebildet werden.

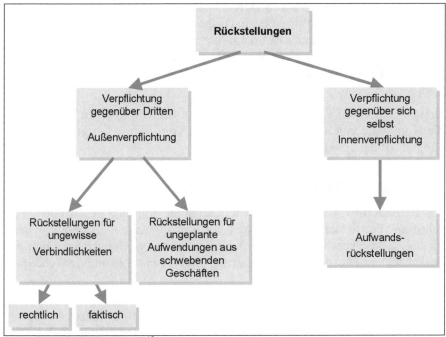

Abb. 50: Rückstellungen[45]

**Ausweis der Rückstellungen in der kommunalen Bilanz**

Der Bilanzbereich „Rückstellungen" in der kommunalen Bilanz gliedert sich wie folgt:

- Pensionsrückstellungen
- Rückstellungen für die Rekultivierung und Nachsorge von Deponien
- Aufwandsrückstellungen
- Sonstige Rückstellungen

## 4.2.1 Pensionsrückstellungen

Pensionsverpflichtungen entstehen vor allem durch beamtenrechtliche Bestimmungen. Die entsprechenden Rückstellungen sind die bilanzielle Darstellung der Verpflichtung zur Leistung zukünftig wahrscheinlich anfallender Pensionszahlungen und ähnlicher Versorgungsleistungen. Um den

---

[45] Vgl. Modellprojekt „Doppischer Kommunalhaushalt in NRW" (Hrsg.), S. 258.

Grundsatz der intergenerativen Gerechtigkeit[46] zu wahren ist es notwendig, den Aufwand für zukünftige Pensionszahlungen bei der Entstehung des Anspruchs zu verbuchen und nicht dann, wenn die eigentliche Zahlung getätigt wird. So wird das Ergebnis in dem Zeitraum geschmälert, in dem das Personal in der Kommune tätig ist und der Anspruch auf Pensionszahlungen entsteht.

Diese Position der Rückstellung ist aufgrund der langfristigen Wirkung für die Kommune von hoher Bedeutung, da sie vom Betrag her große Auswirkungen auf das Ergebnis hat.

### 4.2.2 Rückstellung für kommunale Deponien

Als Betreiberin von Deponien ist die Kommune aufgrund gesetzlicher Vorschriften verpflichtet, nach Erreichen der Verfüllmenge die Deponie wieder in das Landschaftsbild einzufügen und schädlichen Umweltauswirkungen vorzubeugen. Für diese Rekultivierung und Nachsorge müssen ebenfalls Rückstellungen gebildet werden.

> Nach der Fertigstellung einer Deponie wird geschätzt, dass diese über 20 Jahre betrieben wird. Die danach anfallenden Rekultivierungs- und Nachsorgemaßnahmen werden unter Berücksichtigung der Preisentwicklung auf 500.000 EUR geschätzt, wobei die genaue Höhe ungewiss ist. Um den Aufwand periodengerecht zuzuordnen, muss am Ende jeder Rechnungsperiode eine Rückstellung gebildet werden.

Ginge man von einem Verfüllmengenanteil von ca. 5 % pro Nutzungsjahr aus, müsste am Ende jeder Periode ein Aufwand von 5 % in die Ergebnisrechnung einfließen, um eine periodengerechte Verteilung zu gewährleisten. Die Höhe der zu bilanzierenden Rückstellung würde somit jährlich 25.000 EUR betragen. Jedes Jahr wird anhand des tatsächlichen Verfüllmengenanteils die Rückstellung gebildet. Für den Ergebnisplan wird der Verfüllmengenanteil für die Folgeperiode geschätzt, woraus sich die Höhe der Rückstellung ergibt.

---

[46] Vgl. GoB-K, Kapitel C 1.

## 4.2.3 Rückstellungen für unterlassene Instandhaltung

Instandhaltung bezeichnet wiederkehrende Maßnahmen zur Instandsetzung, Wartung und Inspektion von Vermögensgegenständen des Anlagevermögens sowie Verschleißbeseitigung oder -hemmung (§ 36 Abs. 3 GemHVO NRW, vgl. auch § 249 Abs. 1 HGB).

Aufgrund der kommunalen Vermögensstruktur mit dem Schwerpunkt „Gebäudevermögen" im Sachanlagebereich kommt dem Passivposten „Rückstellungen für unterlassene Instandhaltung" eine besondere Bedeutung zu.

Rückstellungen für unterlassene Instandhaltung dürfen nur für Maßnahmen gebildet werden, durch die der Wert des Vermögensgegenstands nicht erhöht wird. Alle wertverbessernden Maßnahmen müssen aktiviert werden. Diese Rückstellungsbildung setzt voraus, dass die Instandhaltungsmaßnahmen in einem Instandhaltungsplan aufgeführt sind und innerhalb einer festgesetzten Frist tatsächlich nachgeholt werden sollen und können. Anders als das HGB will das Gemeindehaushaltsrecht hier eine Nachholung in der mittleren Frist zulassen (bis zu fünf Jahre), in der handelsrechtlichen Bilanzierung würden regelmäßig sechs Monate als Zeitraum angesehen.

Es gilt zu beachten, dass nicht die Tatsache des Unterhaltungsstaus Anlass für die Rückstellung ist. Zurückgestellt wird vielmehr für die konkrete Absicht, die unterlassene Instandhaltung tatsächlich nachzuholen. In der Praxis können zwischen diesen beiden Tatbeständen erhebliche Unterschiede im jeweils in Rede stehenden Betrag liegen.

Für Instandhaltungsstaus, deren Behebung zeitlich nicht konkret geplant oder deren Finanzierung nicht gesichert ist, dürfen keine Rückstellungen gebildet werden[47].

---

[47] Allerdings können Fälle konstruiert werden, in denen die Unterlassung von Instandhaltungen später zu einem außerordentlichen Abschreibungsaufwand führt. Ferner ist zu beachten, dass der Unterhaltungsstau, der im Jahr des Wechsels von der Kameralistik zur Doppik besteht, in der Eröffnungsbilanz durch niedrigere (Gebäude-)Werte berücksichtigt wird.

> Im Rahmen der Instandhaltungsplanung ist für das Jahr 01 die Renovierung des Treppenhauses eines Verwaltungsgebäudes vorgesehen, die im Oktober vorgenommen werden soll. Bevor die dafür vorgesehenen Arbeiten beginnen, werden die Mittel gesperrt. Der Termin wird auf April 02 verschoben.

Für die Renovierung im Folgejahr kann die Kommune daher eine Instandhaltungsrückstellung in Höhe der vorgesehenen Renovierungskosten bilden.

### 4.2.4 Rückstellungen für drohende Verluste aus schwebenden Geschäften

Schwebende Geschäfte sind zweiseitige Verträge, bei denen noch kein Vertragspartner den gegenseitigen Vertrag erfüllt hat. Diese schwebenden Geschäfte werden mangels Realisierung buchungsmäßig nicht erfasst. Besteht jedoch am Bilanzstichtag die Annahme, dass sich aus dem Vertragsschluss ungeplante Aufwendungen (Verluste) ergeben werden, so ist aufgrund des Vorsichtsprinzips eine Rückstellung in Höhe des geschätzten Aufwands zu bilden (vgl. § 38 Abs. 5 GemHVO NRW).

Der Ansatz dieser aus der Privatwirtschaft bekannten Rückstellung wird im kommunalen Bereich jedoch eher selten sein.

### 4.2.5 Rückstellungen für andere ungewisse Verbindlichkeiten

Der Begriff „ungewiss" beinhaltet, dass zumindest einer der drei charakteristischen Faktoren einer Verbindlichkeit, eine

- dem Grunde,
- der Höhe oder
- der Fälligkeit

nach feststehende Schuld, zum Zeitpunkt der Bilanzierung noch nicht genau bekannt ist (vgl. § 36 Abs. 4 GemHVO NRW).

Im Fall einer ungewissen Verbindlichkeit, die nicht zu einer der oben stehenden Rückstellungsarten zuzuordnen ist, muss ebenfalls eine Rückstellung bilanziert werden.

Die Kommune Neu-Kirchen, Friesland, beschließt Anfang des Jahres 01 eine Gebührensatzung und erstellt auf dieser Grundlage die entsprechenden Gebührenbescheide. Im Verlauf des ersten Quartals des Jahres 01 wird eine Gerichtsentscheidung bekannt, nach der erhebliche Kostenelemente der beschlossenen Gebührensatzung bei einer anderen Kommune in einem ähnlich gelagerten Fall nicht berücksichtigt werden durften. Die Kommune entschließt sich dennoch, die Gebührensatzung und Gebührenbescheide nicht aufzuheben bzw. zu ändern und den Rechtsweg auszuschöpfen. Sämtliche Gebührenzahlungen erfolgen weiterhin auf der Grundlage der anfänglich versendeten Gebührenbescheide.

Durch den ähnlich gelagerten Fall ist es wahrscheinlich, dass die Kommune zu einer Gebührenrückerstattung verpflichtet wird. Höhe und Zeitpunkt der möglichen Erstattungsverpflichtung stehen jedoch nicht genau fest. Sie richten sich nach der Anzahl der Widersprüche und nach dem Zeitpunkt der Gerichtsentscheidung.

Die Kommune hat eine Rückstellung in der Höhe der Erstattungsverpflichtung zu bilanzieren, mit der sie nach derzeitigem Sachstand bei einem Gerichtsurteil rechnen müsste.

## 4.3 Allgemeine Rücklage

Die allgemeine Rücklage gehört im Gegensatz zu den Rückstellungen zum Eigenkapital.

Sie stellt den Kern des Eigenkapitals dar. In anderen zurzeit bundesweit diskutierten Doppikkonzepten wird sie auch als „Nettoposition" oder „Netto-Reinvermögen" bezeichnet. Grundsätzlich wird ein Jahresüberschuss zunächst getrennt von der Rücklage ausgewiesen. Mit dem Beschluss der Gemeindevertretung/des Rates über den Jahresabschluss und die Entlastung des Bürgermeisters soll auch ein Beschluss über die Verwendung des Jahresergebnisses gefällt werden. Ein Überschuss kann der allgemeinen Rücklage oder der Ausgleichsrücklage zugeführt werden. Wie in Kapitel B 3.4 bereits erläutert, gibt es im NKF die Möglichkeit, positive Ergebnisse in einer Ausgleichsrücklage „anzusammeln". Dies erlaubt in späteren Jahren eine Verrechnung mit Jahresfehlbeträgen, was im Grundsatz bei der allgemeinen Rücklage nicht erfolgen soll.

Neben der allgemeinen Rücklage und der Ausgleichsrücklage gibt es zweckgebundene Sonderrücklagen. Diese kommen beispielsweise für den Ausgleich von Gebührenhaushalten vor.

Die bilanzielle Rücklage darf nicht mit der kameralen Rücklage gleichgesetzt werden. In der Kameralistik dient die (Mindest-)Rücklage dazu, die Zahlungsfähigkeit in Form von liquiden Mitteln zu sichern. Diese Interpretation darf nicht auf die bilanzielle Rücklage angewandt werden. Sie gehört zum Eigenkapital.

Die Rücklage wird nicht durch einen bestimmten Gegenposten auf der Aktivseite widergespiegelt, sondern vielmehr durch die Gesamtheit des Vermögens abgedeckt (vgl. auch Kapitel B 1). Insofern liegt sie nicht als Bankguthaben vor und kann nicht „ausgegeben" werden.

# D  Konzernrechnungslegung

**Auf einen Blick:**

⇒ Es ist ein wesentliches Ziel der Einführung der Doppik, die Basis für einen Konzernabschluss der Kommune zu schaffen. Dadurch kann Transparenz über die tatsächliche wirtschaftliche Lage unter Einschluss von Betrieben und Gesellschaften zurückgewonnen werden.

⇒ Die Regelungen für die Durchführung der Konsolidierung, also dem Zusammenfassen der Abschlüsse der Kernverwaltung als Konzernmutter mit denen ihrer Töchter, können im Wesentlichen aus dem Handelsrecht entlehnt werden.

# 1  Ziel

Ein wesentliches Ziel der Einführung des doppischen Rechnungswesens in Kommunen ist die Rückgewinnung des Überblicks und der Steuerungsmöglichkeiten über den „Konzern Kommune". Durch die Erstellung eines Konzernabschlusses mit einer Konzernbilanz und der Berechnung eines Konzernergebnisses kann die wirtschaftliche Lage zutreffend dargestellt und im Zeitablauf verfolgt werden. Im Gemeindehaushaltsrecht heißt der Konzernabschluss „Gesamtabschluss".

Die unterschiedlichen Rechnungssysteme bei der Kommune als Konzernmutter und der Beteiligungsgesellschaft oder dem Eigenbetrieb führten dazu, dass eine „buchungstechnische Geldvermehrung" möglich war.

Eine kameral rechnende Kommune gründet eine „Eigengesellschaft Gebäudewirtschaft mbH" als 100 %-ige Tochter. Dieser werden Bürogebäude der Verwaltung für 10 Mio. EUR verkauft; zur Finanzierung nimmt die Gesellschaft einen Kredit in gleicher Höhe auf. In der Kommune wird der Verkaufserlös im Vermögenshaushalt vereinnahmt und als Ersatzdeckungsmittel in den Verwaltungshaushalt transferiert. Die Gesellschaft bilanziert das erworbene Vermögen mit 10 Mio. EUR und die Schulden in Höhe von 10 Mio. EUR. Die Bilanz der Gesellschaft ist ausgeglichen; sie würde zutreffend ein Eigenkapital von Null ausweisen. Da der Abgang des Vermögens bei der Kommune jedoch im kameralen Haushalt nicht erfasst wird, steht die Kommune nach dem Geschäft durch die Vereinnahmung des Verkaufserlöses um 10 Mio. EUR besser dar als zuvor. Das „Innengeschäft" hat den Konzern Kommune scheinbar um 10 Mio. EUR „reicher" gemacht.

Statt eines Kaufpreises, den die Kommune erhält, kann sie durch die neue Gesellschaft auch von Schulden entlastet werden. Ein solches Geschäft folgt ebenfalls den oben beschriebenen Regeln.

In einem geschlossenen System der doppischen Konzernrechnungslegung ist es nicht mehr möglich, den Kernhaushalt durch solche Transaktionen zu entlasten. In der Kommune würde durch den Verkauf ein Aktivtausch in der Bilanz stattfinden. Das Anlagevermögen sinkt um den Buchwert der Immobilie von 10 Mio. EUR, der Finanzmittelbestand steigt um denselben Betrag durch den Verkaufserlös. Das Eigenkapital und der Saldo der Ergebnisrechnung bleiben unverändert. Der Kernhaushalt stände zutreffenderweise nicht besser da als vor der Transaktion. Die Gesellschaft bilanziert unverändert Vermögen und Schulden.

In dem Konzernabschluss des betreffenden Jahres werden die Vermögenswerte und Schulden der Mutter und der Tochter in einer Konzernbilanz zusammengefasst. Der Verkaufserlös der Mutter und die Kreditaufnahme der Tochter gleichen sich auf der Aktivseite und der Passivseite der Konzernbilanz aus. Das „Gesamtsystem Konzern" steht nach dem Geschäft hinsichtlich des Eigenkapitals und des Jahresergebnisses unverändert da. Sichtbar wird, dass die Schulden und das Bankguthaben um jeweils 10 Mio. EUR gestiegen sind.

Ein anderes Beispiel: Eine Gebietskörperschaft sagt einem Unternehmen Subventionen zu, die das Unternehmen der öffentlichen Hand anschließend stundet. Das Unternehmen hat den Ertrag und eine Forderung sofort in den Büchern. Der aktuelle Haushalt ist mangels Geldfluss noch nicht belastet (wohl aber sind künftige Haushalte vorbelastet).

Neben der Transparenz gibt es weitere Vorteile, von denen hier nur einer am Rande erwähnt werden soll. Es kann durch eine einheitliche Konzernrechnungslegung einer übermäßigen Tendenz zur Auslagerung von Organisationseinheiten insofern begegnet werden, als dass das Argument der kaufmännischen Buchführung als Vorteil der neuen Rechtsform entfällt. Auch die nochmals erweiterte Flexibilität in der Bewirtschaftung kann genutzt werden, um eine eigenbetriebsähnliche Wirtschaftsführung in Aufgabenbereichen der Kernverwaltung zu ermöglichen.

# 2 Gesamtabschluss

Wesentliches Element der Konzernrechnungslegung ist der Gesamtabschluss, der eine Ergebnisrechnung, eine Bilanz und einen Anhang für den Konzern beinhaltet (s. § 49 ff. GemHVO NRW). Neben den konsolidierten Konzernabschluss tritt der bereits aus der kameralen Gemeindeordnung bekannte Beteiligungsbericht. Während der Gesamtabschluss die wirtschaftliche Einheit Konzern als Ganzes abbildet, kann der Beteiligungsbericht weiterhin Aufschluss über die Ziele und die Lage der einzelnen Töchter geben.

Im NKF-Modellprojekt wurde für diese Elemente der Begriff des „Konzernberichts" geprägt.

Abb. 51: Inhalt Konzernbericht

Das Konzept des NKF ist hinsichtlich der Regeln für die Konsolidierung eng an das HGB angelehnt:

- Ein Konzernabschluss wird aufzustellen sein, wenn die anteiligen Verbindlichkeiten der Töchter einer Kommune höher sind als 20 % der Verbindlichkeiten der Mutter. Anteilige Verbindlichkeiten bedeutet hierbei: Bei einer Gesellschaft, an der die Kommune zu 50 % beteiligt ist, sind auch 50 % der Verbindlichkeiten anzusetzen. Daneben wird es mit der Bilanzsumme voraussichtlich ein weiteres Kriterium geben, das Untergrenzen für die Pflicht zum Konzernabschluss beschreibt.
- Der Konzernabschluss wird eine Konzernbilanz, eine Konzernergebnisrechnung sowie einen Anhang enthalten. Ergänzt wird er um einen Lagebericht, der die wirtschaftlichen Perspektiven beschreibt.
- Zum Konsolidierungskreis werden die Gesellschaften gehören, die unter einer einheitlichen Leitung stehen oder für die eine rechtliche oder faktische Beherrschungsmöglichkeit durch die Kommune gegeben ist.
- Der Konzern legt grundsätzlich einheitlich nach den Vorschriften der Mutter Rechnung. Ansatz und Bewertung wären also nach den hier vor-

gestellten Regeln für Kommunen vorzunehmen. Praxiserfahrungen mit der Konsolidierung nach dem NKF liegen noch nicht vor. Bei der Beurteilung der Notwendigkeit von Umbewertungen und ähnliche Überleitungen wird man sich auch an der Wesentlichkeit für die Darstellung eines zutreffenden Bildes der Vermögens-, Finanz- und Ertragslage des Kozerns leiten lassen müssen.

- Es gilt auch für die Konzernrechnungslegung der Grundsatz der Wesentlichkeit und der Wirtschaftlichkeit des Rechnungswesens. Unwesentliches muss beispielsweise bei der Festlegung des Konsolidierungskreises nicht einbezogen werden (vgl. Abb. 52).
- Die in §§ 290 ff. HGB zugelassenen Konsolidierungsmethoden werden auch auf Kommunen Anwendung finden. Danach ist – je nach Art und Umfang der Beteiligung – eine Voll-, Quoten- oder Equitykonsolidierung bzw. alternativ ein Ausweis als Beteiligung vorzunehmen. Wahlrechte hat das kommunale Haushaltsrecht wie bei allen anderen am handelsrechtlichen Standard orientierten Regelungen teilweise ausgeräumt, bei der Equitykonsolidierung ist beispielsweise nur die Kapitalanteilsmethode zulässig.
- Die wesentlichen Schritte der Konsolidierung sind
  - zunächst die Erstellung einer „Handelsbilanz II" sowie einer „Gewinn- und Verlustrechnung II" nach den Regeln des doppischen Gemeindehaushaltsrechts in den Beteiligungsgesellschaften,
  - die Zusammenfassung aller Bilanzen und Gewinn- und Verlustrechnungen („Summenbilanz") und schließlich
  - die Kapitalkonsolidierung, die Schuldenkonsolidierung, die Zwischenergebniseliminierung sowie die Aufwands- und Ertragskonsolidierung.

Einen Unterschied in den Begriffen zum HGB wird es bei der Bestimmung des Konsolidierungskreises geben. Kommunen nutzen besondere öffentlich-rechtliche Rechtsformen, die es in privatwirtschaftlichen Konzernen nicht gibt. Hierbei handelt es sich teilweise nicht um Gesellschaften, sondern um Anstalten oder auch Verbände. Daher spricht das NKF allgemein von „Tochterorganisationen".

Abb. 52: Tochterorganisationen

Die Erstellung eines Konzernabschlusses stellt an die Kämmereien bzw. Beteiligungsverwaltungen der Kernverwaltungen neue und fachlich anspruchsvolle Herausforderungen. Sie werden den Prozess organisieren und steuern müssen.

Gleichzeitig ist die politische Steuerung einer Gemeinde gefordert, die Mitarbeit der Beteiligungsunternehmen (z. B. die Anwendung konzerneinheitlicher Kontenrahmen oder die fristgerechte Zulieferung von entsprechend aufbereiteten Jahresabschlüssen) sicherzustellen. Das Gemeindehaushaltsrecht kann diesen anfangs sicherlich schwierigen Prozess durch die unmissverständliche Formulierung von entsprechenden gesetzlichen Pflichten auf Seiten der Kommune hinsichtlich des Ergebnisses unterstützen.

# E Doppische Eröffnungsbilanz – Die erste Bilanz einer Kommune

**Auf einen Blick:**

⇒ Die erste Bilanz einer Kommune wird hinsichtlich der Erfassung und Bewertung des Vermögens besonderen Regeln folgen. Dies ist u. a. notwendig, um den Aufwand handhabbar zu machen.

⇒ Befürchtungen, mit Aufstellung der ersten Bilanz seien alle Kommunen „pleite", sind übertrieben. Die in der Vergangenheit entstandenen Verpflichtungen (beispielsweise für Pensionen) müssen nicht in den Folgejahren „erwirtschaftet" werden. Ihre Höhe wird durch die Eröffnungsbilanz lediglich festgestellt und allen vorhandenen Vermögensgegenständen (Grundstücken, Immobilien) gegenübergestellt.

⇒ Es ist im Rahmen der Regeln kaum möglich, die Eröffnungsbilanz gezielt so zu gestalten, dass ein „gewünschtes Ergebnis" erreicht wird. Ferner hat jede bewusste Gestaltung auch Nachteile, da vorhandene Belastungen letztlich nur verschoben werden können.

## 1 Sonderregelungen für die Eröffnungsbilanz

Zum 1. Januar des Jahres, in dem die Haushaltswirtschaft einer Gemeinde erstmals doppisch geführt werden soll, ist eine Eröffnungsbilanz aufzustellen.

Es gibt für die Erstellung der Eröffnungsbilanz in Nordrhein-Westfalen gesonderte Regelungen, die von der laufenden Bilanzierung abweichen. Diese sind im achten Abschnitt der GemHVO zusammengefasst. Fristen, prozessuale Regelungen und Überleitungsvorschriften finden sich zudem in dem gesonderten Gesetz zur Einführung des Neuen Kommunalen Finanzmanagements für Gemeinden im Land Nordrhein-Westfalen (NKF Einführungsgesetz NRW – NKFEG NRW).

Diese können vor allem auf drei Gebieten liegen:

- Für die Eröffnungsbilanz werden besondere Vereinfachungen bei der Erfassung und Bewertung des Vermögens zugelassen, um die Umstellung zu erleichtern (§ 56 GemHVO NRW).
- Die Erfahrung der Privatwirtschaft mit Eröffnungsbilanzen zeigt, dass Lücken oder Fehler im Laufe des Buchungsgeschäfts der ersten Monate bzw. beim ersten Jahresabschluss erkannt werden. Daher ist es auch im Handelsrecht zugelassen, die Ansätze aus der Eröffnungsbilanz in späteren Bilanzen zu korrigieren[48]. Diese Korrekturen erfolgen erfolgsneutral. Stellt sich heraus, dass ein Vermögensgegenstand in der Eröffnungsbilanz mit einem zu hohen Wert angesetzt war, so wird dies in der folgenden Bilanz korrigiert, ohne dass ein entsprechender Abschreibungsaufwand die Ergebnisrechnung belastet. Abgewickelt werden diese Korrekturen durch eine Verrechnung mit der Rücklage. Im Anhang sind entsprechende Vorgänge zu erläutern. Die Korrektur erfolgt nur in der aufzustellenden Bilanz; die zurückliegenden Bilanzen werden nachträglich nicht mehr korrigiert. Die Korrekturen sind nur innerhalb eines begrenzten Zeitraums von vier Jahren zulässig (§ 57 GemHVO NRW).
- Die Bewertung von Vermögen in der Eröffnungsbilanz wird abweichend von der später durchzuführenden Bewertung geregelt. Nur die im laufenden Buchungsbetrieb hinzukommenden Vermögensgegenstände sind entsprechend den Ausführungen in B 3.3.2 „Bewertung" zu ihren Anschaffungs- oder Herstellungskosten zu bewerten. Für die Bilanzierung des am Stichtag der Eröffnungsbilanz bereits vorhandenen Vermögens ist eine Bewertung zu vorsichtig geschätzten Zeitwerten erforderlich. Diese hat den Vorteil, dass sie (z. B. bei Gebäuden, die vor 50 Jahren errichtet wurden) einfacher zu ermitteln sind, weil keine historischen Aufzeichnungen ausgewertet werden müssen. Ferner zeigen sie ein aktuelleres Bild des tatsächlichen Vermögenswertes und erhöhen so die Aussagekraft der Eröffnungsbilanz[49].

Trotz dieser Sonderregelungen wird der Ablauf der Erstellung der Eröffnungsbilanz den ab Kapitel C 3.1 „Inventur" dargestellten Schritten weitgehend folgen. Er beginnt mit der Aufstellung des Inventars und der Inventur,

---

[48] Vgl. D-Markbilanzgesetz (DMBilG) § 36.

[49] Zur Bewertung nach vorsichtig geschätzten Zeitwerten vgl. auch das DMBilG sowie die dazu vorhandene Literatur. Es hat die Eröffnungsbilanzen in den neuen Bundesländern geregelt.

beinhaltet die Bewertung des Vermögens und endet mit der Feststellung der Bilanz.

# 2 Belastung der Eröffnungsbilanz durch Pensionsrückstellungen

Mit der Erstellung der Eröffnungsbilanz werden kein Gewinn oder Verlust, kein Jahresüberschuss oder -fehlbetrag und kein Aufwand oder Ertrag ermittelt. Es wird vielmehr in einer Momentaufnahme festgestellt, welches Vermögen und welche Schulden zum Stichtag vorhanden sind und welches Eigenkapital sich folglich ergibt.

Die in der Vergangenheit aufgelaufenen Belastungen werden also nur festgestellt, sie müssen nicht „noch einmal verdient werden". Dies lässt sich an den Pensionsrückstellungen zeigen, die einen wesentlichen Posten in der Eröffnungsbilanz ausmachen werden. Für die in der Zeit vor der Aufstellung der Eröffnungsbilanz aufgelaufenen Pensionsverpflichtungen ist die notwendige Pensionsrückstellung zu berechnen. Diese ist auf der Passivseite der Bilanz einzustellen und mindert das Eigenkapital.

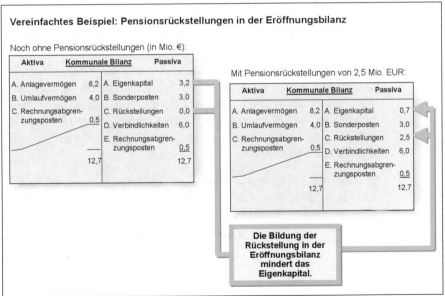

Abb. 53: Pensionsrückstellungen in der Eröffnungsbilanz

„Verdient" werden, also durch laufende Erträge zu decken und damit auch für den Haushaltsausgleich relevant, müssen erst die während des ersten doppischen Haushaltsjahres hinzukommenden Pensionsrückstellungen. Diese entstehen zum einen durch die Anstellung neuer Beamter oder dadurch, dass die bereits angestellten Beamten mit einem weiteren Dienstjahr neue Ansprüche erwerben und deshalb der für sie bereits zurückgestellte Betrag erhöht werden muss. Auch durch eine Veränderung der finanzmathematischen Berechnung (z. B. neue Sterbetafeln) können sich die zurückzustellenden Beträge erhöhen.

**Die vor dem Eröffnungsbilanzstichtag bereits vorhandenen Pensionsansprüche belasten die Bilanz, aber nicht den Haushaltsausgleich.**

Insofern sind Befürchtungen, die Pensionsrückstellungen würden alle Kommunen zwangsläufig in ein Defizit führen, unbegründet.

Bei Kommunen mit wenig Vermögen und hohen Pensionslasten könnte allerdings der in Kapitel B 1 beschriebene Fall eintreten, dass das Eigenkapital negativ würde und auf der Aktivseite auszuweisen wäre (bilanzielle Überschuldung).

Mit Blick auf den staatlichen Sektor stellt sich die Gefahr eines nicht durch Eigenkapital gedeckten Fehlbetrags als deutlich dramatischer dar. Die Landesverwaltungen sind durch einen vergleichsweise hohen Anteil an Beamten für die Aufgaben Justiz, Polizei und Schule geprägt. Auf der anderen Seite haben die Länder im Verhältnis deutlich weniger Grundvermögen als die Kommunen. Daher erscheint es aufgrund der Pensionsrückstellungen (in Verbindung mit der Verschuldung) fast unmöglich, dass die Eröffnungsbilanz eines Landes ein positives Eigenkapital aufweisen könnte.

Vor diesem Hintergrund könnte es das Interesse eines Landes sein, zusätzlich zum Einzelabschluss eine konsolidierte Bilanz vorzulegen, die das kommunale Vermögen als Teil einer umfassenderen „konsolidierten Landesbilanz" darstellt.

# 3 Eröffnungsbilanz und „Bilanzpolitik"

Viele Ansätze in der Eröffnungsbilanz wirken sich indirekt auf den Haushaltsausgleich in späteren Jahren aus.

Vor allem der Wertansatz des abnutzbaren Vermögens beeinflusst die Abschreibungen in den folgenden Haushalten. Hohe Werte bedeuten tendenziell hohe Abschreibungen, niedrige Werte ziehen eine geringere Abschreibung nach sich. Hierzu ist zweierlei festzustellen:

**(1) Das doppische Haushaltswesen eröffnet im Grundsatz keine Bewertungsspielräume.**

Dort, wo das Handelsrecht Wahlrechte oder Spielräume für „Bilanzpolitik" zulässt, hat das kommunale Haushaltsrecht vielfach eindeutige Festlegungen an ihre Stelle setzen. Beispiele:

- „Abschreibungen nach vernünftiger kaufmännischer Beurteilung" (§ 253 Abs. 4 HGB) sind in Kommunen selbstverständlich unzulässig.
- Verwaltungsgemeinkosten können bei der Bewertung unfertiger oder fertiger Erzeugnisse nicht angesetzt werden.
- Für Nutzungsdauern des abnutzbaren Anlagevermögens werden Bandbreiten vorgegeben.
- Der Zinssatz für die Berechnung von Pensionsrückstellungen ist in der GemHVO NRW (vgl. § 36 Abs. 1) auf 5 % festgelegt.

Insofern gibt es bei korrekter Anwendung des neuen doppischen Haushaltsrechts keine zwei zulässigen Bewertungsergebnisse, aus denen die Kommune nach Opportunitätsgesichtspunkten wählen könnte. Es gibt im Grundsatz nur einen korrekt hergeleiteten und im Einklang mit den Grundsätzen ordnungsmäßiger Buchführung für Kommunen ermittelten Wert für einen Vermögensgegenstand. Hierfür ist die Kommune verantwortlich. Flankierend wächst der örtlichen und überörtlichen Prüfung die neue Aufgabe zu, die Einhaltung dieser Grundsätze durch ihre Arbeit sicherzustellen. Der Aufsicht wiederum kann es in letzter Instanz obliegen, Konsequenzen aus festgestellten Verstößen zu ziehen.

**(2) Wenn sich in der Praxis Spielräume eröffnen, ist die Gestaltung unter Opportunitätsgesichtspunkten für die Kommune ein zweischneidiges Schwert.**

Wird das abnutzbare Vermögen künstlich niedrig angesetzt, entlastet dies die folgenden Haushaltsjahre durch niedrige Abschreibungen. Andererseits wird die Eröffnungsbilanz ein schlechtes Bild zeigen, weil das Eigenkapital gering sein dürfte. Zudem wird es in Folgejahren sprunghafte Anstiege bei den Abschreibungen geben. Da in der laufenden Bilanzierung mit den aktuellen Anschaffungs- oder Herstellungskosten eine eindeutige Bewertungsgrundlage vorhanden ist, werden die Ersatzinvestitionen regelmäßig mit höheren Anfangswerten in die Bücher aufzunehmen sein als das in der Eröffnungsbilanz verzeichnete Vermögen. In der Konsequenz steigen die Abschreibungen in den Jahren nach der Eröffnungsbilanz sukzessive.

Ein Thema kann in diesem Zusammenhang beispielsweise die Bewertung von Vermögen von Gebührenhaushalten sein. Hier sieht § 56 Abs. 4 GemHVO NRW ausdrücklich vor, dass diese Werte übernommen werden können (alternativ: Neubewertung zu vorsichtig geschätzten Zeitwerten im Rahmen der Eröffnungsbilanz).

Wird das nicht abnutzbare Vermögen zu hoch angesetzt, kann ein attraktives Eigenkapital ausgewiesen werden, ohne dass sich die Abschreibungen erhöhen. Dies erhöht die Ausgleichsrücklage, was etwas zusätzlichen Spielraum zum Abfedern von Defiziten schafft. In Anbetracht der möglicherweise herstellbaren Bewertungsunterschiede wird das Mehr an Ausgleichsrücklage aber meistens nicht wesentlich sein. Es wird in der Praxis einer defizitären Kommune möglicherweise nur ausreichen, den Haushaltsausgleich für ein Haushaltsjahr zu stützen.

Zu bedenken sind zudem die Effekte in Folgejahren: Ist ein Grundstück oder eine Beteiligung an einem Unternehmen in der Eröffnungsbilanz zu hoch angesetzt, entstehen beim Verkauf Verluste. Wird das Grundstück, das mit 1 Mio. EUR in der Bilanz steht, für 800.000 EUR verkauft, ist im selben Jahr im Haushaltsausgleich ein Aufwand aus dem Abgang von Anlagevermögen unter Buchwert in Höhe von 200.000 EUR zu verkraften.

Dieses Argument kann für Vermögen, das in keinem Fall in Zukunft veräußert wird, allerdings nicht ins Feld geführt werden. Hier könnte man sich Kunstgegenstände vorstellen, bei deren Bewertung es faktisch Spielräume gibt. Der einschlägige § 55 Abs. 3 GemHVO ist eine stark interpretationsbedürftige Regelung. Da die Kunstgegenstände in einem eigenen Bilanzposten auszuweisen sind, könnte die Bilanzpolitik einem späteren Bilanzleser allerdings schnell ins Auge fallen.

Es kann gefolgert werden, dass es unter den genannten Punkten praktisch keine mittelfristig sinnvolle Strategie zur gezielten Bilanzpolitik bei der Eröffnungsbilanzierung gibt. Es ist bestenfalls möglich, künftigen Haushältern noch einmal einen Teil der ansonsten jetzt auszuweisenden Verluste zu überantworten.

Etwas anders stellt sich das Thema der Rückstellungsbildung in der Eröffnungsbilanz dar. So kann es sinnvoll sein, durch Rückstellungsbildung in der Eröffnungsbilanz künftige Aufwendungen abzufedern. Die damit einhergehende Minderung des Eigenkapitals wird häufig wenig belastend für die Kommune sein. Dies gilt insbesondere, wenn die Ausgleichsrücklage bereits durch die Höhe der allgemeinen Deckungsmittel begrenzt wird.

# 4 Überführung kameraler Haushaltspositionen

Kamerale Haushaltspositionen wie Altfehlbeträge oder die allgemeine Rücklage werden grundsätzlich nicht in die doppische Eröffnungsbilanz überführt. Vielmehr wird streng nach den doppischen Grundsätzen eine Bestandsaufnahme des Vermögens und der Schulden zum Eröffnungsbilanzstichtag gemacht. Was bei dieser Bestandsaufnahme nach den neuen Kriterien eine Schuld oder einen Vermögensgegenstand darstellt, wird erfasst und bewertet. Manches, was im kameralen Haushalt stand, wird dabei nicht mehr oder nicht mehr in der ursprünglichen Form auftauchen.

> Die kameralen Altfehlbeträge tauchen nicht mehr als solche auf. Sie haben jedoch einen Finanzierungsbedarf verursacht, der sich in Kassenkrediten niedergeschlagen hat. Die in der Vergangenheit aufgenommenen kameralen Kassenkredite werden in der Bilanz als Verbindlichkeiten gezeigt. Insofern bleibt die Belastung des Haushalts unverändert bestehen, ohne dass jedoch der Haushaltsausgleich im doppischen System berührt wäre.

Die kamerale „allgemeine Rücklage" geht als Finanzmittel in die Aktivseite der Bilanz ein, sofern der Bestand tatsächlich als flüssige Mittel in der Kameralistik vorhanden war. Trotz der begrifflichen Nähe hat sie keine Verbindung zur Bilanzposition „Rücklage" auf der Passivseite innerhalb des Eigenkapitals.

Anders Gebührenausgleichsrücklagen: Diese stellen eine Verpflichtung gegenüber den Gebührenzahlern dar, die auch weiterhin auszuweisen ist. Dies geschieht künftig in einem Sonderposten innerhalb des Eigenkapitals in der Bilanz.

# F Der Umstellungsprozess von der Kameralistik zur Doppik: Erste Schritte

> **Auf einen Blick:**
> ⇒ Zur Umstellung des Rechnungswesens auf die Doppik sollte ein Projekt eingerichtet werden.
> ⇒ Wichtigster Ausgangspunkt ist ein betriebswirtschaftliches Konzept, das beschreibt, was im Rahmen der Umstellung verändert und wie künftig die Kommune von der Politik und der Verwaltungsspitze gesteuert werden soll.
> ⇒ Die Umsetzung hat zahlreiche Aspekte, von denen die Aus- und Fortbildung sowie die Softwareunterstützung besonders zu beachten sind.
> ⇒ Jede Kommune kann zur Vorbereitung auf die Doppik sofort mit der Erfassung (ggf. auch Bewertung) des Vermögens beginnen.

## 1 Ausgangssituation

Die Einführung des neuen doppischen Haushaltswesens stellt die Kommune vor eine Reihe von strategischen Fragen. Nach der Entscheidung für die Doppik als Rechnungsstil muss vor allem die Ausgestaltung der Optionen festgelegt werden, die im nicht normierten Teil des Haushaltswesens vorhanden sind. Es muss ein in betriebswirtschaftlichen, organisatorischen, personellen und EDV-technischen Fragen stringentes Gesamtkonzept erstellt und umgesetzt werden.

Die Umstellung auf ein doppisches Haushaltswesen, kombiniert mit weiteren Elementen der neuen Steuerung, ist eine Chance für neue Entscheidungsprozesse und eine neue Steuerungsphilosophie in der Verwaltung. Die Ablösung der Kameralistik durch die Doppik ist ein Schritt, der die Steuerung, die Organisation, Abläufe und Entscheidungsstrukturen der Verwaltung sowie die Entscheidungsprozesse in der Politik nachhaltig verändern kann. Die Unterstützung der Verwaltungsführung und der Politik sind daher unverzichtbar. Der Umstellungsprozess sollte durch die politischen Entscheidungsträger und der Verwaltungsspitze gestartet und gesteuert werden.

Das folgende Kapitel benennt die wichtigsten Themen, zu denen eine strategische Zielbestimmung notwendig ist.

# 2 Strategiefindung

Die folgende Aufzählung von zu klärenden Fragen zeigt beispielhaft, welche Entscheidungen vor Beginn des eigentlichen Einführungsprozesses der Doppik geklärt werden sollten.

- Steuerungsphilosophie und Informationsbedarfe
- Organisatorische Anpassungen
- Rolle der Kostenrechnung
- Personal, Qualifizierung
- Projektkosten
- Projektstruktur und Zeitrahmen
- Einbindung der Politik
- Softwareentscheidung

Die strategischen Festlegungen bilden den Ausgangspunkt für den Umstellungsprozess. Im Folgenden finden sich Hinweise zu den Inhalten, die bei den oben genannten Punkten wichtig sind. Sie sind im Projektverlauf durch ein zu bildendes Projektteam zu konkretisieren und zu dokumentieren.

## 2.1 Steuerungsphilosophie und Informationsbedarfe

Zunächst sollten die Ziele der Umstellung und die Erwartungen an das neue Haushaltswesen herausgearbeitet werden. Dadurch entsteht ein realistisches Bild dessen, was die Doppik leisten kann und was nicht. Geklärt werden muss, welche Steuerungsinformationen die Organisation braucht und wo diese bereitgestellt werden sollen. Dabei sind alle Zweige des Haushaltswesens zu betrachten: das normierte doppische Haushaltswesen ebenso wie die Kostenrechnung oder gesonderte Controlling-Systeme. So können z. B. die Produktkosten entgegen häufiger Annahmen i. d. R. nicht direkt aus dem doppischen Haushalt abgelesen werden, da dieser keinen entsprechenden Detaillierungsgrad hat. Sind Produktkosten als Steuerungsinformation neben einer aggregierten Darstellung im Haushalt gewünscht, müssen diese in der

Kostenrechnung ermittelt werden. Die Doppik liefert hierfür die relevanten Grunddaten.

Die grundsätzliche Steuerungsphilosophie der Organisation muss klar sein:

- Auf welcher Aggregationsebene will bzw. soll die Politik informiert werden? Wie detailliert soll der Haushalt sein? Soll auf der Ebene der Produktbereiche, Produktgruppen oder der Produkte berichtet werden?
- Ist es wünschenswert, im Haushalt auch die Organisationseinheiten abzubilden oder ist eine streng produktorientierte Darstellung vorteilhaft?
- Wie sollen Kennzahlen und Ziele einbezogen werden?
- Soll die Haushaltsüberwachung über mechanische Kontrollen (aktive Verfügbarkeitskontrolle auf Haushaltspositionen) oder über Managementinstrumente wie Controlling überwacht werden (Budgetvorgaben kontrolliert durch Quartalsberichte)? Diese Frage bestimmt den Detaillierungsgrad der Finanzrechnung im neuen Haushaltswesen (s. u.).

Erst wenn diese Punkte geklärt sind, kann die örtliche Ausgestaltung des Haushaltswesens auf der Basis des doppischen Haushaltsrechts entschieden werden.

## 2.2    Organisatorische Anpassungen

Die Einführung des doppischen Haushaltswesens wird in vielen Verwaltungen Veränderungen der Organisationsstruktur anstoßen. Dies kann in den folgenden zwei Bereichen der Fall sein:

- Das Buchungsgeschäft ist im Rahmen der Zusammenführung von Fach- und Ressourcenverantwortung in vielen Kommunalverwaltungen dezentralisiert worden. Im Zuge der Doppikeinführung kann es sinnvoll sein, das Buchungsgeschäft wieder zentral zu organisieren. Wichtig ist zu verstehen, dass dies nicht eine erneute Trennung von Fach- und Ressourcenverantwortung bedeutet, sondern dass die Ressourcenverantwortung weiterhin in den Fachbereichen verbleibt. Nur die reine Buchungstätigkeit würde zentralisiert und der Fachbereich hierdurch tendenziell entlastet. Der Vorteil liegt vor allem darin, dass weniger Mitarbeiter in der neuen Buchungslogik und am neuen System geschult werden müssten. Die Umsetzung wird einfacher und der Betrieb in den ersten Jahren weniger fehleranfällig.

- Weitere organisatorische Anpassungen wird es in der Organisationseinheit „Kasse" geben, die zu einer Finanzbuchhaltung umgestaltet werden kann.
- Außerdem wird sich, wenn ein produktorientierter Haushalt erstellt werden soll, die Frage stellen, inwieweit die Organisationsstrukturen den Produktbereichen folgen sollten. Folgt die Organisationsstruktur den Produktbereichen, kann auch der produktorientierte Haushalt als Basis für die Budgetierung dienen. Gibt es Abweichungen, kann es erforderlich sein, den Haushaltsplan in Budgets zu übersetzen. Hierzu könnte ein in der Kostenrechnung erstellter „Managementhaushalt" genutzt werden.

## 2.3 Rolle der Kostenrechnung

In der Privatwirtschaft wird in der Kostenrechnung häufig mit anderen Bewertungsgrundlagen gearbeitet als in der Bilanz und der Gewinn- und Verlustrechnung (was zu zwei voneinander getrennten Rechenwerken führt). Im Gegensatz dazu sollte die Kostenrechnung in öffentlichen Institutionen als eine Ergänzung des doppischen Haushaltswesens angesehen werden. Insbesondere die Bewertungsgrundlagen sollten dieselben sein, sodass die Kostenrechnung die Informationen des doppischen Haushalts und Jahresabschlusses flexibel aufbereiten, detaillieren und je nach Fragestellung spezifisch darstellen kann.

Soweit eine Kostenrechnung bereits vorhanden ist, muss geklärt werden, wie das Zusammenspiel von Kostenrechnung und doppischem Haushaltswesen sein soll. Ist noch keine Kostenrechnung vorhanden, muss entschieden werden, ob diese parallel zur oder sogar vor der Doppik eingeführt werden soll. Dafür ist es wichtig, die unterschiedlichen Aufgaben und die unterschiedlichen Steuerungsinformationen von doppischem Haushaltswesen und Kostenrechnung klar herauszuarbeiten und voneinander abzugrenzen.

Zu beachten ist auch, dass die Doppik die Kostenrechnung determinieren kann. Sachkonten und Kostenarten sind in Softwarelösungen in der Regel aneinander gekoppelt. Der Kontenplan determiniert also auch die Kostenarten. Insofern muss überprüft werden, ob vorhandene Kostenartenpläne weiterhin geeignet sind.

Es kann sinnvoll sein, den Haushalt nach Produktbereichen aufzustellen und in der Kostenrechnung die Organisationsstruktur detailliert abzubilden (im Sinne des oben angesprochenen „Managementhaushalts"). In diesem Fall kann der Prozess der Haushaltsplanung in der Kostenrechnung erfolgen. Das

Ergebnis wird dann aggregiert und in den Ergebnisplan des Haushalts „gespiegelt". Der Vorteil ist, dass in der KLR i. d. R. eine flexiblere und für Planungsprozesse besser geeignete Software zur Verfügung steht. Außerdem kann die Organisation flexibel und kleinteilig abgebildet werden. Andererseits müssen dann mehr zentrale Vorgaben für die KLR erfolgen, was den Spielraum von Fachämtern bei der Ausgestaltung der KLR für betriebliche Belange begrenzt. Namentlich in Aufgabenbereichen mit Gebühren kann dies zu Konflikten führen.

## 2.4 Personal und Qualifizierung

Die Einführung eines doppischen Haushaltswesens erfordert betriebswirtschaftlich und EDV-technisch geschultes Personal, das in Kommunen in der Regel nicht in ausreichender Stärke vorhanden ist. Geklärt werden müssen daher die Fragen,

- ob externes Personal beschafft werden soll,
- wie interne Fortbildungen zu organisieren sind und
- wie viel Personal aus welchen Bereichen der Verwaltung wann fortgebildet werden soll.

Ohne entsprechend geschultes Personal kann die Doppik nicht eingeführt werden. Daher sind Schulungen mit hoher Priorität durchzuführen. Ein Schulungskonzept und ein Schulungsplan müssen erstellt werden. Zu Beginn des Umstellungsprozesses müssen hierfür die Eckpfeiler gesetzt werden. Insbesondere sollte entschieden werden, ob ein internes Schulungskonzept aufgesetzt oder ob auf externe Angebote von Studieninstituten oder z. B. Handelskammern zurückgegriffen wird[50].

Es kann sinnvoll sein, auf Ausbildungsgänge zum Bilanzbuchhalter zu setzen. Je nach Größe der Organisation können z. B. gemeinsam mit der Handelskammer angepasste Versionen des Bilanzbuchhalterlehrgangs gestaltet werden, die genau auf die Belange des doppischen Haushaltswesens zugeschnitten sind. Solche Lehrgänge dauern ca. ein Jahr. Daher müssen die Maßnahmen frühzeitig in die Wege geleitet werden.

Als Engpass hat sich in der Praxis häufig die Schulung der Führungskräfte erwiesen. Während in kommunalen Doppikprojekten der letzten Jahre im

---

[50] Das NKF-Modellprojekt hat 2002 eine Broschüre zur Fortbildung herausgegeben. Sie ist im Internet unter www.neues-kommunales-finanzmanagement.de erhältlich.

„mittleren Management" Bereitschaft, vielfach auch Interesse festzustellen war, kann es auf der Ebene von Amtsleitungen eine eher abwartende Haltung geben. Daher kann es geboten sein, hochkarätige interne oder externe Experten mit Schulungen auf Amtsleitungsebene zu betrauen.

## 2.5    Kosten der Umstellung

Die Entscheidungen über Software, Personaleinstellungen und Schulungskonzepte sind immer auch Entscheidungen mit finanziellen Auswirkungen. Daher muss das Projekt frühzeitig in der mittelfristigen Finanzplanung, im Investitionsprogramm und der Haushaltsplanung berücksichtigt werden.

Zahlreiche Kommunen verfügen bereits durch die Gründung von Eigenbetrieben oder -gesellschaften über fundierte Erfahrung über die Durchführung und die Kosten eines Systemwechsels im Rechnungswesen.

Die Umstellung des Haushaltswesens auf die Doppik verursacht zunächst einmal zusätzlichen Aufwand für die Umstellung. Aus den Erfahrungen der Modellkommunen in NRW hat sich ergeben, dass die Umstellung nach Vorliegen der gesetzlichen Grundlagen als Projektaufgabe in einer Kommune in ca. 12 bis 18 Monaten (Gemeinde Hiddenhausen, aber auch Halbergmoos/Bayern), bei Großstädten eher in bis zu 36 Monaten (Stadt Dortmund oder Landeshauptstadt Düsseldorf) bewältigt werden kann.

Während dieser Zeit wird die Kommune für die Einrichtung der neuen Systeme und Strukturen Personal abstellen müssen. Die Erfahrungen der Modellkommunen haben als grobe Erfahrungswerte ergeben, dass ein zentrales Projektteam mit wenigstens einer Vollzeitstelle je 50.000 Einwohner in der Kommune ausgestattet sein sollte. Die Aufwendungen in Fachämtern sind in Modellkommunen ganz überwiegend durch Umorganisation und Veränderung der Schwerpunkte stellenplanneutral erbracht gestellt worden. Zu diesen Aufwendungen gehörte beispielsweise die Durchführung einer Inventur. Generell sind die Aufwendungen geringer, wenn

- bereits eine Kostenrechnung vorhanden ist,
- eine Anlagenbuchhaltung existiert und
- die doppische Software vom selben Hersteller bezogen wird wie das kamerale Haushaltsverfahren und damit bereits grundsätzlich bekannt ist.

Die Modellkommunen haben zudem externen Sachverstand und Dienstleistungen eingekauft. Dies geschah allerdings in unterschiedlichem Umfang.

Die Gemeinde Hiddenhausen hat beispielsweise beim Kreis Leistungen zur Bewertung des Anlagevermögens eingekauft oder die Höhe der Pensionsrückstellungen von einer Versorgungskasse berechnen lassen.

Die notwendigen Aufwendungen für die IT-Unterstützung lassen sich ebenfalls nicht generalisieren. Es wird bei den in NRW gesetzlich eingeräumten Überganszeiträumen von fünf Jahren in sehr vielen Kommunen gelingen, Mehrkosten durch die Doppik weitgehend zu vermeiden. In vielen Kommunen würde bis 2009 ohnehin die Einführung von neuen Systemen des Haushalts-, Kassen- und Rechnungswesens anstehen. Dieser turnusmäßige Wechsel bei älteren Systemen kann genutzt werden, die Doppikumstellung vorzunehmen. Der vom Innenministerium in Düsseldorf im Jahr 2002 versandte Erlass gab den Kommunen bereits Anlass, diese Überlegungen bei Investitionsentscheidungen zu berücksichtigen. In Niedersachsen gab es zuvor schon einen Runderlass mit ähnlichem Tenor an die Kommunen.

Neuere, am Markt erhältliche kamerale HKR-Software wird gegenwärtig von den Herstellern um die Funktion der doppelten Buchführung erweitert oder ist bereits um solche Funktionen erweitert worden. Kommunen, die diese Produkte einsetzen oder künftig noch einsetzen wollen, können somit schrittweise auf die Doppik migrieren und sogar übergangsweise ihren Haushalt parallel kameral und doppisch bewirtschaften.

Vor diesem Hintergrund ist davon auszugehen, dass bei entsprechend langen Übergangszeiträumen die IT-Unterstützung des doppischen Haushaltswesens keine bedeutenden Mehrkosten gegenüber einer modernen IT-Unterstützung für das kamerale Haushaltswesen verursacht.

Für den Übergang auf die Doppik wird allerdings Projektaufwand anfallen. Neben den Kosten eines Umstellungsprojekts i. e. S. sowie für die Softwareunterstützung sind dies vor allem Aufwendungen für die Fortbildung vorhandener Mitarbeiterinnen und Mitarbeiter. Erfahrungen aus den Modellprojekten zeigen, dass typischerweise rd. 5–10 % der Verwaltungskräfte zum neuen Gemeindehaushaltsrecht zu schulen sind.

Neben dem Umstellungsaufwand ist bedeutsam, ob die laufende Führung des Haushaltswesens mit der Doppik einen Mehraufwand gegenüber dem kameralen Haushaltswesen verursacht. Der laufende Betrieb von Planung, Bewirtschaftung und Jahresabschluss nach doppischen Grundsätzen verursacht weitgehend identischen Aufwand mit der Führung des kameralen Haushaltswesens. Systembedingte Abweichungen gibt es an zwei Punkten:

- Durch die Periodisierung der Aufwendungen und Erträge erhöht sich die Anzahl der für den Jahresabschluss notwendigen Arbeitsschritte in der Finanzbuchhaltung (Kämmerei/Kasse).
- Flächendeckend wird künftig in der Verwaltung zum Jahresende eine Inventur durchzuführen sein. Der Mehraufwand für die Inventur wird allerdings keine Stellenmehrbedarfe auslösen. Dies gilt insbesondere, als die Kommunen bereits früher nach § 89 GO NRW (alt) verpflichtet waren, laufend einen Vermögensnachweis zu führen.

Mehraufwendungen in der Aus- und Fortbildung werden im laufenden Betrieb deutlich reduziert, wenn die Verwaltungsausbildung landesweit an dem reformierten Haushaltsrecht ausgerichtet ist.

Minderaufwendungen können sich vor allem dann ergeben, wenn Instrumente, die im Rahmen des Neuen Steuerungsmodells ergänzend zum kameralen Haushaltswesen vorgehalten werden (Produkthaushalte, Kennzahlenberichte, Budgetierungssysteme) voll in das neue doppische Haushalts- und Rechnungswesen integriert werden können. Dies gilt auch in personeller Hinsicht: Stelleninhaber/innen für Controlling oder Kostenrechnung können aufgrund ihrer Qualifikation zu „Doppikbeauftragten" ihrer Ämter gemacht werden.

Insgesamt wird die Umstellung zusätzlichen Personalaufwand in den Kommunen verursachen, der über 9 bis 18, in Ausnahmefällen bis zu 36 Monaten anfällt. Der laufende Betrieb des neuen, doppischen Haushaltswesens verursacht höchstens punktuell Mehraufwand, der durch die beschriebenen qualitativen Steuerungsvorteile aufgewogen wird.

## 2.6 Projektstruktur und Zeitrahmen

Zu Beginn des Umstellungsprozesses sollte eine Vision des angestrebten Zeithorizonts vorliegen.

Wann soll der erste doppische Haushalt vorliegen? Soll die Einführung zunächst in Pilotämtern oder gleich flächendeckend erfolgen? Wann ist der Gesamthaushalt umgestellt und die Kameralistik „abgeschaltet"? Es kann eine Strategie des „Big Bang" (komplette Umstellung an einem Stichtag) gefahren werden oder eine übergangsweise parallele Führung von Doppik und Kameralistik. Flächendeckende Umstellungen auf einen Schlag werden sich eher für kleinere oder aber stark zentralisierte Verwaltungen anbieten; große werden die Umstellung in Wellen vornehmen.

Bei **kreisangehörigen Städten und Gemeinden** und Kreisen sollte eine Harmonisierung der Umstellungstermine angestrebt werden. Allein die ansonsten schwierige respektive strittige Berechnung der Kreisumlage auf der Basis einer gemischt doppisch/kameralen Haushaltsführung reicht als Argument hierfür aus.

## 2.7    Einbindung der Politik

In den Modellprojekten zur Umstellung auf die Doppik in NRW hat sich durchweg eine frühzeitige Einbeziehung der Politik als kritischer Erfolgsfaktor erwiesen. Dabei ist es anfangs vor allem notwendig, für das Vorhaben aktiv und positiv Marketing zu betreiben. Zu klären ist z. B.:

- Welche Projektgremien mit welchen Funktionen sind zu bilden?
- Können Vertreter der Fraktionen in einen Arbeitskreis zur Gestaltung des künftigen Haushaltsplans eingebunden werden?
- Sollte ein Ausschuss das Thema begleiten?

Weitere Instrumente können Schulungen für Fraktionsmitglieder oder Informationsveranstaltungen (z. B. mit Kommunalpolitikern aus Modellkommunen, die bereits über praktische Erfahrungen verfügen) sein.

## 2.8    Softwareentscheidung

Das doppische Haushaltswesen verlangt eine doppikfähige Software. Je nach den Rahmenbedingungen der Gebietskörperschaft muss überlegt werden, ob die vorhandene Software angepasst oder eine neue Software beschafft werden muss. Soweit die Verwaltung Mitglied eines Gebietsrechenzentrums ist, muss die Form der Zusammenarbeit geklärt werden.

## 2.9    Projektorganisation

Auf der Basis der strategischen Festlegungen kann ein Projektteam die Arbeit aufnehmen. Seine erste Aufgabe ist die Installation einer geeigneten Projektorganisation. In Abbildung 54 finden Sie einen Vorschlag für ein Projektorganigramm. Folgende Überlegungen sind eingeflossen:

- Ein institutionalisierter Austausch mit Vertretern der Politik ist vorgesehen.
- Es sollte frühzeitig das Rechnungsprüfungsamt beteiligt werden.

- Innerhalb des Projektteams sind Controlling, Ergebnisdokumentation und Öffentlichkeitsarbeit als institutionalisierte Aufgaben sinnvoll.
- Externe Berater mit einschlägigen Erfahrungen können helfen.

## 2.10  Projektarbeit in Teilprojekten

Die Bearbeitung der Projektaufgaben sollte in thematisch abgegrenzten Teilprojekten erfolgen. In Abbildung 55 wird die Planung der Themen für eine erste Welle gezeigt, wobei eine Umstellung in zwei Wellen (Pilotierung und Roll Out) unterstellt wird.

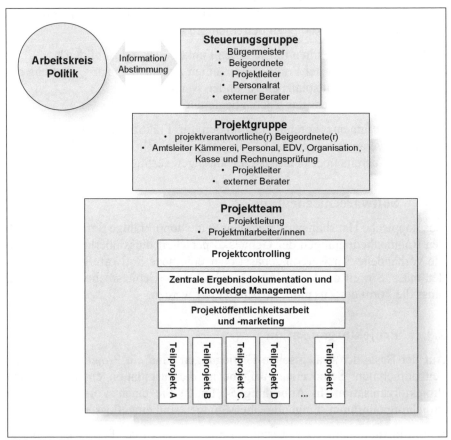

Abb. 54: Projektorganigramm

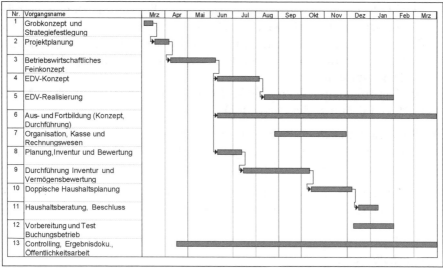

Abb. 55: Skizze Projektablauf

In einer Startphase wird es demnach sinnvoll sein, zunächst folgende Teilprojekte einzurichten:

- Projektplanung
- betriebswirtschaftliches Feinkonzept
- EDV-Konzept
- Inventur und Bewertung
- Aus- und Fortbildung, Schulungskonzept

# 3 Die ersten zehn Schritte im Projekt

Im Folgenden finden sich zehn praktische Empfehlungen für die ersten Schritte im Stil eines „Kochrezepts". Die Empfehlungen setzen die zuvor beschriebenen Empfehlungen in konkrete Maßnahmen um und sind – wie immer bei solchen allgemeinen Rezepten – auf ihre Tauglichkeit im konkreten Fall hin zu überprüfen.

## 1. Jetzt und oben anfangen

Eine Kommune sollte möglichst frühzeitig beginnen. Ein frühzeitiger Start kann Geld sparen:

217

- EDV-Entscheidungen können frühzeitig mit Blick auf die Doppik getroffen werden, um Investitionen zu sichern,
- Personalentscheidungen auf Schlüsselpositionen sind mit Blick auf die Doppik zu treffen (z. B. NKF-Projektleitung, Amtsleitung Kasse und Rechnungsprüfung),
- NSM-Instrumente sollten ab sofort doppikfähig angelegt werden (KLR, Produktgliederung, Berichtswesen).

Die Projektinitialisierung beim Start in die Doppik sollte nicht auf eine Arbeitsebene in der Kämmerei delegiert werden. Der Verwaltungsvorstand muss den Startschuss für die Doppikeinführung geben:

- Doppikeinführung ist nicht in erster Linie ein EDV-Projekt (aber auch),
- Doppikeinführung ist mehr als Buchführung (es ist Verwaltungssteuerung),
- Doppikeinführung ist anders als NSM (es geht diesmal um verbindliches Haushaltsrecht!).

> Beispiel für eine konkrete Maßnahme: In den nächsten drei Monaten kann ein Grundsatzbeschluss zur Doppikumstellung im Rat gefasst werden. Klares Bekenntnis: Wir wollen die Doppik, und wir beginnen jetzt mit den Arbeiten. Am besten wäre die Unterstützung einer fraktionsübergreifenden Initiative der Finanzexperten, die sich der „Kaufleute" aller Fraktionen als Fürsprecher bedienen sollte. Die selbst doppelt buchführenden Handwerker, Steuerberater oder Einzelhändler sind erfahrungsgemäß leicht für die Umstellung zu begeistern.

## 2. Inhaltliche Reformziele definieren, denn der Wechsel des Buchungsstils allein reicht nicht

Als zweiten Schritt sollte eine Kommune für sich ein inhaltliches Reformziel benennen. Die Doppik ist ein Betriebssystem für betriebswirtschaftliche Steuerung. Nur mit den richtigen Instrumenten zur Steuerung entfaltet es seinen vollen Nutzen. Diese Instrumente müssen von jeder Kommune individuell ausgestaltet werden.

Die Reform verursacht Aufwand und kostet Geld. Beides ist nur gut angelegt, wenn sich mit der Reform auch die Effizienz und Effektivität der Verwaltung verbessert. Auch aus diesem Grund ist es unerlässlich, den eher handwerklichen Prozess der Umstellung von Anfang an mit inhaltlichen Reformzielen zu verbinden.

Daher reicht das Ziel „Wechsel auf die Doppik" als inhaltliche Marschroute allein nicht aus.

Beispiel für eine konkrete Maßnahme: Es könnte eine Mitarbeiterzeitung erstellt werden, die einfach und verständlich beschreibt, was an inhaltlichen Reformzielen mit der Doppik erreicht werden soll und wie die bisherigen NSM-Reformen und die neue Doppik ineinander greifen. Botschaft:

„Die Doppik ist nicht die nächste Reformmode. Die Doppik ist verbindliches Gemeindehaushaltsrecht. Sie ist die konsequente Fortsetzung solcher Reformelemente des neuen Steuerungsmodells, die sich bewährt haben. Sie wird künftig im Zentrum der Haushaltswirtschaft einer Gemeinde stehen (und nicht am Rand, wie so mancher Produkthaushalt heute)."

Eine solche Mitarbeiterzeitung ist doppelt sinnvoll: Sie informiert alle Betroffenen. Gleichzeitig zwingt er aber auch die Verantwortlichen, ein Gesamtkonzept für die Reform kurz, klar und verständlich auf Papier zu bringen. Dies hilft den Akteuren, sich selbst über die Ziele klar zu werden.

## 3. Zentrales Projektteam einrichten (am besten mit einer Vollzeit-Projektleitungsstelle)

Die Umstellung ist eine Projektaufgabe, die von einem zentralen Projektteam in der Kämmerei gesteuert werden sollte. Von Beginn an muss es eine Projektleiterin/einen Projektleiter geben. Besser ist eine ganze Stelle als die halbe Kapazität von zwei Kräften, die daneben noch andere Aufgaben haben (so die Erfahrung der Modellkommunen). Ideal ist Praxiserfahrung in der kaufmännischen Buchführung (aus einem Eigenbetrieb oder der Privatwirtschaft), kamerale Kenntnisse sind trotzdem unverzichtbar. Andernfalls wird die Person bei den (vorhersehbaren) Konflikten mit überzeugten Kameralisten nicht bestehen können.

Gute Projektleiter/innen werden im Moment schnell abgeworben, daher sollte neben der Fachqualifikation auch auf persönliche Merkmale wie Mobilität oder die Bindung an die Kommune geachtet werden. Damit wird verhindert, dass die Kraft auf halber Strecke in eine größere Gemeinde mit attraktiverem Stellenkegel wechselt.

> Heute könnte bereits eine künftige Projektleiterin/ein künftiger Projektleiter ausgeguckt und vorbereitend geschult werden. Ideal ist ein/e Haushaltsexpertin/-experte mit Projektführungsqualifikation, Bindung an die Verwaltung und Eigenbetriebserfahrung. Die Kraft kann z. B. noch in diesem Jahr zur IHK geschickt werden, um sich berufsbegleitend zum Bilanzbuchhalter fortzubilden (Dauer: ca. 1 Jahr).
>
> Die Bindung von Kraften auf Schlüsselpositionen, die neu angeworben werden, kann gezielt erhöht werden: Auch für jüngere Diplom-Kaufleute aus der Wirtschaft ist beispielsweise eine Verbeamtung attraktiv.

## 4. Politik frühzeitig einbeziehen

Politische Unterstützung ist ein wichtiger Erfolgsfaktor. Daher ist frühzeitige Überzeugungsarbeit sinnvoll investierte Zeit. Zunächst könnte ein interfraktioneller Arbeitskreis zur Doppikeinführung angeregt werden. Am Anfang sollte am besten nur ein kleiner Kreis eingebunden werden (z. B. einige Meinungsführer und die bereits eingangs erwähnten „kaufmännisch Vorgebildeten"). Danach könnte eine breite Informationsveranstaltung für Ratsmitglieder durchgeführt werden, später könnten Muster des neuen Haushaltsplans in Ausschüssen vorgestellt und diskutiert werden.

> Außenstehende können als „Zeugen für die Doppikreform" zu einem Vortrag im Haupt- und Finanzausschuss eingeladen werden: Vertreter der örtlichen IHK, Wirtschaftsprüfer, andere Modellkommunen, das Innenministerium oder auch Berater oder Wirtschaftsprüfer können als Externe die Botschaft überbringen, die dem Propheten im eigenen Land nicht abgenommen wird. Dies erleichtert auch den fraktionsübergreifenden Konsens.

## 5. Musterseiten des neuen Haushalts erarbeiten (und dabei alle Gestaltungsspielräume ausfüllen)

Das neue Haushaltsrecht hat viele Reformelemente im Haushaltsplan nur dem Grunde nach vorgeschrieben. Die Ausfüllung muss die Kommune selbst vornehmen.

Für die Diskussion über das Ausfüllen der Freiräume muss man „etwas Greifbares in der Hand haben". Hierfür eignet sich am besten eine Musterhaushaltsseite für einen Produktbereich. Diese sollte zeigen:

- Auf welcher Ebene wird der Haushalt aufgestellt (z. B. Produktgruppe oder Produktbereich?)
- Wie wird die Organisationsstruktur abgebildet (Gar nicht? Nachrichtlich durch Hinweise? Durch eine amtsbezogene Sortierung der Produktgruppen?
- Wie sollen Leistungs- und Qualitätskennzahlen gebildet werden?

In NRW sind Kennzahlen verpflichtender Bestandteil des Haushalts. Deshalb kann man sofort beginnen, diese schon im kameralen Haushalt darzustellen. Damit erleichtert man die Doppikeinführung. Anders als bisher in vielen NSM-Projekten sollten diesmal die Kennzahlen von dem zentralen Doppik-Projektteam in der Finanzverwaltung federführend erarbeitet werden. Die „Bottom Up"-Ansätze der Vergangenheit haben zu zuvielen und für die strategische Steuerung wenig relevanten Kennzahlen geführt.

Solche und ähnliche Ausgestaltungen des neuen Haushaltsrechts können sofort begonnen und in Musterseiten dokumentiert werden.

## 6. Betriebswirtschaftliches (Gesamt-)Konzept aufschreiben

Reformprozesse leiden manchmal unter dem Fehlen eines theoretisch fundierten Gesamtkonzepts. Doppik, KLR und NSM müssen ineinander greifen. Daher sollte das Projektteam anfangs einen Fachleitfaden erstellen. Dabei sollten die im vorangegangenen Kapitel beschriebenen strategischen Weichenstellungen in Fachkonzepte übersetzt werden.

- Wie soll die interne Leistungsverrechnung funktionieren?

221

- Wie sieht der Produktplan aus, wie der für die Kostenstellen und Budgets?
- Welche Aufwandsarten werden zentral bewirtschaftet, was wird dezentral gesteuert? Was soll budgetiert werden?
- Wie werden künftig Prozesse organisiert (z. B. Kassengeschäft, Inventur, Buchung)?

Nur wenn man das Konzept aufschreibt, wirkt es. Selbst wenn man es im Laufe des Projekts ändert oder Teile verwirft, war es wichtig, es am Anfang des Projekts aufgeschrieben zu haben.

Auf der Internetseite des NKF-Modellprojckts unter www.neues-kommunales-finanzmanagement.de gibt es Beispiele aus den Modellkommunen. Unter dem Gliederungspunkt „Umsetzungstagebuch" sind zahlreiche Praxisbeispiele von Inventurrichtlinien bis hin zu Ratsvorlagen im Original zum Download bereitgestellt.

Aus den dort vorhandenen Beispielen lässt sich der Rohentwurf eines betriebswirtschaftlichen Konzepts erstellen.

### 7. Frühzeitig externen Sachverstand an Bord holen, EDV auswählen, Beratung und Schulungen einkaufen

Die Projektarbeit hängt vielfach von dem verfügbaren EDV-System ab. Es auszuwählen und die notwendigen Leistungen clever einzukaufen, ist ein wesentlicher Erfolgsfaktor der Umstellung.

Dabei gibt es unterschiedliche Strategien, den Nutzen zu maximieren und das Risiko im Griff zu behalten. Pilotanwender müssen beispielsweise als Pioniere mit Kinderkrankheiten kämpfen, haben dafür aber die volle Aufmerksamkeit ihrer Lieferanten. Späte Einsteiger finden ausgereifte Lösungen vor, werden aber eventuell auf Kapazitätsengpässe und fertige Standardlösungen bei den Dienstleistern stoßen. Generell gilt: Traditionelle Bindungen an Gemeinschaftsrechenzentren sollten nicht dazu führen, ungefragt deren Doppikverfahren zu übernehmen. Die Umstellung bietet die Chance, alte Zöpfe abzuschneiden.

Qualifizierte Schulungskapazität wird künftig sicherlich ebenfalls zu einem Engpass. Eigene Kapazitäten z. B. in Studieninstituten muss man jetzt aufbauen, um später Kosten zu sparen.

Zuerst sollte ein kompaktes Fortbildungsangebot „Überblick Doppik" für Beschäftigte der eigenen Verwaltung in Zusammenarbeit mit einem Studieninstitut angeboten werden. Ein solches „niedrigschwelliges Einstiegsangebot" hilft, das Thema in den Ämtern bekannt zu machen.

Daneben könnte man einen „Projekttag" mit einem potenziellen Dienstleister durchführen, an dem das kommunale Projektteam die Strategie und den Umsetzungsplan diskutiert. Der Tag ist ein guter Test für die Kompetenz des Beraters und hilft gleichzeitig zu überprüfen, ob die „Chemie" stimmt. Alternativ zu einem Berater kann auch der örtliche Wirtschaftsprüfer helfen. Aber Vorsicht: Dieser könnte geneigt sein, eher klassisches HGB-Wissen zu verkaufen, als sich mit den Besonderheiten der kommunalen Doppik nach dem NKF-Konzept auseinander zu setzen.

Um die einzelnen Beratern immanente „Schlagseite" erkennen zu können, achten Sie im Vergabeprozess auf diese drei Sätze in den Präsentationen der Anbieter: EDV-Berater werden sagen „Am Anfang steht der Kontenrahmen". Wirtschaftsprüfer werden sagen „Am Anfang stehen Bilanz und Ergebnisrechnung (wobei sie unausgesprochen damit den Jahresabschluss meinen und die richtige Buchhaltung im Jahresverlauf, um ihn entwickeln zu können). Erfahrene Kommunalpraktiker oder -berater werden sagen: „Am Anfang steht der Haushaltsplan". Alle drei Fachrichtungen haben ihre Berechtigung. Wichtig ist es für eine Kommune, die Stärken und Schwächen des eingesetzten Beraters einschätzen zu können, um gegebenenfalls selbst die fehlenden Akzente setzen zu können.

Bei der Ausschreibung ist es wenig sinnvoll, das Leistungspaket zu groß zu schnüren. Beratung, Softwarelizenzen und Wirtschaftprüfungs-Know-how kann man passgenau auch getrennt einkaufen. Konsortien müssen nicht zwangsläufig eine Garantie für inhaltliche und prozessuale Harmonie unter den Dienstleistern sein.

Eine andere Maßnahme: Initiieren Sie gegebenenfalls in der Verbandsversammlung des Gemeinschaftsrechenzentrums die Erstellung einer Machbarkeitsstudie zur Doppikfähigkeit der vorhandenen Software. Dabei sollten immer auch Referenzen von Modellkommunen eingeholt werden, die mit dem jeweiligen Produkt schon Praxiserfahrungen aus der doppischen Welt haben. Seien Sie (wie immer bei Software) skeptisch gegenüber allzu vollmundigen Versprechungen. Es darf beispielsweise bezweifelt werden, dass es eine Software gibt oder in den nächsten Jahren geben wird, die es erlaubt, in einem System Ämter parallel doppisch und kameral zu führen und zu beiden Rechnungen einen vollständigen Jahresabschluss bzw. eine vollständige Jahresrechnung zu erstellen. Es ist ohne weiteres möglich, im laufenden Betrieb parallel kameral und doppisch zu buchen. Beide Rechnungssysteme mit allen Abschlussbuchungen parallel vollständig korrekt abzuschließen und die Ergebnisse abzugleichen, ist hingegen softwaretechnisch und betriebswirtschaftlich fast unmöglich.

## 8. Einführungsstrategie festlegen und den Prozess planen (am besten: Umstellung in mehreren Wellen)

Die Umstellung auf die Doppik kann auf einen Schlag oder in mehreren Wellen erfolgen. Meist wird es besser sein, zwei oder drei Wellen vorzusehen. In der ersten Welle sollten überschaubare Ämter mit eher wenig Vermögen ausgewählt werden, um erst einmal Erfahrungen sammeln zu können. Gleichzeitig wird es so einfacher, schnell Erfolge vorzeigen zu können.

Ein Alleinbetrieb ist möglich oder aber übergangsweise ein Parallelbetrieb von Doppik und Kameralistik. So lange die Kameralistik noch läuft, wird allerdings niemand die Doppik ernst nehmen (so die Erfahrung der Modellkommunen). Auch ist bei Parallelbetrieb von Doppik und Kameralistik wie oben geschildert Vorsicht geboten. Zu beiden Systemen einen vollständigen Abschluss mit allen Abschlussbuchungen zu erstellen, scheint ein in der Praxis nur schwer lösbares Problem. Man sollte zu jeder Zeit festlegen, welches gerade das führende System ist und in dem jeweils anderen System Kompromisse zulassen.

Eine Abfrage in der Verwaltung sollte zeigen: Gibt es Organisationseinheiten, die zu den Pilotanwendern der Doppik gehören wollen? Diese könnten dann frühzeitig in das Projekt integriert werden. Sie sollten eine/einen „Doppikbeauftragte/n" benennen. Vorhandene Stellen für Controlling oder Kostenrechnung, die es in manchen Ämtern gibt, kommen für diese Aufgabe besonders infrage.

## 9. Zentrale Finanzbuchhaltung als neues Amt einrichten durch Zusammenlegung von Kämmerei, Kasse und dezentralen Buchungsstellen

Erfahrungen aus der Privatwirtschaft, aber auch aus den Modellkommunen, zeigen: Eine zentrale Finanzbuchhaltung ist vorteilhaft. Die künftige Finanzbuchhaltung umfasst zumindest die Kasse und das Buchungsgeschäft. Teile der Kämmerei oder der Personalbuchhaltung können optional integriert werden. Zentrale Finanzbuchhaltung bedeutet ausdrücklich nicht, dass die Dezentralisierung der Ressourcenverantwortung dadurch wieder zurückgefahren würde.

Der neuen Organisationseinheit sollte auch die Aufgabe des Stammdatenmanagements übertragen werden. Wurde in der Kameralistik für ein Amt auf Zuruf eine Haushaltsstelle angelegt, so führt diese Kultur in der Doppik zu Problemen. Im Kontenplan kann nicht für die Bedürfnisse eines Amtes kurzfristig ein Sachkonto eingerichtet werden. Daher sind ein neuer Prozess und eine stärkere zentrale Organisationseinheit für das Stammdatenmanagement erforderlich.

Tief greifende Veränderungen der Aufbauorganisation benötigen erfahrungsgemäß einen besonders langen Vorlauf. Daher ist es sinnvoll, diesen Prozess frühzeitig vorzubereiten.

Die o. g. Entwicklungstendenz sollte bei anstehenden Wiederbesetzungen von Amtsleitungen berücksichtigt werden. Gezielt könnte eine (vielleicht aus dem Rechnungswesen eines mittelständischen Betriebs oder einer kommunalen Tochter eingekaufte) kaufmännische Kraft als Amtsleiter/in in die Kasse gebracht werden, eine erfahrene „kameralistische Kraft" könnte parallel auf dem Stellvertreterposten belassen werden (oder umgekehrt).

Gleichzeitig sollten die gesamte Verwaltung (und zu allererst die Dezernenten) in homöopathischen Dosen an den Gedanken eines zentralen Rechnungswesens gewöhnt werden. Hier können vor allem Statements Externer helfen, weil diese hinsichtlich machtpolitischer Erwägungen unverdächtiger sind. Es könnte beispielsweise ein Vorstand der Stadtwerke in der Dezernentenkonferenz über die Organisation des Buchungsgeschäfts in seiner Organisation berichten.

## 10. Verwaltungsorganisation, Ausschussstruktur und Produktbereiche mit Budgets und Haushaltsgliederung gemeinsam entwickeln

Das neue Haushaltswesen wird besonders gut funktionieren, wenn mittelfristig die Strukturen von politischen Gremien, Haushalt und Budgets sowie Organisationseinheiten sinnvoll aufeinander abgestimmt sind.

Es sollte einen entsprechenden „Masterplan" zu Beginn des Projekts in einer gut verschließbaren Schublade geben. Dieser wäre mittelfristig, aber beharrlich zu verfolgen. Beispielsweise sollten sich bietende Gelegenheiten wie Neuwahlen oder Wiederbesetzungen von Amtsleitungspositionen genutzt werden.

# G  Anhang

## 1  Übungsaufgabe: Simulation eines Geschäftsjahres

Die nachfolgenden Aufgaben dienen dazu, den Ablauf eines gesamten Haushaltsjahres von der Haushaltsplanung bis zum Jahresabschluss zu simulieren. Grundlage dafür ist der gesamte Stoff der vorangegangenen Kapitel. Um den Umfang zu begrenzen, werden nur ausgewählte Positionen angesprochen.

Nach der Aufgabe folgen Seiten mit leeren Mustern von Ergebnis- und Finanzplan sowie den benötigten T-Konten. Diese können (ggf. kopiert) als Vorlage für die Bearbeitung der Aufgaben dienen.

Anhand des Kontenplans können die Kontennummern ermittelt werden. Sofern in den Aufgaben keine detaillierten Angaben gemacht sind, kann immer eine übergeordnete Kontengruppe bebucht werden. Ein „Kredit" kann also (mangels weiterer Angaben wie „vom Bund", „vom Land" oder „von privaten Unternehmen") unter der übergeordneten Kontonummer 3200 gebucht werden (vgl. Kontenplan).

### 1.1  Aufgaben

**Aufgabe 1:   Haushaltsplanung im August des Jahres 01**

Stellen Sie den Gesamtergebnisplan und den Gesamtfinanzplan für das Jahr 02 anhand der unten stehenden Meldungen aus den Fachämtern auf. Füllen Sie dabei lediglich den Ansatz im Haushaltsjahr aus. Berücksichtigen Sie einen Anfangsbestand an Finanzmitteln von 135.000 EUR (Vgl. Aufgabe 2). Unterstellen Sie eine Software, die Abschreibungen ab dem Monat der Inbetriebnahme berechnet.

Laufende Verwaltungstätigkeit:

1. Ertrag aus einer Schlüsselzuweisung vom Land 1.100.000 EUR (Einzahlung erfolgt voraussichtlich im Juli 02).
2. Personalaufwendungen 900.000 EUR (Auszahlung erfolgt im Verlauf des Jahres 02).

3. Die Miete für eine von der Kommune vermietete Turnhalle in Höhe von 3.000 EUR wird gemäß Mietvertrag halbjährlich überwiesen. Sie ist im November 02 fällig und gilt für den Zeitraum November 02 bis April 03.

4. Die Miete für eine von der Kommune angemietete Ausstellungshalle für Januar 03 im Wert von 720 EUR wird im Dezember 02 im Voraus überwiesen.

5. Für Büromaterial, das aus Lägern entnommen und durch Wiederbeschaffungen während des Jahres ersetzt wird, fallen nach Erfahrungswerten regelmäßig Auszahlungen und Aufwand in Höhe von 650 EUR an.

6. Aufgrund von Erfahrungswerten wird ein durchschnittlicher Verbrauch an Vorräten in Höhe von 300 EUR eingeplant.

7. Für die Meldestelle soll im Jahr 02 eine Sitzbank vom Bauhof erstellt werden. Der Herstellungsaufwand wird auf 700 EUR geschätzt.

8. Ende des Jahres 02 werden Pensionsrückstellungen in Höhe von 150.000 EUR abgeschätzt.

9. Erfahrungsgemäß werden jährlich Vorräte in Höhe von 290 EUR angeschafft.

Investitionen:

1. Es sollen 10 Computer angeschafft werden, Anschaffungskosten 10.000 EUR (Auszahlung in 02, Abschreibungen dieser Position werden in diesem Beispiel nicht berücksichtigt).

2. Anfang des Jahres 02 wird geplant, einen Bürostuhl anzuschaffen, dessen Anschaffungskosten sich auf 500 EUR belaufen (Abschreibungen werden in diesem Beispiel nicht berücksichtigt).

3. Im Januar 02 soll ein Streufahrzeug angeschafft und auch bezahlt werden. Es kostet 75.000 EUR. Anschließend wird es über 10 Jahre abgeschrieben.

**Aufgabe 2:    Inventar und Bilanz**

Zum Abschlussstichtag des Jahres 01 hat die Kommune die folgenden Inventurbestände ermittelt:

- Grund und Boden des Infrastrukturvermögens 1.200.000 EUR
- Liquide Mittel (Bank) 135.000 EUR
- Betriebs- und Geschäftsausstattung (BGA) 257.000 EUR
- Bauten auf fremdem Grund und Boden 988.000 EUR
- Verbindlichkeiten a. LL 9.000 EUR
- Langfristig angelegte Wertpapiere 20.000 EUR

- Bebautes Grundstück mit Bürogebäude 1.103.000 EUR
- Vorräte 17.000 EUR
- Bankverbindlichkeiten aus Investitionskrediten 1.379.000 EUR
- Öffentlich-rechtliche Forderungen aus Steuern 33.000 EUR
- Fahrzeuge 201.000 EUR
- Beteiligungen 371.000 EUR
- Sonstige öffentlich-rechtliche Forderungen 2.000 EUR

Ordnen Sie die Inventarpositionen nach den Gliederungskriterien des Inventars und erstellen Sie das Inventar des Jahres 01.

Erstellen Sie anschließend aufgrund der oben stehenden Inventarpositionen die Eröffnungsbilanz des Jahres 02.

**Aufgabe 3:     Eröffnungsbuchungen für das Jahr 02**

Erstellen Sie zuerst das Eröffnungsbilanzkonto mithilfe der Eröffnungsbuchungen im Grundbuch. Stellen Sie anschließend anhand dieser Buchungen die einzelnen aktiven und passiven Bestandskonten des Hauptbuches auf.

**Aufgabe 4:     Buchen der laufenden Geschäftsvorfälle im Jahr 02**

Buchen Sie die Geschäftsvorfälle des laufenden Jahres zuerst im Grundbuch mit Angabe der jeweiligen Kontonummer und anschließend im Hauptbuch.

Führen Sie des Weiteren die Finanzrechnung statistisch außerhalb der Kontensystematik mit.

1. Im Laufe des Jahres 02 sind folgende Geschäftsvorfälle erfolgt:
   a)  Anschaffung von 10 Computern auf Ziel im Wert von 10.000 EUR.
   b)  Anschließend wird die Rechnung per Banküberweisung beglichen.
2. Kauf eines Streufahrzeugs im Juli in Höhe von 75.000 EUR. Bezahlung sofort per Banküberweisung.
3. Ende des ersten Quartals in 02 erhält die Kommune die Miete für eine Turnhalle in Höhe von 3.000 EUR. Diese bezieht sich auf den Zeitraum von September 01 bis einschließlich Februar 02.
4. Erhalten von Schlüsselzuweisungen vom Land im Wert von 1.100.000 EUR.
5. Einkauf von Vorräten (Rohstoffen) für 250 EUR. Dabei fallen Transportkosten von 10 % des Lieferwertes an. Die Lieferung wird sofort bei Wareneingang per Banküberweisung bezahlt.
6. Tätigung eines Großeinkaufs für 1.000 Schreibblöcke im Wert von 500 EUR. Die Rechnung wird direkt nach dem Wareneingang beglichen.

7. a) Verbrauch von Material aus dem Vorratsbestand in Höhe von 300 EUR.

   b) Der Bauhof fertigt daraus eine Sitzbank für den Warteraum in der Meldestelle an, die die Kommune aktivieren muss. Diese haben zusammen mit dem Lohnaufwand einen Wert von 700 EUR.

8. a) Kauf eines Bürostuhls in Höhe von 500 EUR auf Ziel.

   b) Anschließend wird die Rechnung per Banküberweisung beglichen.

9. Zahlung der Bezüge der Beamten in Höhe von 900.000 EUR.

Am Ende des Jahres 02 fallen folgende Geschäftsvorfälle an:

10. Für das in 02 angeschaffte Streufahrzeug muss die lineare Abschreibung ermittelt und erfasst werden. Die Nutzungsdauer beträgt lt. Abschreibungstabelle 10 Jahre.

11. Die Miete für eine von der Kommune angemietete Ausstellungshalle wird für den Monat Januar 03 bereits Ende Dezember des Jahres 02 von der Kommune überwiesen. Sie beträgt 720 EUR.

12. Für die Mitarbeiterschaft der Kommune werden Pensionsrückstellungen im Wert von 150.000 EUR gebildet.

**Aufgabe 5:    Jahresabschluss des Jahres 02**

Schließen Sie die Konten ab und nehmen Sie die Abschlussbuchungen über das Schlussbilanzkonto vor.

Erstellen Sie anschließend den Jahresabschluss mit der Ergebnis- und Finanzrechnung in Staffelform sowie der Bilanz.

Vergleichen Sie die Haushaltsplanung aus August 01 mit dem Jahresabschluss 02.

# 1.2 Blankoformulare für die Lösung

Für Aufgabe 1:

| | Ergebnisplan für 02 | Ansatz des Haushaltsjahres (Beträge in EUR) |
|---|---|---|
| | | 3 |
| 1 | Steuern und ähnliche Abgaben | |
| 2 | + Zuwendungen und allgemeine Umlagen | |
| 3 | + Sonstige Transfererträge | |
| 4 | + Öffentlich-rechtliche Leistungsentgelte | |
| 5 | + Privatrechtliche Leistungsentgelte | |
| 6 | + Kostenerstattungen und Kostenumlagen | |
| 7 | + Sonstige ordentliche Erträge | |
| 8 | + Aktivierte Eigenleistungen | |
| 9 | +/- Bestandsveränderungen | |
| 10 | = Ordentliche Erträge | |
| 11 | − Personalaufwendungen | |
| 12 | − Versorgungsaufwendungen | |
| 13 | − Aufwendungen für Sach- und Dienstleistungen | |
| 14 | − Bilanzielle Abschreibungen | |
| 15 | − Transferaufwendungen | |
| 16 | − Sonstige ordentliche Aufwendungen | |
| 17 | = Ordentliche Aufwendungen | |
| 18 | = Ergebnis der laufenden Verwaltungstätigkeit (= Zeilen 10 und 17) | |
| 19 | + Finanzerträge | |
| 20 | − Zinsen und sonst. Finanzaufwendungen | |
| 21 | = Finanzergebnis (= Zeilen 19 und 20) | |
| 22 | = Ordentliches Ergebnis (= Zeilen 18 und 21) | |
| 23 | + Außerordentliche Erträge | |
| 24 | − Außerordentliche Aufwendungen | |
| 25 | = Außerordentliches Ergebnis (= Zeilen 23 und 24) | |
| 26 | = Jahresergebnis (= Zeilen 22 und 25) | |

231

| Finanzplan für 02 | Ansatz des Haushaltsjahres (Beträge in EUR) |
|---|---|
| | 3 |
| 1   +/- Steuern und ähnliche Abgaben | |
| 2   + Zuwendungen und allgemeine Umlagen | |
| 3   + Sonstige Transfereinzahlungen | |
| 4   + Öffentlich-rechtliche Leistungsentgelte | |
| 5   + Privatrechtliche Leistungsentgelte | |
| 6   + Kostenerstattungen und Kostenumlagen | |
| 7   + Sonstige Einzahlungen | |
| 8   + Zinsen und sonst. Finanzeinzahlungen | |
| 9   = Einzahlungen aus lfd. Verwaltungstätigkeit | |
| 10   − Personalauszahlungen | |
| 11   − Versorgungsauszahlungen | |
| 12   − Auszahlungen für Sach- und Dienstleistungen | |
| 13   − Zinsen sonst. Finanzauszahlungen | |
| 14   − Transferauszahlungen | |
| 15   − Sonstige Auszahlungen | |
| 16   = Auszahlungen aus lfd. Verwaltungstätigkeit | |
| 17   = Saldo aus lfd. Verwaltungstätigkeit | |
| 18   + Zuwendungen für Investitionsmaßnahmen | |
| 19   + Einzahlungen aus der Veräußerung v. Sachanlagen | |
| 20   + Einzahlungen a. der Veräußerung v. Finanzanlagen | |
| 21   + Einzahlungen aus Beiträgen u. ä. Entgelten | |
| 22   + Sonstige Investitionseinzahlungen | |
| 23   = Einzahlungen aus Investitionstätigkeit | |
| 24   − Ausz. f. d. Erwerb von Grundstücken u. Gebäuden | |
| 25   − Auszahlungen für Baumaßnahmen | |
| 26   − Auszahlungen f. d. Erwerb v. bewegl. Anlageverm. | |
| 27   − Auszahlungen f. d. Erwerb von Finanzanlagen | |
| 28   − Auszahlung von aktivierbaren Zuwendungen | |
| 29   − Sonstige Investitionsauszahlungen | |
| 30   = Auszahlungen aus Investitionstätigkeit | |
| 31   = Saldo aus Investitionstätigkeit | |
| 32   = Finanzmittelüberschuss/-fehlbetrag | |
| 33   + Aufnahme und Rückflüsse von Darlehen | |
| 34   − Tilgung und Gewährung von Darlehen | |
| 35   = Saldo aus Finanzierungstätigkeit | |
| 36   = Änderung des Bestandes an Finanzmitteln | |
| 37   + Anfangsbestand an Finanzmitteln | |
| 38   = Liquide Mittel | |

Für Aufgabe 2:

| Inventar 02 | Einzelpos. in EUR | Gesamt in EUR |
|---|---|---|
| A. Vermögen | | |
| Summe des Vermögens: | | |
| B. Schulden | | |
| Summe der Schulden: | | |
| C. Ermittlung des Reinvermögens (Eigenkapital) | | |
|    Summe des Vermögens | | |
|    ./. Summe der Schulden | | |
|    = Reinvermögen (Eigenkapital) | | |

| Aktiva | Eröffnungsbilanz 02<br>(Beträge in EUR) | Passiva |
|---|---|---|
| A. Anlagevermögen | A. Eigenkapital | |
| | B. Sonderposten | |
| | C. Rückstellungen | |
| | D. Verbindlichkeiten | |
| B. Umlaufvermögen | | |
| | E. Rechnungsabgrenzungs-<br>posten | |
| C. Rechnungsabgrenzungs-<br>posten | | |

Für Aufgaben 3 bis 5:

## Teil A: Eröffnungsbuchungen

| Nr. | Buchungstext | Soll | Haben |
|-----|--------------|------|-------|
|     |              |      |       |
|     |              |      |       |
|     |              |      |       |
|     |              |      |       |
|     |              |      |       |
|     |              |      |       |
|     |              |      |       |
|     |              |      |       |
|     |              |      |       |
|     |              |      |       |

|  |  |  |  |
|---|---|---|---|
|  |  |  |  |
|  |  |  |  |
|  |  |  |  |

## Teil B: Laufende Buchungen

| Nr. | Buchungstext | Soll | Haben |
|---|---|---|---|
|  |  |  |  |
|  |  |  |  |
|  |  |  |  |
|  |  |  |  |
|  |  |  |  |
|  |  |  |  |
|  |  |  |  |
|  |  |  |  |

|  |  |  |  |
|---|---|---|---|
|  |  |  |  |
|  |  |  |  |
|  |  |  |  |
|  |  |  |  |
|  |  |  |  |
|  |  |  |  |
|  |  |  |  |

## Teil C: Abschlussbuchungen

| Nr. | Buchungstext | Soll | Haben |
|---|---|---|---|
|  |  |  |  |
|  |  |  |  |
|  |  |  |  |
|  |  |  |  |

|  |  |  |  |
|--|--|--|--|
|  |  |  |  |
|  |  |  |  |
|  |  |  |  |
|  |  |  |  |
|  |  |  |  |
|  |  |  |  |
|  |  |  |  |
|  |  |  |  |
|  |  |  |  |
|  |  |  |  |
|  |  |  |  |

| S | 8010 Eröffnungsbilanzkonto | H |
|---|---|---|

S                          H     S                         H

S                          H     S                         H

S                          H     S                         H

S                          H     S                         H

S                          H     S                         H

S                          H          S                          H

S                          H          S                          H

S                          H          S                          H

S                          H          S                          H

S                          H          S                          H

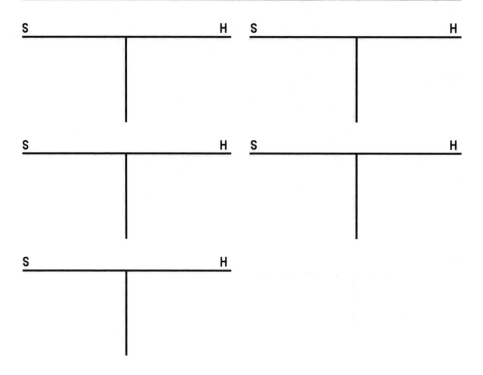

| S | 8030 Ergebniskonto | H |
|---|---|---|

| S | 8020 Schlussbilanzkonto | H |
|---|---|---|

## Statistische Mitführung der Finanzrechnung:

| Nr. | Kontierungstext | Betrag |
|---|---|---|
|  |  |  |
|  |  |  |
|  |  |  |
|  |  |  |
|  |  |  |
|  |  |  |
|  |  |  |
|  |  |  |
|  |  |  |

| Ergebnisrechnung 02 | | Ansatz des Haushaltsjahres (Beträge in EUR) |
|---|---|---|
| | | 3 |
| 1 | Steuern und ähnliche Abgaben | |
| 2 | + Zuwendungen und allgemeine Umlagen | |
| 3 | + Sonstige Transfererträge | |
| 4 | + Öffentlich-rechtliche Leistungsentgelte | |
| 5 | + Privatrechtliche Leistungsentgelte | |
| 6 | + Kostenerstattungen und Kostenumlagen | |
| 7 | + Sonstige ordentliche Erträge | |
| 8 | + Aktivierte Eigenleistungen | |
| 9 | +/- Bestandsveränderungen | |
| 10 | = Ordentliche Erträge | |
| 11 | – Personalaufwendungen | |
| 12 | – Versorgungsaufwendungen | |
| 13 | – Aufwendungen für Sach- und Dienstleistungen | |
| 14 | – Bilanzielle Abschreibungen | |
| 15 | – Transferaufwendungen | |
| 16 | – Sonstige ordentliche Aufwendungen | |
| 17 | = Ordentliche Aufwendungen | |
| 18 | = Ergebnis der laufenden Verwaltungstätigkeit (= Zeilen 10 und 17) | |
| 19 | + Finanzerträge | |
| 20 | – Zinsen und sonst. Finanzaufwendungen | |
| 21 | = Finanzergebnis (= Zeilen 19 und 20) | |
| 22 | = Ordentliches Ergebnis (= Zeilen 18 und 21) | |
| 23 | + Außerordentliche Erträge | |
| 24 | – Außerordentliche Aufwendungen | |
| 25 | = Außerordentliches Ergebnis (= Zeilen 23 und 24) | |
| 26 | = Jahresergebnis (= Zeilen 22 und 25) | |

| Finanzrechnung 02 | Ansatz des Haushaltsjahres (Beträge in EUR) |
|---|---|
| | 3 |
| 1  +/- Steuern und ähnliche Abgaben | |
| 2  + Zuwendungen und allgemeine Umlagen | |
| 3  + Sonstige Transfereinzahlungen | |
| 4  + Öffentlich-rechtliche Leistungsentgelte | |
| 5  + Privatrechtliche Leistungsentgelte | |
| 6  + Kostenerstattungen und Kostenumlagen | |
| 7  + Sonstige Einzahlungen | |
| 8  + Zinsen und sonst. Finanzeinzahlungen | |
| 9  = Einzahlungen aus lfd. Verwaltungstätigkeit | |
| 10  – Personalauszahlungen | |
| 11  – Versorgungsauszahlungen | |
| 12  – Auszahlungen für Sach- und Dienstleistungen | |
| 13  – Zinsen sonst. Finanzauszahlungen | |
| 14  – Transferauszahlungen | |
| 15  – Sonstige Auszahlungen | |
| 16  = Auszahlungen aus lfd. Verwaltungstätigkeit | |
| 17  = Saldo aus lfd. Verwaltungstätigkeit | |
| 18  + Zuwendungen für Investitionsmaßnahmen | |
| 19  + Einzahlungen aus der Veräußerung v. Sachanlagen | |
| 20  + Einzahlungen a. der Veräußerung v. Finanzanlagen | |
| 21  + Einzahlungen aus Beiträgen u. ä. Entgelten | |
| 22  + Sonstige Investitionseinzahlungen | |
| 23  = Einzahlungen aus Investitionstätigkeit | |
| 24  – Ausz. f. d. Erwerb von Grundstücken u. Gebäuden | |
| 25  – Auszahlungen für Baumaßnahmen | |
| 26  – Auszahlungen f. d. Erwerb v. bewegl. Anlageverm. | |
| 27  – Auszahlungen f. d. Erwerb von Finanzanlagen | |
| 28  – Auszahlung von aktivierbaren Zuwendungen | |
| 29  – Sonstige Investitionsauszahlungen | |
| 30  = Auszahlungen aus Investitionstätigkeit | |
| 31  = Saldo aus Investitionstätigkeit | |
| 32  = Finanzmittelüberschuss/-fehlbetrag | |
| 33  + Aufnahme und Rückflüsse von Darlehen | |
| 34  – Tilgung und Gewährung von Darlehen | |
| 35  = Saldo aus Finanzierungstätigkeit | |
| 36  = Änderung des Bestandes an Finanzmitteln | |
| 37  + Anfangsbestand an Finanzmitteln | |
| 38  = Liquide Mittel | |

| Aktiva | Bilanz 02<br>(Beträge in EUR) | Passiva |
|---|---|---|
| A. Anlagevermögen | A. Eigenkapital | |
| | B. Sonderposten | |
| | C. Rückstellungen | |
| | D. Verbindlichkeiten | |
| B. Umlaufvermögen | | |
| | E. Rechnungsabgrenzungs-<br>posten | |
| C. Rechnungsabgrenzungs-<br>posten | | |

# 2 NKF-Kontenplan

Der unten wiedergegebene Kontenplan ist an die „Handreichungen des Innenministeriums NRW" angelehnt und um eine detaillierte Kontenstruktur erweitert. Nach § 27 Abs. 7 GemHVO NRW haben sich die Kommunen an dem Muster des Innenministeriums zu orientieren. Verbindlich sind dabei die Kontenklassen in ihrer Bezeichnung und Reihenfolge. Die Klassen 7 und 8 wurden für Finanzkonten eingerichtet. Diese werden nur benötigt, wenn die Finanzrechnung innerhalb des doppischen Verbunds bebucht wird. Andernfalls ist eine statistische Mitführung möglich.

| Kontenklasse | Kontengruppe | Kontenart | Konto | Unterkonto | Bezeichnung |
|---|---|---|---|---|---|
| 0 | | | | | Immaterielle Vermögensgegenstände und Sachanlagen |
| | 000 | | | | (Aufwendungen für Erweiterung des Geschäftsbetriebs) |
| | 01 | | | | Immaterielle Vermögensgegenstände |
| | | 011 | | | Konzessionen |
| | | 012 | | | Lizenzen |
| | | 013 | | | DV-Software |
| | | 019 | | | Anzahlungen auf immaterielle Vermögensgegenstände |
| | 02 | | | | Unbebaute Grundstücke und grundstücksgleiche Rechte |
| | | 021 | | | Grünflächen |
| | | | 0211 | | Grund und Boden von Grünflächen |
| | | | 0212 | | Aufbauten und Betriebsvorrichtungen auf Grünflächen |
| | | 022 | | | Ackerland |
| | | | 0221 | | Grund und Boden von Ackerland |
| | | | 0222 | | Aufbauten und Betriebsvorrichtungen auf Ackerland |
| | | 023 | | | Wald, Forsten |
| | | | 0231 | | Grund und Boden von Wald und Forsten |
| | | | 0232 | | Aufbauten und Betriebsvorrichtungen auf Forstflächen |
| | | 024 | | | Sonstige unbebaute Grundstücke |
| | | | 0241 | | Grund und Boden sonstiger unbebauter Grundstücke |
| | | | 0242 | | Aufbauten und Betriebsvorrichtungen auf sonstigen unbebauten Grundstücken |
| | 03 | | | | Bebaute Grundstücke und grundstücksgleiche Rechte |
| | | 031 | | | Grundstücke mit Kindertageseinrichtungen |
| | | | 0311 | | Grund und Boden bei Kindertageseinrichtungen |
| | | | 0312 | | Gebäude, Aufbauten und Betriebsvorrichtungen bei Kindertageseinrichtungen |
| | | 032 | | | Grundstücke mit Schulen |
| | | | 0321 | | Grund und Boden bei Schulen |
| | | | 0322 | | Gebäude, Aufbauten und Betriebsvorrichtungen bei Schulen |
| | | 033 | | | Grundstücke mit Wohnbauten |
| | | | 0331 | | Grund und Boden bei Wohnbauten |
| | | | 0332 | | Gebäude, Aufbauten und Betriebsvorrichtungen bei Wohnbauten |

| | | 034 | | Grundstücke mit sonst. Dienst-, Geschäfts- und anderen Betriebsgebäuden |
|---|---|---|---|---|
| | | | 0341 | Grund und Boden bei sonstigen Gebäuden |
| | | | 0342 | Gebäude, Aufbauten und Betriebsvorrichtungen bei sonstigen Gebäuden |
| | 04 | | | Infrastrukturvermögen |
| | | 041 | | Grund und Boden des Infrastrukturvermögens |
| | | 042 | | Brücken und Tunnel |
| | | 043 | | Gleisanlagen mit Streckenausrüstung und Sicherheitsanlagen |
| | | 044 | | Entwässerungs- und Abwasserbeseitigungsanlagen |
| | | 045 | | Straßennetz mit Wegen, Plätzen und Verkehrslenkungsanlagen |
| | | 046 | | Sonstige Bauten des Infrastrukturvermögens |
| | 05 | | | Bauten auf fremdem Grund und Boden |
| | | 051 | | Bauten auf fremdem Grund und Boden |
| | 06 | | | Kunstgegenstände, Kulturdenkmäler |
| | | 061 | | Kunstgegenstände |
| | | 065 | | Baudenkmäler |
| | | 066 | | Bodendenkmäler |
| | | 069 | | Sonstige Kulturdenkmäler |
| | 07 | | | Maschinen und technische Anlagen, Fahrzeuge |
| | | 071 | | Maschinen |
| | | 072 | | Technische Anlagen |
| | | 073 | | Betriebsvorrichtungen |
| | | 075 | | Fahrzeuge |
| | 08 | | | Betriebs- und Geschäftsausstattung |
| | | 081 | | Betriebs- und Geschäftsausstattung |
| | 09 | | | Geleistete Anzahlungen, Anlagen im Bau |
| | | 091 | | Geleistete Anzahlungen auf Sachanlagen |
| | | 096 | | Anlagen im Bau |
| 1 | | | | Finanzanlagen, Umlaufvermögen und aktive Rechnungsabgrenzung |
| | 10 | | | Anteile an verbundenen Unternehmen |
| | | 101 | | Anteile an verbundenen Unternehmen |
| | 11 | | | Beteiligungen |
| | | 111 | | Beteiligungen |
| | 12 | | | Sondervermögen |
| | | 121 | | Sondervermögen |
| | 13 | | | Ausleihungen |
| | | 132 | | Ausleihungen an verbundene Unternehmen |
| | | 133 | | Ausleihungen an Beteiligungen |
| | | 134 | | Ausleihungen an Sondervermögen |
| | | 139 | | Sonstige Ausleihungen |
| | 14 | | | Wertpapiere |
| | | 140 | | Wertpapiere des Anlagevermögens |
| | | | 1401 | Unternehmensanteile als Anlagevermögen |
| | | | 1402 | Sonstige Wertpapiere des Anlagevermögens |
| | | 145 | | Wertpapiere des Umlaufvermögens |
| | | | 1451 | Unternehmensanteile als Umlaufvermögen |
| | | | 1452 | Sonstige Wertpapiere des Umlaufvermögens |
| | 15 | | | Vorräte |
| | | 151 | | Roh-, Hilfs- und Betriebsstoffe / Waren |
| | | 152 | | Geleistete Anzahlungen auf Vorräte |

| 16 | | | Öffentlich-rechtliche Forderungen und Forderungen aus Transferleistungen |
|---|---|---|---|
| | 162 | | Gebührenforderungen |
| | | 1621 | Gebührenforderungen gegenüber dem privaten Bereich |
| | | 1622 | Gebührenforderungen gegenüber dem öffentlichen Bereich |
| | | 1623 | Gebührenforderungen gegen verbundene Unternehmen |
| | | 1624 | Gebührenforderungen gegen Beteiligungen |
| | | 1625 | Gebührenforderungen gegen Sondervermögen |
| | 163 | | Beitragsforderungen |
| | | 1631 | Beitragsforderungen gegenüber dem privaten Bereich |
| | | 1632 | Beitragsforderungen gegenüber dem öffentlichen Bereich |
| | | 1633 | Beitragsforderungen gegen verbundene Unternehmen |
| | | 1634 | Beitragsforderungen gegen Beteiligungen |
| | | 1635 | Beitragsforderungen gegen Sondervermögen |
| | 164 | | Steuerforderungen |
| | | 1641 | Steuerforderungen gegenüber dem privaten Bereich |
| | | 1642 | Steuerforderungen gegenüber dem öffentlichen Bereich |
| | | 1643 | Steuerforderungen gegen verbundene Unternehmen |
| | | 1644 | Steuerforderungen gegen Beteiligungen |
| | | 1645 | Steuerforderungen gegen Sondervermögen |
| | 165 | | Forderungen aus Transferleistungen |
| | | 1651 | Forderungen aus Transferleistungen gegenüber dem privaten Bereich |
| | | 1652 | Forderungen aus Transferleistungen gegenüber dem öffentlichen Bereich |
| | | 1653 | Forderungen aus Transferleistungen gegen verbundene Unternehmen |
| | | 1654 | Forderungen aus Transferleistungen gegen Beteiligungen |
| | | 1655 | Forderungen aus Transferleistungen gegen Sondervermögen |
| | 168 | | Sonstige öffentlich-rechtliche Forderungen |
| | | 1681 | Sonstige öffentlich-rechtliche Forderungen gegenüber dem privaten Bereich |
| | | 1682 | Sonstige öffentlich-rechtliche Forderungen gegenüber dem öffentlichen Bereich |
| | | 1683 | Sonstige öffentlich-rechtliche Forderungen gegen verbundene Unternehmen |
| | | 1684 | Sonstige öffentlich-rechtliche Forderungen gegen Beteiligungen |
| | | 1685 | Sonstige öffentlich-rechtliche Forderungen gegen Sondervermögen |
| 17 | | | Privatrechtliche Forderungen, sonstige Vermögensgegenstände |
| | 172 | | Privatrechtliche Forderungen gegenüber dem privaten Bereich |
| | 173 | | Privatrechtliche Forderungen gegenüber dem öffentlichen Bereich |
| | | 1731 | Privatrechtliche Forderungen gegen den Bund |
| | | 1732 | Privatrechtliche Forderungen gegen das Land |
| | | 1733 | Privatrechtliche Forderungen gegen Gemeinden (GV) |
| | | 1734 | Privatrechtliche Forderungen gegen Zweckverbände |
| | | 1735 | Privatrechtliche Forderungen gegen den sonstigen öffentlichen Bereich |
| | 174 | | Privatrechtliche Forderungen gegen verbundene Unternehmen |
| | 175 | | Privatrechtliche Forderungen gegen Beteiligungen |
| | 176 | | Privatrechtliche Forderungen gegen Sondervermögen |
| | 178 | | Sonstige Vermögensgegenstände |
| 18 | | | Liquide Mittel |
| | 181 | | Guthaben bei Banken und Kreditinstituten |
| | 185 | | Guthaben bei Bundesbank und Europäischer Zentralbank |
| | 186 | | Schecks |
| | 187 | | Kasse (Bargeld) |

| | | | |
|---|---|---|---|
| **19** | | | **Aktive Rechnungsabgrenzung (RAP)** |
| | 191 | | Kreditbeschaffungskosten |
| | 192 | | Zölle und Verbauchssteuern |
| | 193 | | Umsatzsteuer auf erhaltene Anzahlungen |
| | 195 | | Aktive RAP für geleistete Zuwendungen |
| | 199 | | Sonstige aktive RAP |
| **2** | | | **Eigenkapital, Sonderposten und Rückstellungen** |
| **20** | | | **Eigenkapital** |
| | 201 | | Allgemeine Rücklage |
| | 202 | | Zweckgebundene Deckungsrücklagen |
| | 203 | | Sonderrücklagen |
| | 204 | | Ausgleichsrücklage |
| | 208 | | Jahresüberschuss / Jahresfehlbetrag |
| **21** | | | **Wertberichtigungen** *(Bilanzausweis nicht zulässig)* |
| | 211 | | Einzelwertberichtungen zu Forderungen |
| | 212 | | Pauschalwertberichtungen zu Forderungen |
| **23** | | | **Sonderposten** |
| | 231 | | Sonderposten aus Zuwendungen |
| | | 2310 | Sonderposten aus Zuweisungen vom Bund |
| | | 2311 | Sonderposten aus Zuweisungen vom Land |
| | | 2312 | Sonderposten aus Zuweisungen von Gemeinden (GV) |
| | | 2313 | Sonderposten aus Zuweisungen von Zweckverbänden |
| | | 2314 | Sonderposten aus Zuweisungen vom sonstigen öffentlichen Bereich |
| | | 2315 | Sonderposten aus Zuschüsse von verbundenen Unternehmen, Beteiligungen und Sondervermögen |
| | | 2316 | Sonderposten aus Zuschüsse von sonstigen öffentlichen Sonderrechnungen |
| | | 2317 | Sonderposten aus Zuschüsse von privaten Unternehmen |
| | | 2318 | Sonderposten aus Zuschüsse von übrigen Bereichen |
| | 232 | | Sonderposten aus Beiträgen |
| | 233 | | Sonderposten für den Gebührenausgleich |
| | | 2331 | Sonderposten für den Gebührenausgleich "..." |
| | | 2332 | Sonderposten für den Gebührenausgleich "..." |
| | 239 | | Sonstige Sonderposten |
| **25** | | | **Pensionsrückstellungen** |
| | 251 | | Pensionsrückstellungen für Beschäftigte |
| | 252 | | Pensionsrückstellungen für Versorgungsempfänger |
| | 253 | | Rückstellungen für die Inanspruchnahme von Altersteilzeit |
| **26** | | | **Rückstellungen für Deponien und Altlasten** |
| | 261 | | Rückstellungen für Deponien und Altlasten |
| **27** | | | **Instandhaltungsrückstellungen** |
| | 271 | | Instandhaltungsrückstellungen |
| **28** | | | **Sonstige Rückstellungen** |
| | 281 | | Sonstige Rückstellungen für nicht in Anspruch genommenen Urlaub |
| | 282 | | Sonstige Rückstellungen für geleistete Überstunden |
| | 289 | | Andere sonstige Rückstellungen |
| **3** | | | **Verbindlichkeiten und passive Rechnungsabgrenzung** |
| **30** | | | **Anleihen** |
| | 301 | | Konvertible Anleihen |
| | 305 | | Nicht konvertible Anleihen |

| 32 | | | Verbindlichkeiten aus Krediten für Investitionen |
|---|---|---|---|
| | 322 | | Investitionskredite von verbundenen Unternehmen |
| | 323 | | Investitionskredite von Beteiligungen |
| | 324 | | Investitionskredite von Sondervermögen |
| | 325 | | Investitionskredite vom öffentlichen Bereich |
| | | 3251 | Investitionskredite vom Bund |
| | | 3252 | Investitionskredite vom Land |
| | | 3253 | Investitionskredite von Gemeinden (GV) |
| | | 3254 | Investitionskredite von Zweckverbänden |
| | | 3255 | Investitionskredite vom sonstigen öffentlichen Bereich |
| | 326 | | Investitionskredite vom privaten Kreditmarkt |
| | | 3261 | Investitionskredite von Banken und Kreditinstituten |
| | | 3262 | Investitionskredite von übrigen Kreditgebern |
| 33 | | | Verbindlichkeiten aus Krediten zur Liquiditätssicherung |
| | 331 | | Liquiditätskredite vom öffentlichen Bereich |
| | 332 | | Liquiditätskredite vom privaten Kreditmarkt |
| 34 | | | Verbindlichk. a. Vorgängen, d. Kreditaufnahmen wirtschaftl. gleichkommen |
| | 341 | | Schuldübernahmen |
| | 342 | | Leibrentenverträge |
| | 343 | | Verträge über die Durchführung städtebaulicher Maßnahmen |
| | 344 | | Gewährung von Schuldendiensthilfen an Dritte |
| | 345 | | Leasingverträge |
| | 346 | | Restkaufgelder im Zusammenhang mit Grundstücksgeschäften |
| | 349 | | Sonstige Kreditaufnahmen gleichkommende Vorgänge |
| 35 | | | Verbindlichkeiten aus Lieferungen und Leistungen |
| | 351 | | Verbindlichkeiten a. Lieferungen u. Leistungen gg. verbundene Unternehmen |
| | 352 | | Verbindlichkeiten aus Lieferungen und Leistungen gegen Beteiligungen |
| | 353 | | Verbindlichkeiten aus Lieferungen und Leistungen gegen Sondervermögen |
| | 354 | | Verbindlichkeiten a. Lieferungen u. Leistungen gg. den öffentlichen Bereich |
| | 355 | | Verbindlichkeiten a. Lieferungen u. Leistungen gegen den privaten Bereich |
| | 356 | | Verbindlichkeiten aus Lieferungen und Leistungen (Ausland) |
| 36 | | | Verbindlichkeiten aus Transferleistungen |
| | 361 | | Verbindlichkeiten aus Transferleistungen gegen verbundene Unternehmen |
| | 362 | | Verbindlichkeiten aus Transferleistungen gegen Beteiligungen |
| | 363 | | Verbindlichkeiten aus Transferleistungen gegen Sondervermögen |
| | 364 | | Verbindlichkeiten aus Transferleistungen gegen den öffentlichen Bereich |
| | 365 | | Verbindlichkeiten aus Transferleistungen gegen übrige Bereiche |
| 37 | | | Sonstige Verbindlichkeiten |
| | 371 | | Steuerverbindlichkeiten |
| | | 3711 | Umsatzsteuer |
| | | 3712 | Abzuführende Lohn- und Kirchensteuer der Beschäftigten |
| | | 3713 | Körperschaftsteuer |
| | | 3714 | Kapitalertragsteuer |
| | | 3719 | Sonstige Steuerverbindlichkeiten |
| | 372 | | Verbindlichkeiten gegenüber Sozialversicherungsträgern |
| | 373 | | Verbindlichkeiten gg. Mitarbeitern, Organmitgliedern u. Gesellschaftern |
| | 374 | | Erhaltene Anzahlungen |
| | 379 | | Andere sonstige Verbindlichkeiten |

| 39 | | | Passive Rechnungsabgrenzung (RAP) |
|---|---|---|---|
| | 391 | | Passive RAP für erhaltene Zuwendungen |
| | 399 | | Sonstige passive RAP |
| **4** | | | **Erträge** |
| | 40 | | Steuern und ähnliche Abgaben |
| | | 401 | Realsteuern |
| | | 4011 | Grundsteuer A |
| | | 4012 | Grundsteuer B |
| | | 4013 | Gewerbesteuer |
| | | 402 | Gemeindeanteile an den Gemeinschaftssteuern |
| | | 4021 | Gemeindeanteil an der Einkommensteuer |
| | | 4022 | Gemeindeanteil an der Umsatzsteuer |
| | | 403 | Sonstige Gemeindesteuern |
| | | 4031 | Vergnügungssteuer für die Vorführung von Bildstreifen |
| | | 4032 | Sonstige Vergnügungssteuer |
| | | 4033 | Hundesteuer |
| | | 4034 | Jagdsteuer |
| | | 4035 | Zweitwohnungssteuer |
| | | 4039 | Sonstige Steuern |
| | | 406 | Steuerähnliche Abgaben |
| | | 4061 | Fremdenverkehrsabgaben |
| | | 4062 | Abgaben von Spielbanken |
| | | 4069 | Sonstige steuerähnliche Erträge |
| | 41 | | Zuwendungen und allgemeine Umlagen |
| | | 410 | Zuwendungen |
| | | 418 | Allgemeine Umlagen |
| | | 4181 | Schlüsselzuweisungen vom Land |
| | 42 | | Sonstige Transfererträge |
| | | 420 | Sonstige Transfererträge |
| | 43 | | Öffentlich-rechtliche Leistungsentgelte |
| | | 430 | Öffentlich-rechtliche Leistungsentgelte |
| | | 4301 | Verwaltungsgebühren |
| | | 432 | Benutzungsgebühren und ähnliche Entgelte |
| | | 4321 | Benutzungsgebühren "..." |
| | | 4322 | Benutzungsgebühren "..." |
| | 44 | | Privatrechtliche Leistungsentgelte, Kostenerstattungen und Kostenumlagen |
| | | 440 | Privatrechtliche Leistungsentgelte |
| | | 4401 | Erträge aus Verkauf |
| | | 4402 | Mieten und Pachten |
| | | 4409 | Sonstige privatrechtliche Leistungsentgelte |
| | | 448 | Erträge aus Kostenerstattungen und Kostenumlagen |
| | | 4480 | Erstattungen vom Bund |
| | | 4481 | Erstattungen vom Land |
| | | 4482 | Erstattungen von Gemeinden (GV) |
| | | 4483 | Erstattungen von Zweckverbänden |
| | | 4484 | Erstattungen vom sonstigen öffentlichen Bereich |
| | | 4485 | Erstattungen von verbundenen Unternehmen, Beteiligungen und Sondervermögen |
| | | 4486 | Erstattungen von sonstigen öffentlichen Sonderrechnungen |
| | | 4487 | Erstattungen von privaten Unternehmen |
| | | 4488 | Erstattungen von übrigen Bereichen |

| | | | | |
|---|---|---|---|---|
| **45** | | | | **Sonstige ordentliche Erträge** |
| | **450** | | | **Sonstige ordentliche Erträge** |
| **46** | | | | **Finanzerträge** |
| | **461** | | | **Zinserträge** |
| | | 4610 | | Zinserträge vom Bund |
| | | 4611 | | Zinserträge vom Land |
| | | 4612 | | Zinserträge von Gemeinden (GV) |
| | | 4613 | | Zinserträge von Zweckverbänden |
| | | 4614 | | Zinserträge vom sonstigen öffentlichen Bereich |
| | | 4615 | | Zinserträge von verbundenen Unternehmen, Beteiligungen und Sondervermögen |
| | | 4616 | | Zinserträge von sonstigen öffentlichen Sonderrechnungen |
| | | 4617 | | Zinserträge von privaten Unternehmen |
| | | 4618 | | Zinserträge von übrigen Bereichen |
| | **469** | | | **Sonstige Finanzerträge** |
| | | 4691 | | Erträge aus Gewinnanteilen aus Beteiligungen |
| | | 4692 | | Erträge aus Gewinnabführungsverträgen |
| | | 4693 | | Erträge aus Wertpapieren des Anlagevermögens |
| | | 4694 | | Erträge aus Wertpapieren des Umlaufvermögens |
| | | 4699 | | Andere sonstige zinsähnliche Erträge |
| **47** | | | | **Aktivierte Eigenleistungen und Bestandsveränderungen** |
| | **471** | | | **Aktivierte Eigenleistungen** |
| | | 471 | | Aktivierte Eigenleistungen |
| | **472** | | | **Bestandsveränderungen** |
| | | 4721 | | Bestandsveränderungen an unfertigen Erzeugnissen |
| | | 4722 | | Bestandsveränderungen an fertigen Erzeugnissen |
| **48** | | | | **Erträge aus internen Leistungsbeziehungen** |
| | **481** | | | **Erträge aus internen Leistungsbeziehungen** |
| | | 4811 | | Erträge aus internen Leistungsbeziehungen |
| **49** | | | | **Außerordentliche Erträge** |
| | **491** | | | **Außerordentliche Erträge** |
| | | 4911 | | Außerordentliche Erträge |
| **5** | | | | **Aufwendungen** |
| | **50** | | | **Personalaufwendungen** |
| | **501** | | | **Dienstaufwendungen und dgl.** |
| | | 5011 | | Bezüge der Beamten |
| | | 5012 | | Vergütungen der Angestellten |
| | | 5013 | | Löhne der Arbeiter |
| | | 5019 | | Aufwendungen für sonstige Beschäftigte |
| | **502** | | | **Beiträge zu Versorgungskassen** |
| | | 5021 | | Beiträge zu Versorgungskassen für Beamte |
| | | 5022 | | Beiträge zu Versorgungskassen für Angestellte |
| | | 5023 | | Beiträge zu Versorgungskassen für Arbeiter |
| | | 5029 | | Beiträge zu Versorgungskassen für sonstige Beschäftigte |
| | **503** | | | **Beiträge zur gesetzlichen Sozialversicherung** |
| | | 5031 | | Beiträge zur gesetzlichen Sozialversicherung für Beamte |
| | | 5032 | | Beiträge zur gesetzlichen Sozialversicherung für Angestellte |
| | | 5033 | | Beiträge zur gesetzlichen Sozialversicherung für Arbeiter |
| | | 5039 | | Beiträge zur gesetzlichen Sozialversicherung für sonstige Beschäftigte |
| | **504** | | | **Beihilfen und Unterstützungsleistungen und dgl. für Beschäftigte** |
| | | 5041 | | Beihilfen und Unterstützungsleistungen und dgl. für Beschäftigte |

| | | | |
|---|---|---|---|
| | **505** | | **Zuführungen zu Pensionsrückstellungen für Beschäftigte** |
| | | 5051 | Zuführungen zu Pensionsrückstellungen für Beschäftigte |
| | **506** | | **Zuführungen zu Pensionsrückstellungen für Altersteilzeit** |
| | | 5061 | Zuführungen zu Pensionsrückstellungen für Altersteilzeit |
| | **507** | | **Aufw. f. Rückstellungen f. nicht genommenen Urlaub, Überstunden u.ä.** |
| | | 5071 | Aufwendungen für Rückstellungen für nicht genommenen Urlaub |
| | | 5072 | Aufwendungen für Rückstellungen für Überstunden |
| | **509** | | **Pauschalierte Lohnsteuer** |
| | | 5091 | Pauschalierte Lohnsteuer |
| **51** | | | **Versorgungsaufwendungen** |
| | **511** | | **Versorgungsaufwendungen** |
| | | 5111 | Versorgungsaufwendungen für Beamte |
| | | 5112 | Versorgungsaufwendungen für Angestellte |
| | | 5113 | Versorgungsaufwendungen für Arbeiter |
| | | 5119 | Versorgungsaufwendungen für sonstige Beschäftigte |
| | **513** | | **Beiträge zur gesetzlichen Sozialversicherung** |
| | | 5131 | Beiträge zur gesetzlichen Sozialversicherung für Beamte |
| | | 5132 | Beiträge zur gesetzlichen Sozialversicherung für Angestellte |
| | | 5133 | Beiträge zur gesetzlichen Sozialversicherung für Arbeiter |
| | | 5139 | Beiträge zur gesetzlichen Sozialversicherung für sonstige Beschäftigte |
| | **514** | | **Beihilfen und Unterstützungsleistungen und dgl. für Versorgungsempfänger** |
| | | 5141 | Beihilfen und Unterstützungsleistungen und dgl. für Versorgungsempfänger |
| | **515** | | **Zuführungen zu Pensionsrückstellungen für Versorgungsempfänger** |
| | | 5151 | Zuführungen zu Pensionsrückstellungen für Versorgungsempfänger |
| **52** | | | **Aufwendungen für Sach- und Dienstleistungen** |
| | **521** | | **Aufwendungen für Fertigung, Vertrieb und Waren** |
| | | 5211 | Aufwendungen für "..." |
| | | 5212 | Aufwendungen für "..." |
| | **522** | | **Aufwendungen für Energie / Wasser / Abwasser** |
| | | 5221 | Aufwendungen für "..." |
| | | 5222 | Aufwendungen für "..." |
| | **523** | | **Aufwendungen für Unterhaltung und Bewirtschaftung** |
| | | 5231 | Aufwendungen für Unterhaltung der Grundstücke, Gebäude usw. |
| | | 5232 | Aufwendungen für Unterhaltung des Infrastrukturvermögens |
| | | 5233 | Aufwendungen für Unterhaltung der Maschinen und technischen Anlagen |
| | | 5234 | Aufwendungen für die Unterhaltung von Fahrzeugen |
| | | 5235 | Aufwendungen für Unterhaltung der Betriebsvorrichtungen |
| | | 5236 | Aufwendungen für Unterhaltung der Betriebs- und Geschäftsausstattung |
| | | 5237 | Aufwendungen für Bewirtschaftung der Grundstücke, Gebäude usw. |
| | **524** | | **Weitere Verwaltungs- und Betriebsaufwendungen** |
| | | 5241 | Schülerbeförderungskosten |
| | | 5242 | Lernmittel nach dem Lernmittelfreiheitsgesetz |
| | | 5249 | Sonstige Aufwendungen für Sachleistungen |
| | **525** | | **Kostenerstattungen** |
| | | 5250 | Erstattungen an den Bund |
| | | 5251 | Erstattungen an das Land |
| | | 5252 | Erstattungen an Gemeinden (GV) |
| | | 5253 | Erstattungen an Zweckverbände |
| | | 5254 | Erstattungen an den sonstigen öffentlichen Bereich |
| | | 5255 | Erstattungen an verbundene Unternehmen, Beteiligungen und Sondervermögen |
| | | 5256 | Erstattungen an sonstige öffentliche Sonderrechnungen |

| | | 5257 | | Erstattungen an private Unternehmen |
|---|---|---|---|---|
| | | 5258 | | Erstattungen an übrige Bereiche |
| | **526** | | | **Sonstige Aufwendungen für Dienstleistungen** |
| | | 5261 | | Sonstige Aufwendungen für Dienstleistungen |
| **53** | | | | **Transferaufwendungen** |
| | **531** | | | **Aufwendungen für Zuweisungen und Zuschüsse für laufende Zwecke** |
| | | 5310 | | Aufwendungen für Zuweisungen an den Bund |
| | | 5311 | | Aufwendungen für Zuweisungen an das Land |
| | | 5312 | | Aufwendungen für Zuweisungen an Gemeinden (GV) |
| | | 5313 | | Aufwendungen für Zuweisungen an Zweckverbände |
| | | 5314 | | Aufwendungen für Zuweisungen an den sonstigen öffentlichen Bereich |
| | | 5315 | | Aufwendungen für Zuschüsse an verbundenen Unternehmen, Beteiligungen und Sondervermögen |
| | | 5316 | | Aufwendungen für Zuschüsse an sonstige öffentliche Sonderrechnungen |
| | | 5317 | | Aufwendungen für Zuschüsse an private Unternehmen |
| | | 5318 | | Aufwendungen für Zuschüsse an übrige Bereiche |
| | **532** | | | **Schuldendiensthilfen** |
| | | 5320 | | Schuldendiensthilfen an den Bund |
| | | 5321 | | Schuldendiensthilfen an das Land |
| | | 5322 | | Schuldendiensthilfen an Gemeinden (GV) |
| | | 5323 | | Schuldendiensthilfen an Zweckverbände |
| | | 5324 | | Schuldendiensthilfen an den sonstigen öffentlichen Bereich |
| | | 5325 | | Schuldendiensthilfen v. verbundenen Unternehmen, Beteiligungen u Sonderverm. |
| | | 5326 | | Schuldendiensthilfen an sonstige öffentliche Sonderrechnungen |
| | | 5327 | | Schuldendiensthilfen an private Unternehmen |
| | | 5328 | | Schuldendiensthilfen an übrige Bereiche |
| | **533** | | | **Sozialtransferaufwendungen** |
| | | 5331 | | Leistungen der Sozialhilfe an natürliche Personen außerhalb von Einrichtungen |
| | | 5332 | | Leistungen der Sozialhilfe an natürliche Personen in Einrichtungen |
| | | 5333 | | Leistungen an Kriegsopfer und ähnliche Anspruchsberechtigte |
| | | 5334 | | Leistungen der Jugendhilfe an natürliche Personen außerhalb von Einrichtungen |
| | | 5335 | | Leistungen der Jugendhilfe an natürliche Personen in Einrichtungen |
| | | 5336 | | Leistungen d. Grundsicherung an natürliche Personen außerhalb v. Einrichtungen |
| | | 5337 | | Leistungen der Grundsicherung an natürliche Personen in Einrichtungen |
| | | 5338 | | Leistungen nach dem Asylbewerberleistungsgesetz |
| | | 5339 | | Sonstige soziale Leistungen |
| | **534** | | | **Aufwendungen wegen Steuerbeteiligungen und dgl.** |
| | | 5341 | | Gewerbesteuerumlage |
| | | 5342 | | Finanzierungsbeteiligung Fonds Deutsche Einheit |
| | **535** | | | **Allgemeine Zuweisungen** |
| | | 5352 | | Allgemeine Zuweisungen an Gemeinden (GV) |
| | **537** | | | **Allgemeine Umlagen** |
| | | 5371 | | Allgemeine Umlagen a. d. Land u. Nachzahlung a. Abrechnung d. Solidarbeitrages |
| | | 5372 | | Allgemeine Umlagen an Gemeinden (GV) |
| | **539** | | | **Sonstige Transferaufwendungen** |
| | | 5391 | | Rückzahlung überzahlter Gewerbesteuer |
| **54** | | | | **Sonstige ordentliche Aufwendungen** |
| | **541** | | | **Sonstige Personal- und Versorgungsaufwendungen** |
| | | 5411 | | Aufwendungen für Personaleinstellungen |
| | | 5412 | | Aufwendungen für Aus- und Fortbildung, Umschulung |
| | | 5413 | | Aufwendungen für übernommene Reisekosten |

| | | | |
|---|---|---|---|
| | | 5414 | Aufwendungen für Beschäftigtenbetreuung und Dienstjubiläen |
| | | 5415 | Aufwendungen für Umzugskostenvergütung |
| | | 5416 | Aufwendungen f. Dienst- u. Schutzkleidung, persönliche Ausrüstungsgegenstände |
| | | 5417 | Personalnebenaufwendungen |
| | 542 | | **Aufwendungen für die Inanspruchnahme von Rechten und Diensten** |
| | | 5421 | Mieten, Pachten, Erbbauzinsen |
| | | 5422 | Leasing |
| | | 5425 | Leiharbeitskräfte |
| | | 5429 | Sonstige Aufwendungen für die Inanspruchnahme von Rechten und Diensten |
| | 543 | | **Geschäftsaufwendungen** |
| | | 5431 | Büromaterial |
| | | 5432 | "..." |
| | 544 | | **Aufwendungen für Beiträge und Sonstiges sowie Wertberichtigungen** |
| | | 5441 | Versicherungsbeiträge u.ä. |
| | | 5442 | Kfz-Versicherungsbeiträge |
| | | 5443 | Beiträge zu Wirtschaftsverbänden, Berufsvertretungen und Vereinen |
| | | 5444 | Sonstige Beiträge |
| | | 5445 | Verluste aus Wertminderungen und Abgängen von Gegenständen des Umlaufvermögens (außer Vorräten und Wertpapieren) |
| | | 5446 | Verluste aus dem Abgang von immateriellen Vermögensgegenständen und Vermögensgegenständen des Sachanlagevermögens |
| | | 5447 | Einstellungen und Zuschreibungen in die Sonderposten |
| | | 5448 | Aufwendungen zu Rückstellungen, soweit nicht unter anderen Aufwendungen |
| | | 5449 | Wertkorrekturen zu Forderungen |
| | 545 | | **Verluste aus Finanzanlagen und aus Wertpapieren** |
| | | 5451 | Verluste aus dem Abgang von Finanzanlagen und Beteiligungen |
| | | 5452 | Verluste aus dem Abgang von Wertpapieren |
| | | 5453 | Aufwendungen aus Verlustübernahmen |
| | 546 | | **Aufwendungen für besondere Finanzauszahlungen** |
| | | 5460 | Aufwendungen für nicht rückzahlbare Zuweisungen für Investitionen |
| | | 5469 | Sonstige Aufwendungen für besondere Finanzauszahlungen |
| | 547 | | **Betriebliche Steueraufwendungen** |
| | | 5471 | Grundsteuer |
| | | 5472 | Kraftfahrzeugsteuer |
| | | 5473 | Ausfuhrzölle |
| | | 5474 | Andere Verbrauchsteuern |
| | | 5479 | Sonstige betriebliche Steueraufwendungen |
| | 548 | | **Aufwendungen für Steuern vom Einkommen und Ertrag** |
| | | 5481 | Aufwendungen für Steuern vom Einkommen und Ertrag (Steuer "...") |
| | 549 | | **Andere sonstige ordentlichen Aufwendungen** |
| | | 5491 | Verfügungsmittel |
| | | 5492 | Aufwendungen für Schadensfälle |
| | | 5499 | Andere sonstige ordentliche Aufwendungen |
| 55 | | | **Zinsen und sonstige Finanzaufwendungen** |
| | 551 | | **Zinsen** |
| | | 5510 | Zinsaufwendungen an den Bund |
| | | 5511 | Zinsaufwendungen an das Land |
| | | 5512 | Zinsaufwendungen an Gemeinden (GV) |
| | | 5513 | Zinsaufwendungen an Zweckverbände |
| | | 5514 | Zinsaufwendungen an den sonstigen öffentlichen Bereich |
| | | 5515 | Zinsaufwendungen a. verbundene Unternehmen, Beteiligungen und Sonderverm. |

| | | | | |
|---|---|---|---|---|
| | | | 5516 | Zinsaufwendungen an sonstige öffentliche Sonderrechnungen |
| | | | 5517 | Zinsaufwendungen an private Unternehmen |
| | | | 5518 | Zinsaufwendungen an übrige Bereiche |
| | | 559 | | **Sonstige Finanzaufwendungen** |
| | | | 5599 | Sonstige Finanzaufwendungen |
| | 57 | | | **Bilanzielle Abschreibungen** |
| | | 571 | | **Abschreibungen auf aktivierte Aufwendungen für die Erweiterung des Geschäftsbetriebs** |
| | | | 5711 | Abschreibungen auf aktivierte Aufwendungen für die Erweiterung des Geschäftsbetriebs |
| | | 572 | | **Abschreibungen a. immaterielle Vermögensgegenstände d.Anlagevermögens** |
| | | | 5721 | Abschreibungen auf immaterielle Vermögensgegenstände des Anlagevermögens |
| | | 573 | | **Abschreibungen auf Gebäude u.a.** |
| | | | 5731 | Abschreibungen auf "..." |
| | | 574 | | **Abschreibungen auf das Infrastrukturvermögen** |
| | | | 5741 | Abschreibungen auf Brücken und Tunnel |
| | | | 5742 | Abschreibungen auf Gleisanlagen mit Streckenausrüstung und Sicherheitsanlagen |
| | | | 5743 | Abschreibungen auf Entwässerungs- und Abwasserbeseitigungsanlagen |
| | | | 5744 | Abschreibungen auf Straßen, Wege, Plätze, Verkehrslenkungsanlagen |
| | | | 5745 | Abschreibungen auf sonstige Bauten des Infrastrukturvermögens |
| | | 575 | | **Abschreibungen auf Maschinen und technische Anlagen, Fahrzeuge** |
| | | | 5751 | Abschreibungen auf Maschinen |
| | | | 5752 | Abschreibungen auf technische Anlagen |
| | | | 5753 | Abschreibungen auf Fahrzeuge |
| | | 576 | | **Abschreibungen auf Betriebs- und Geschäftsausstattung und geringwertige Wirtschaftsgüter** |
| | | | 5763 | Abschreibungen auf Betriebs- und Geschäftsausstattung |
| | | | 5764 | Abschreibungen auf geringwertige Wirtschaftsgüter |
| | | 577 | | **Abschreibungen auf Finanzanlagen** |
| | | | 5771 | Abschreibungen auf Finanzanlagen |
| | | 578 | | **Abschreibungen auf das Umlaufvermögen** |
| | | | 5781 | Abschreibungen auf das Umlaufvermögen |
| | | 579 | | **Sonstige Abschreibungen** |
| | | | 5791 | Sonstige Abschreibungen |
| | 58 | | | **Aufwendungen aus internen Leistungsbeziehungen** |
| | | 581 | | **Aufwendungen aus internen Leistungsbeziehungen** |
| | | | 5811 | Aufwendungen aus internen Leistungsbeziehungen |
| | 59 | | | **Außerordentliche Aufwendungen** |
| | | 591 | | **Außerordentliche Aufwendungen** |
| 6 | | | | **Einzahlungen** |
| | 60 | | | **Steuern und ähnliche Abgaben** |
| | | 601 | | **Realsteuern** |
| | | | 6011 | Grundsteuer A |
| | | | 6012 | Grundsteuer B |
| | | | 6013 | Gewerbesteuer |
| | | 602 | | **Gemeindeanteile an den Gemeinschaftssteuern** |
| | | | 6021 | Gemeindeanteil an der Einkommensteuer |
| | | | 6022 | Gemeindeanteil an der Umsatzsteuer |
| | | 603 | | **Sonstige Gemeindesteuern** |
| | | | 6031 | Vergnügungssteuer für die Vorführung von Bildstreifen |

| | | 6032 | Sonstige Vergnügungssteuer |
|---|---|---|---|
| | | 6033 | Hundesteuer |
| | | 6034 | Jagdsteuer |
| | | 6035 | Zweitwohnungssteuer |
| | | 6039 | Sonstige Steuern |
| | **606** | | **Steuerähnliche Einzahlungen** |
| | | 6061 | Fremdenverkehrsabgabe |
| | | 6062 | Abgaben von Spielbanken |
| | | 6069 | Sonstige steuerähnliche Einzahlungen |
| **61** | | | **Zuwendungen und allgemeine Umlagen** |
| | **610** | | **Zuwendungen** |
| | **618** | | **Allgemeine Umlagen** |
| | | 6181 | Schlüsselzuweisungen vom Land |
| **62** | | | **Sonstige Transfereinzahlungen** |
| | **620** | | **Sonstige Transfereinzahlungen** |
| **63** | | | **Öffentlich-rechtliche Leistungsentgelte** |
| | **630** | | **Öffentlich-rechtliche Leistungsentgelte** |
| | | 6301 | Verwaltungsgebühren |
| | **632** | | **Benutzungsgebühren und ähnliche Entgelte** |
| | | 6321 | Benutzungsgebühren "..." |
| | | 6322 | Benutzungsgebühren "..." |
| **64** | | | **Privatrechtliche Leistungsentgelte, Kostenerstattungen und Kostenumlagen** |
| | **640** | | **Privatrechtliche Leistungsentgelte** |
| | | 6401 | Einzahlungen aus Verkauf |
| | | 6402 | Mieten und Pachten |
| | | 6409 | Sonstige privatrechtliche Leistungsentgelte |
| | **648** | | **Erträge aus Kostenerstattungen und Kostenumlagen** |
| | | 6480 | Erstattungen vom Bund |
| | | 6481 | Erstattungen vom Land |
| | | 6482 | Erstattungen von Gemeinden (GV) |
| | | 6483 | Erstattungen von Zweckverbänden |
| | | 6484 | Erstattungen vom sonstigen öffentlichen Bereich |
| | | 6485 | Erstattungen von verbundenen Unternehmen, Beteiligungen und Sondervermögen |
| | | 6486 | Erstattungen von sonstigen öffentlichen Sonderrechnungen |
| | | 6487 | Erstattungen von privaten Unternehmen |
| | | 6488 | Erstattungen von übrigen Bereichen |
| **65** | | | **Sonstige Einzahlungen aus laufender Verwaltungstätigkeit** |
| | **652** | | **Sonstige Einzahlungen aus laufender Verwaltungstätigkeit** |
| | | 6521 | Ordnungsrechtliche Einzahlungen (Bußgelder u.a.) |
| | | 6522 | Säumniszuschläge und dgl. |
| | | 6523 | Einzahlungen aus der Inanspruchnahme von Bürgschaften, Gewährverträgen usw. |
| | | 6524 | Ausgleichszahlungen nach AFWoG |
| | | 6525 | Verzinsung der Gewerbesteuer nach § 233 a AO |
| | | 6526 | Konzessionsabgaben |
| | **653** | | **Einzahlungen aus Vorsteuerüberhang** |
| | | 6531 | Einzahlungen aus Vorsteuerüberhang |
| | **654** | | **Erstattungen von Steuern vom Einkommen und Ertrag für Vorjahre** |
| | | 6541 | Erstattungen von Steuern vom Einkommen und Ertrag für Vorjahre (Steuer "...") |
| | **659** | | **Andere sonstige Einzahlungen aus laufender Verwaltungstätigkeit** |
| | | 6591 | Andere sonstige Einzahlungen aus laufender Verwaltungstätigkeit |

| 66 | | | Zinsen und sonstige Finanzeinzahlungen |
|---|---|---|---|
| | 661 | | Zinseinzahlungen |
| | | 6610 | Zinseinzahlungen vom Bund |
| | | 6611 | Zinseinzahlungen vom Land |
| | | 6612 | Zinseinzahlungen von Gemeinden (GV) |
| | | 6613 | Zinseinzahlungen von Zweckverbänden |
| | | 6614 | Zinseinzahlungen vom sonstigen öffentlichen Bereich |
| | | 6615 | Zinseinzahlungen v. verbundenen Unternehmen, Beteiligungen u. Sonderverm. |
| | | 6616 | Zinseinzahlungen von sonstigen öffentlichen Sonderrechnungen |
| | | 6617 | Zinseinzahlungen von privaten Unternehmen |
| | | 6618 | Zinseinzahlungen von übrigen Bereichen |
| | 669 | | Sonstige Finanzeinzahlungen |
| | | 6691 | Sonstige Finanzeinzahlungen |
| 68 | | | Einzahlungen aus Investitionstätigkeit |
| | 681 | | Investitionszuwendungen |
| | | 6810 | Investitionszuweisungen vom Bund |
| | | 6811 | Investitionszuweisungen vom Land |
| | | 6812 | Investitionszuweisungen von Gemeinden (GV) |
| | | 6813 | Investitionszuweisungen von Zweckverbänden |
| | | 6814 | Investitionszuweisungen vom sonstigen öffentlichen Bereich |
| | | 6815 | Investitionszuschüsse v. verbundenen Unternehmen, Beteiligungen u.Sonderverm. |
| | | 6816 | Investitionszuschüsse von sonstigen öffentlichen Sonderrechnungen |
| | | 6817 | Investitionszuschüsse von privaten Unternehmen |
| | | 6818 | Investitionszuschüsse von übrigen Bereichen |
| | 684 | | Einzahlungen aus der Veräußerung von Finanzanlagen (ohne Ausleihungen) |
| | 686 | | Rückflüsse von Ausleihungen |
| | | 6860 | Rückflüsse von Ausleihungen an den Bund |
| | | 6861 | Rückflüsse von Ausleihungen an das Land |
| | | 6862 | Rückflüsse von Ausleihungen an Gemeinden (GV) |
| | | 6863 | Rückflüsse von Ausleihungen an Zweckverbände |
| | | 6864 | Rückflüsse von Ausleihungen an den sonstigen öffentlichen Bereich |
| | | 6865 | Rückflüsse von Ausleihungen an verbundene Unternehmen, Beteiligungen und Sondervermögen |
| | | 6866 | Rückflüsse von Ausleihungen an sonstige öffentliche Sonderrechnungen |
| | | 6867 | Rückflüsse von Ausleihungen an private Unternehmen |
| | | 6868 | Rückflüsse von Ausleihungen an übrige Bereiche |
| | 687 | | Einzahlungen aus der Veräußerung von Sachanlagen |
| | 688 | | Beiträge und ähnliche Entgelte |
| | 689 | | Sonstige Investitionseinzahlungen |
| 69 | | | Einzahlungen aus Finanzierungstätigkeit |
| | 692 | | Kreditaufnahmen für Investitionen |
| | | 6920 | Einzahlungen aus Krediten vom Bund |
| | | 6921 | Einzahlungen aus Krediten vom Land |
| | | 6922 | Einzahlungen aus Krediten von Gemeinden (GV) |
| | | 6923 | Einzahlungen aus Krediten von Zweckverbänden |
| | | 6924 | Einzahlungen aus Krediten vom sonstigen öffentlichen Bereich |
| | | 6925 | Einz. a. Krediten v. verbundenen Unternehmen, Beteiligungen u. Sonderverm. |
| | | 6926 | Einzahlungen aus Krediten von sonstigen öffentlichen Sonderrechnungen |
| | | 6927 | Einzahlungen aus Krediten von privaten Unternehmen |
| | | 6928 | Einzahlungen aus Krediten von übrigen Bereichen |

| | | | |
|---|---|---|---|
| **693** | | | **Aufnahme von Krediten zur Liquiditätssicherung** |
| | 6931 | | Aufnahme von Krediten zur Liquiditätssicherung vom öffentlichen Bereich |
| | 6932 | | Aufnahme von Krediten zur Liquiditätssicherung vom privaten Kreditmarkt |
| **695** | | | **Rückflüsse von Darlehen (ohne Ausleihungen)** |
| | 6950 | | Rückflüsse von Darlehen an den Bund |
| | 6951 | | Rückflüsse von Darlehen an das Land |
| | 6952 | | Rückflüsse von Darlehen an Gemeinden (GV) |
| | 6953 | | Rückflüsse von Darlehen an Zweckverbände |
| | 6954 | | Rückflüsse von Ausleihungen an den sonstigen öffentlichen Bereich |
| | 6955 | | Rückflüsse v. Darlehen a. verbundene Unternehmen, Beteiligungen u.Sonderverm. |
| | 6956 | | Rückflüsse von Darlehen an sonstige öffentliche Sonderrechnungen |
| | 6957 | | Rückflüsse von Darlehen an private Unternehmen |
| | 6958 | | Rückflüsse von Darlehen an übrige Bereiche |
| **7** | | | **Auszahlungen** |
| **70** | | | **Personalauszahlungen** |
| | **701** | | **Dienstauszahlungen und dgl.** |
| | | 7011 | Bezüge der Beamten |
| | | 7012 | Vergütungen der Angestellten |
| | | 7013 | Löhne der Arbeiter |
| | | 7019 | Auszahlungen für sonstige Beschäftigte |
| | **702** | | **Beiträge zu Versorgungskassen** |
| | | 7021 | Beiträge zu Versorgungskassen für Beamte |
| | | 7022 | Beiträge zu Versorgungskassen für Angestellte |
| | | 7023 | Beiträge zu Versorgungskassen für Arbeiter |
| | | 7029 | Beiträge zu Versorgungskassen für sonstige Beschäftigte |
| | **703** | | **Beiträge zur gesetzlichen Sozialversicherung** |
| | | 7031 | Beiträge zur gesetzlichen Sozialversicherung für Beamte |
| | | 7032 | Beiträge zur gesetzlichen Sozialversicherung für Angestellte |
| | | 7033 | Beiträge zur gesetzlichen Sozialversicherung für Arbeiter |
| | | 7039 | Beiträge zur gesetzlichen Sozialversicherung für sonstige Beschäftigte |
| | **704** | | **Beihilfen, Unterstützungsleistungen und dgl.** |
| | | 7041 | Beihilfen, Unterstützungsleistungen und dgl. |
| | **707** | | **Ansparung für künftige Pensionszahlungen** |
| | | 7071 | Ansparung für künftige Pensionszahlungen |
| | **709** | | **Pauschalierte Lohnsteuer** |
| | | 7091 | Pauschalierte Lohnsteuer |
| **71** | | | **Versorgungsauszahlungen** |
| | **711** | | **Versorgungsauszahlungen** |
| | | 7111 | Versorgungsauszahlungen für Beamte |
| | | 7112 | Versorgungsauszahlungen für Angestellte |
| | | 7113 | Versorgungsauszahlungen für Arbeiter |
| | | 7119 | Versorgungsauszahlungen für sonstige Beschäftigte |
| | **713** | | **Beiträge zur gesetzlichen Sozialversicherung** |
| | | 7131 | Beiträge zur gesetzlichen Sozialversicherung für Beamte |
| | | 7132 | Beiträge zur gesetzlichen Sozialversicherung für Angestellte |
| | | 7133 | Beiträge zur gesetzlichen Sozialversicherung für Arbeiter |
| | | 7139 | Beiträge zur gesetzlichen Sozialversicherung für sonstige Beschäftigte |
| | **714** | | **Beihilfen, Unterstützungsleistungen und dgl.** |
| | **717** | | **Ansparung für künftige Pensionszahlungen** |

| 72 | | | Auszahlungen für Sach- und Dienstleistungen |
|---|---|---|---|
| | 721 | | Auszahlungen für Fertigung, Vertrieb und Waren |
| | | 7211 | Auszahlungen für "..." |
| | | 7212 | Auszahlungen für "..." |
| | 722 | | Auszahlungen für Energie / Wasser / Abwasser |
| | | 7221 | Auszahlungen für "..." |
| | | 7222 | Auszahlungen für "..." |
| | 723 | | Auszahlungen für Unterhaltung und Bewirtschaftung |
| | | 7231 | Auszahlungen für Unterhaltung der Grundstücke, Gebäude usw. |
| | | 7232 | Auszahlungen für Unterhaltung des Infrastrukturvermögens |
| | | 7233 | Auszahlungen für Unterhaltung der Maschinen und technischen Anlagen |
| | | 7234 | Auszahlungen für die Unterhaltung von Fahrzeugen |
| | | 7235 | Auszahlungen für Unterhaltung der Betriebsvorrichtungen |
| | | 7236 | Auszahlungen für Unterhaltung der Betriebs- und Geschäftsausstattung |
| | | 7237 | Auszahlungen für Bewirtschaftung der Grundstücke, Gebäude usw. |
| | 724 | | Weitere Verwaltungs- und Betriebsauszahlungen |
| | | 7241 | Schülerbeförderungskosten |
| | | 7242 | Lernmittel nach dem Lernmittelfreiheitsgesetz |
| | | 7249 | Sonstige Auszahlungen für Sachleistungen |
| | 725 | | Kostenerstattungen |
| | | 7250 | Erstattungen an den Bund |
| | | 7251 | Erstattungen an das Land |
| | | 7252 | Erstattungen an Gemeinden (GV) |
| | | 7253 | Erstattungen an Zweckverbände |
| | | 7254 | Erstattungen an den sonstigen öffentlichen Bereich |
| | | 7255 | Erstattungen an verbundene Unternehmen, Beteiligungen und Sondervermögen |
| | | 7256 | Erstattungen an sonstige öffentliche Sonderrechnungen |
| | | 7257 | Erstattungen an private Unternehmen |
| | | 7258 | Erstattungen an übrige Bereiche |
| | 726 | | Auszahlungen für sonstige Dienstleistungen |
| | | 7261 | Auszahlungen für sonstige Dienstleistungen |
| 73 | | | Transferauszahlungen |
| | 731 | | Auszahlungen von Zuweisungen und Zuschüsse für laufende Zwecke |
| | | 7310 | Auszahlungen von Zuweisungen an den Bund |
| | | 7311 | Auszahlungen von Zuweisungen an das Land |
| | | 7312 | Auszahlungen von Zuweisungen an Gemeinden (GV) |
| | | 7313 | Auszahlungen von Zuweisungen an Zweckverbände |
| | | 7314 | Auszahlungen von Zuweisungen an den sonstigen öffentlichen Bereich |
| | | 7315 | Auszahlungen von Zuschüssen an verbundene Unternehmen, Beteiligungen und Sondervermögen |
| | | 7316 | Auszahlungen von Zuschüssen an sonstige öffentliche Sonderrechnungen |
| | | 7317 | Auszahlungen von Zuschüssen an private Unternehmen |
| | | 7318 | Auszahlungen von Zuschüssen an übrige Bereiche |
| | 732 | | Schuldendiensthilfen |
| | | 7320 | Schuldendiensthilfen an den Bund |
| | | 7321 | Schuldendiensthilfen an das Land |
| | | 7322 | Schuldendiensthilfen an Gemeinden (GV) |
| | | 7323 | Schuldendiensthilfen an Zweckverbände |
| | | 7324 | Schuldendiensthilfen an den sonstigen öffentlichen Bereich |
| | | 7325 | Schuldendiensthilfen a. verbundene Unternehmen, Beteiligungen u. Sonderverm. |
| | | 7326 | Schuldendiensthilfen an sonstige öffentliche Sonderrechnungen |

| | | | | |
|---|---|---|---|---|
| | | 7327 | | Schuldendiensthilfen an private Unternehmen |
| | | 7328 | | Schuldendiensthilfen an übrige Bereiche |
| | **733** | | | **Sozialtransferauszahlungen** |
| | | 7331 | | Leistungen der Sozialhilfe an natürliche Personen außerhalb von Einrichtungen |
| | | 7332 | | Leistungen der Sozialhilfe an natürliche Personen in Einrichtungen |
| | | 7333 | | Leistungen an Kriegsopfer und ähnliche Anspruchsberechtigte |
| | | 7334 | | Leistungen der Jugendhilfe an natürliche Personen außerhalb von Einrichtungen |
| | | 7335 | | Leistungen der Jugendhilfe an natürliche Personen in Einrichtungen |
| | | 7336 | | Leistungen d. Grundsicherung an natürliche Personen außerhalb v. Einrichtungen |
| | | 7337 | | Leistungen der Grundsicherung an natürliche Personen in Einrichtungen |
| | | 7338 | | Leistungen nach dem Asylbewerberleistungsgesetz |
| | | 7339 | | Sonstige soziale Leistungen |
| | **734** | | | **Auszahlungen wegen Steuerbeteiligungen und dgl.** |
| | | 7341 | | Gewerbesteuerumlage |
| | | 7342 | | Finanzierungsbeteiligung Fonds Deutsche Einheit |
| | **735** | | | **Allgemeine Zuweisungen** |
| | | 7352 | | Allgemeine Zuweisungen an Gemeinden und Gemeindeverbände |
| | **737** | | | **Allgemeine Umlagen** |
| | | 7371 | | Allg. Umlagen a. d. Land u. Nachzahlung a. d. Abrechnung d. Solidarbeitrages |
| | | 7372 | | Allgemeine Umlagen an Gemeinden und Gemeindeverbände |
| | **739** | | | **Sonstige Transferauszahlungen** |
| | | 7391 | | Rückzahlung überzahlter Gewerbesteuer |
| **74** | | | | **Sonstige Auszahlungen aus laufender Verwaltungstätigkeit** |
| | **741** | | | **Sonstige Personal- und Versorgungsauszahlungen** |
| | | 7411 | | Auszahlungen für Personaleinstellungen |
| | | 7412 | | Auszahlungen für die Aus- und Fortbildung, Umschulung |
| | | 7413 | | Auszahlungen für übernommene Reisekosten |
| | | 7414 | | Auszahlungen für Beschäftigtenbetreuung und Dienstjubiläen |
| | | 7415 | | Auszahlungen für Umzugskostenvergütung |
| | | 7416 | | Auszahlungen f. Dienst- und Schutzkleidung, persönliche Ausrüstungsgegenstände |
| | | 7417 | | Personalnebenauszahlungen |
| | **742** | | | **Auszahlungen für die Inanspruchnahme von Rechten und Diensten** |
| | | 7421 | | Mieten, Pachten und Erbbauzinsen |
| | | 7422 | | Leasing |
| | | 7425 | | Leiharbeitskräfte |
| | | 7429 | | Sonstige Auszahlungen für die Inanspruchnahme von Rechten und Diensten |
| | **743** | | | **Geschäftsauszahlungen** |
| | | 7431 | | Büromaterial |
| | | 7432 | | " ... " |
| | **744** | | | **Auszahlungen von Beiträgen und Sonstigem** |
| | | 7441 | | Versicherungsbeiträge u.ä. |
| | | 7442 | | Kfz-Versicherungsbeiträge |
| | | 7443 | | Beiträge zu Wirtschaftsverbänden, Berufsvertretungen und Vereinen |
| | | 7444 | | Sonstige Beiträge |
| | **745** | | | **Auszahlungen für Umsatzsteuerüberhang** |
| | | 7451 | | Auszahlungen für Umsatzsteuerüberhang |
| | **747** | | | **Betriebliche Steuerauszahlungen** |
| | | 7471 | | Grundsteuer |
| | | 7472 | | Kraftfahrzeugsteuer |
| | | 7473 | | Ausfuhrzölle |

| | | 7474 | | Andere Verbrauchsteuern |
|---|---|---|---|---|
| | | 7479 | | Sonstige betriebliche Steueraufwendungen |
| | **748** | | | **Auszahlungen für Steuern vom Einkommen und Ertrag** |
| | | 7481 | | Auszahlungen für Steuern vom Einkommen und Ertrag (Steuer "...") |
| | **749** | | | **Andere sonstige Auszahlungen aus laufender Verwaltungstätigkeit** |
| | | 7491 | | Verfügungsmittel |
| | | 7492 | | Auszahlungen für Schadensfälle |
| | | 7499 | | Andere sonstige Auszahlungen aus laufender Verwaltungstätigkeit |
| **75** | | | | **Zinsen und sonstige Finanzauszahlungen** |
| | **751** | | | **Zinsauszahlungen** |
| | | 7510 | | Zinsauszahlungen an den Bund |
| | | 7511 | | Zinsauszahlungen an das Land |
| | | 7512 | | Zinsauszahlungen an Gemeinden (GV) |
| | | 7513 | | Zinsauszahlungen an Zweckverbände |
| | | 7514 | | Zinsauszahlungen an den sonstigen öffentlichen Bereich |
| | | 7515 | | Zinsauszahlungen a. verbundene Unternehmen, Beteiligungen u. Sondervermögen |
| | | 7516 | | Zinsauszahlungen an sonstige öffentliche Sonderrechnungen |
| | | 7517 | | Zinsauszahlungen an private Unternehmen |
| | | 7518 | | Zinsauszahlungen an übrige Bereiche |
| | **759** | | | **Sonstige Finanzauszahlungen** |
| **78** | | | | **Auszahlungen aus Investitionstätigkeit** |
| | **781** | | | **Auszahlung von aktivierbaren Zuwendungen** |
| | | 7810 | | Auszahlung von aktivierbaren Zuwendungen an den Bund |
| | | 7811 | | Auszahlung von aktivierbaren Zuwendungen an das Land |
| | | 7812 | | Auszahlung von aktivierbaren Zuwendungen an Gemeinden (GV) |
| | | 7813 | | Auszahlung von aktivierbaren Zuwendungen an Zweckverbände |
| | | 7814 | | Auszahlung von aktivierbaren Zuwendungen an den sonstigen öffentlichen Bereich |
| | | 7815 | | Ausz. v. aktivierbaren Zuw. a. verb. Unternehmen, Beteiligungen u. Sonderverm. |
| | | 7816 | | Auszahlung von aktivierbaren Zuwendungen an sonst. öff. Sonderrechnungen |
| | | 7817 | | Auszahlung von aktivierbaren Zuwendungen an private Unternehmen |
| | | 7818 | | Auszahlung von aktivierbaren Zuwendungen an übrige Bereiche |
| | **782** | | | **Auszahlungen f. d. Erwerb v. Grundstücken und Gebäuden** |
| | | 7822 | | Auszahlungen für den Erwerb von unbebauten Grundstücken |
| | | 7823 | | Auszahlungen für den Erwerb von bebauten Grundstücken |
| | **783** | | | **Auszahlungen für den Erwerb v. beweglichen Sachen des Anlagevermögens** |
| | **784** | | | **Auszahlungen für den Erwerb von Finanzanlagen (ohne Ausleihungen)** |
| | **785** | | | **Auszahlungen für Baumaßnahmen** |
| | **786** | | | **Gewährung von Ausleihungen** |
| | **789** | | | **Sonstige Investitionsauszahlungen** |
| **79** | | | | **Auszahlungen aus Finanzierungstätigkeit** |
| | **792** | | | **Tilgung von Krediten für Investitionen** |
| | | 7920 | | Tilgung von Krediten vom Bund |
| | | 7921 | | Tilgung von Krediten vom Land |
| | | 7922 | | Tilgung von Krediten von Gemeinden (GV) |
| | | 7923 | | Tilgung von Krediten von Zweckverbänden |
| | | 7924 | | Tilgung von Krediten vom sonstigen öffentlichen Bereich |
| | | 7925 | | Tilgung v. Krediten v. verbundenen Unternehmen, Beteiligungen und Sonderverm. |
| | | 7926 | | Tilgung von Krediten von sonstigen öffentlichen Sonderrechnungen |
| | | 7927 | | Tilgung von Krediten von privaten Unternehmen |
| | | 7928 | | Tilgung von Krediten von übrigen Bereichen |

| | | 793 | | Tilgung von Krediten zur Liquiditätssicherung |
|---|---|---|---|---|
| | | | 7931 | Tilgung von Krediten zur Liquiditätssicherung an öffentlichen Bereich |
| | | | 7932 | Tilgung von Krediten zur Liquiditätssicherung an privaten Kreditmarkt |
| | | 795 | | Gewährung von Darlehen (ohne Ausleihungen) |
| | | | 7950 | Darlehen an den Bund |
| | | | 7951 | Darlehen an das Land |
| | | | 7952 | Darlehen an Gemeinden (GV) |
| | | | 7953 | Darlehen an Zweckverbände |
| | | | 7954 | Darlehen an den sonstigen öffentlichen Bereich |
| | | | 7955 | Darlehen an verbundene Unternehmen, Beteiligungen und Sondervermögen |
| | | | 7956 | Darlehen an sonstige öffentliche Sonderrechnungen |
| | | | 7957 | Darlehen an private Unternehmen |
| | | | 7958 | Darlehen an übrige Bereiche |
| 8 | | | | Abschlusskonten |
| | 80 | | | Eröffnungskonten/Abschlusskonten |
| | | 801 | | Eröffnungsbilanz-Konto |
| | | | 8011 | "..." |
| | | 802 | | Schlussbilanz-Konto |
| | | | 8021 | "..." |
| | | 803 | | Ergebnisrechnungs-Konto |
| | | | 8031 | "..." |
| | | 804 | | Finanzrechnungs-Konto |
| | | | 8041 | "..." |
| | 81 | | | Korrekturkonten |
| | | | 8111 | "..." |
| | 82 | | | Kurzfristige Erfolgsrechnung |
| | | | 8211 | "..." |
| 9 | | | | Kosten- und Leistungsrechnung (KLR) |
| | 90 | | | Kosten- und Leistungsrechnung (KLR) |

# 3    Literaturhinweise

| | |
|---|---|
| Deitermann, M.,<br>Schmolke, S.: | Industriebuchführung, Winklers Verlag, 25. Auflage, Darmstadt 2000 |
| Fröhlich, G.: | Schnelleinstieg in die Buchführung, Haufe Mediengruppe, 1. Auflage, Freiburg 2000 |
| Hahn, H.,<br>Wilkens, K.: | Buchhaltung und Bilanz Teil A Grundlagen der Buchhaltung, Oldenbourg Wissenschaftsverlag, 5. Auflage, München 1997 |
| Hermsen, J.: | Rechnungswesen der Industrie – IKR, Winklers Verlag, 5. Auflage, Darmstadt 2000 |
| Groh, G., Schröer, V.: | Sicher zur Industriekauffrau/zum Industriekaufmann, Merkur Verlag, 38. Auflage, Rinteln 2002 |
| Nau, H.-R., Wallner, G.: | Verwaltungs-Controlling für Einsteiger, Haufe Mediengruppe, 2. Auflage, Freiburg 1999 |
| PwC Deutsche Revision AG (Hrsg.) | Die Eröffnungsbilanz der Gebietskörperschaft – Erfassung und Bewertung von Vermögen und Schulden im Integrierten öffentlichen Rechnungswesen, Fachverlag moderne Wirtschaft, Frankfurt a. M. 2002 |
| Schmidt, H.: | Bilanztraining, Haufe Mediengruppe, 9. Auflage, Freiburg 2000 |
| Schuster, F.: | Doppelte Buchführung für Städte, Kreise und Gemeinden, Oldenbourg Wissenschaftsverlag, 1. Auflage, München 2001 |
| Jossé, G.: | Bilanzen – aber locker!, CC-Verlag, 2. Auflage, Hamburg 1999 |
| KGSt (Hrsg.) | Bericht 19/1992: Wege zum Dienstleistungsunternehmen Kommunalverwaltung – Fallstudie Tilburg |
| Modellprojekt „Doppischer Kommunalhaushalt in NRW" (Hrsg.) | Neues Kommunales Finanzmanagement – Betriebswirtschaftliche Grundlagen für das doppische Haushaltsrecht, Haufe Mediengruppe, 2. Auflage, Freiburg 2003 |

**Internetseite: <u>www.neues-kommunales-finanzmanagement.de</u>**

# 4 Lösung zur Übungsaufgabe

## 4.1 Lösung zur Aufgabe 1

| | Ergebnisplan für 02 | Ansatz des Haushaltsjahres (Beträge in EUR) |
|---|---|---|
| | | 3 |
| 1 | Steuern und ähnliche Abgaben | 0,00 |
| 2 | + Zuwendungen und allgemeine Umlagen | 1.100.000,00 |
| 3 | + Sonstige Transfererträge | 0,00 |
| 4 | + Öffentlich-rechtliche Leistungsentgelte | 0,00 |
| 5 | + Privatrechtliche Leistungsentgelte | 1.000,00 |
| 6 | + Kostenerstattungen und Kostenumlagen | 0,00 |
| 7 | + Sonstige ordentliche Erträge | 0,00 |
| 8 | + Aktivierte Eigenleistungen | 700,00 |
| 9 | +/- Bestandsveränderungen | 0,00 |
| 10 | = Ordentliche Erträge | 1.101.700,00 |
| 11 | – Personalaufwendungen | -1.050.000,00 |
| 12 | – Versorgungsaufwendungen | 0,00 |
| 13 | – Aufwendungen für Sach- und Dienstleistungen | -300,00 |
| 14 | – Bilanzielle Abschreibungen | -7.500,00 |
| 15 | – Transferaufwendungen | 0,00 |
| 16 | – Sonstige ordentliche Aufwendungen | -650,00 |
| 17 | = Ordentliche Aufwendungen | - 1.058.450,00 |
| 18 | = Ergebnis der laufenden Verwaltungstätigkeit  (= Zeilen 10 und 17) | 43.250,00 |
| 19 | + Finanzerträge | 0,00 |
| 20 | – Zinsen und sonst. Finanzaufwendungen | 0,00 |
| 21 | = Finanzergebnis (= Zeilen 19 und 20) | 0,00 |
| 22 | = Ordentliches Ergebnis (= Zeilen 18 und 21) | 43.250,00 |
| 23 | + Außerordentliche Erträge | 0,00 |
| 24 | – Außerordentliche Aufwendungen | 0,00 |
| 25 | = Außerordentliches Ergebnis (= Zeilen 23 und 24) | 0,00 |
| 26 | = Jahresergebnis (= Zeilen 22 und 25) | 43.250,00 |

| Finanzplan für 02 | Ansatz des Haushaltsjahres (Beträge in EUR) |
|---|---|
| | 3 |
| 1  +/- Steuern und ähnliche Abgaben | 0,00 |
| 2  +  Zuwendungen und allgemeine Umlagen | 1.100.000,00 |
| 3  +  Sonstige Transfereinzahlungen | 0,00 |
| 4  +  Öffentlich-rechtliche Leistungsentgelte | 0,00 |
| 5  +  Privatrechtliche Leistungsentgelte | 3.000,00 |
| 6  +  Kostenerstattungen und Kostenumlagen | 0,00 |
| 7  +  Sonstige Einzahlungen | 0,00 |
| 8  +  Zinsen und sonst. Finanzeinzahlungen | 0,00 |
| 9  =  Einzahlungen aus lfd. Verwaltungstätigkeit | 1.103.000,00 |
| 10  –  Personalauszahlungen | -900.000,00 |
| 11  –  Versorgungsauszahlungen | 0,00 |
| 12  –  Auszahlungen für Sach- und Dienstleistungen | -290,00 |
| 13  –  Zinsen sonst. Finanzauszahlungen | 0,00 |
| 14  –  Transferauszahlungen | 0,00 |
| 15  –  Sonstige Auszahlungen | -1.370,00 |
| 16  =  Auszahlungen aus lfd. Verwaltungstätigkeit | -901.660,00 |
| 17  =  Saldo aus lfd. Verwaltungstätigkeit | 201.340,00 |
| 18  +  Zuwendungen für Investitionsmaßnahmen | 0,00 |
| 19  +  Einzahlungen aus der Veräußerung v. Sachanlagen | 0,00 |
| 20  +  Einzahlungen a. der Veräußerung v. Finanzanlagen | 0,00 |
| 21  +  Einzahlungen aus Beiträgen u. ä. Entgelten | 0,00 |
| 22  +  Sonstige Investitionseinzahlungen | 0,00 |
| 23  =  Einzahlungen aus Investitionstätigkeit | 0,00 |
| 24  –  Ausz. f. d. Erwerb von Grundstücken u. Gebäuden | 0,00 |
| 25  –  Auszahlungen für Baumaßnahmen | 0,00 |
| 26  –  Auszahlungen f. d. Erwerb v. bewegl. Anlageverm. | -85.500,00 |
| 27  –  Auszahlungen f. d. Erwerb von Finanzanlagen | 0,00 |
| 28  –  Auszahlung von aktivierbaren Zuwendungen | 0,00 |
| 29  –  Sonstige Investitionsauszahlungen | 0,00 |
| 30  =  Auszahlungen aus Investitionstätigkeit | -85.500,00 |
| 31  =  Saldo aus Investitionstätigkeit | -85.500,00 |
| 32  =  Finanzmittelüberschuss/-fehlbetrag | 115.840,00 |
| 33  +  Aufnahme und Rückflüsse von Darlehen | 0,00 |
| 34  –  Tilgung und Gewährung von Darlehen | 0,00 |
| 35  =  Saldo aus Finanzierungstätigkeit | 0,00 |
| 36  =  Änderung des Bestandes an Finanzmitteln | 115.840,00 |
| 37  +  Anfangsbestand an Finanzmitteln | 135.000,00 |
| 38  =  Liquide Mittel | 250.840,00 |

**Erläuterungen zur Lösung der Aufgabe 1**

Laufende Verwaltungstätigkeit:

1. Die Schlüsselzuweisungen sind als Ertrag und Einzahlung im Haushaltsjahr zu planen.
2. Siehe Nr. 1.
3. Die Einzahlung der Miete ist im Finanzplan in voller Höhe, im Ergebnisplan nur zu 1/3 für den auf das Haushaltsjahr entfallenden Teil anzusetzen. Sie gehört zur Position „Privatrechtliche Leistungsentgelte".
4. Die Mietzahlung ist im Finanzplan unter „sonst. Auszahlungen aus lfd. Verwaltungstätigkeit" zu erfassen, der Aufwand hingegen im Ergebnisplan nicht. Er ist erst für das Haushaltsjahr 03 zu planen.
5. Büromaterialien sind „sonstige ordentliche Aufwendungen" bzw. „Sonstige Auszahlungen"; Aufwand und Zahlung fallen in 02.
6. Abgänge von Vorräten werden als Aufwendungen für Sachleistungen im Ergebnisplan erfasst. Da in der Aufgabe nicht von einer Beschaffung die Rede war, wird keine Auszahlung geplant.
7. Die Sitzbank ist ein Vermögensgegenstand, der selbst erstellt wird. Der Wert (zu Herstellungskosten) ist als „aktivierte Eigenleistung" unter den Erträgen zu planen.
8. Rückstellungen verursachen ausschließlich Aufwand. Die Pensionsrückstellungen gehören dementsprechend zu der Position „Personalaufwendungen".
9. Die Anschaffung von Vorräten gehört in dem Finanzplan zu den „Auszahlungen für Sach- und Dienstleistungen".

Investitionen:

1. Die Anschaffungskosten sind in voller Höhe als Auszahlung im Finanzplan unter der Position „Investitionsauszahlungen" anzusetzen.
2. Siehe Nr. 1.
3. Die Anschaffungskosten werden ebenfalls als Auszahlung im Finanzplan aufgenommen. Hierbei muss jedoch der Abschreibungsbetrag von $^1/_{10}$ der Anschaffungskosten unter den „bilanziellen Abschreibungen" im Ergebnisplan berücksichtigt werden. $^1/_{10}$ ist die Abschreibung für ein ganzes Kalenderjahr und entspricht der Berechnungsart, wie kaufmännische Software sie standardmäßig vornimmt: Abschreibung ab dem Monat der Inbetriebnahme (die mit Januar anzusetzen ist).

## 4.2 Lösung zur Aufgabe 2

| Inventar 02 | Einzelpos. in EUR | Gesamt in EUR |
|---|---:|---:|
| A. Vermögen | | |
| A. Anlagevermögen | | |
| I. Immaterielle Vermögensgegenstände lt. Anlagenverz. | 0,00 | 0,00 |
| II. Sachanlagen | | |
| 1. unbebaute Grundstücke und grundst.-gl. Rechte | 0,00 | |
| 2. Bebaute Grundstücke mit | 0,00 | |
| d. Sonstigen Dienst-, Geschäfts- und Bürogebäuden | 1.103.000,00 | |
| 3. Infrastrukturvermögen | | |
| a. Grund- und Boden des Infrastrukturvermögens | 1.200.000,00 | |
| 4. Bauten auf fremdem Grund u. Boden | 988.000,00 | |
| 5. Kunstgegenstände, Kulturdenkmäler | 0,00 | |
| 6. Maschinen und technische Anlagen, Fahrzeuge | 201.000,00 | |
| 7. Betriebs- und Geschäftsausstattung | 257.000,00 | 3.749.000,00 |
| III. Finanzanlagen | | |
| 2. Beteiligungen | 371.000,00 | |
| 4. Wertpapiere des AV | 20.000,00 | 391.000,00 |
| B. Umlaufvermögen | | |
| I. Vorräte | | |
| 1. Roh-, Hilfs- und Betriebsstoffe, Waren | | 17.000,00 |
| II. Forderungen und sonstige Vermögensgegenstände | | |
| 1. Öffentlich-rechtliche Forderungen | | |
| c. Steuern | 33.000,00 | |
| 2. Privatrechtliche Forderungen | | |
| a. gegenüber dem privaten Bereich | 2.000,00 | 35.000,00 |
| III. Wertpapiere des UV | | 0,00 |
| IV. Liquide Mittel (Bank) | | 135.000,00 |
| Summe des Vermögens: | | 4.327.000,00 |
| B. Schulden | | |
| I. Langfristige Schulden | | |
| Anleihen | | 0,00 |
| Verbindlichkeiten aus Krediten für Investitionen | | 1.379.000,00 |
| II. Kurzfristige Schulden | | |
| III. Verbindlichkeiten aus Lieferungen und Leistungen | | 9.000,00 |
| Summe der Schulden: | | 1.388.000,00 |
| C. Ermittlung des Reinvermögens (Eigenkapital) | | |
| Summe des Vermögens | | 4.327.000,00 |
| ./. Summe der Schulden | | -1.388.000,00 |
| = Reinvermögen (Eigenkapital) | | 2.939.000,00 |

## Aktiva — Eröffnungsbilanz 02 (in EUR) — Passiva

| Aktiva | EUR | Passiva | EUR |
|---|---|---|---|
| A. Anlagevermögen | | A. Eigenkapital | 2.939.000 |
| I. Immaterielle Vermögensgegenstände | 0 | B. Sonderposten | 0 |
| II. Sachanlagen | | C. Rückstellungen | 0 |
| 1. Unbebaute Grundstücke und grundstücksgleiche Rechte | 0 | D. Verbindlichkeiten | |
| | | I. Anleihen | 0 |
| 2. Bebaute Grundstücke und grundstücksgleiche Rechte mit | | II. Verbindlichkeiten aus Krediten für Investitionen | 1379.000 |
| d) Sonstigen Dienst-, Geschäfts- u. a. Betriebsgebäude | 1.103.000 | 5. vom privaten Kreditmarkt | |
| | | III. Verbindlichkeiten aus Krediten zur Liquiditätssicherung | 0 |
| 3. Infrastrukturvermögen | | | |
| a) Grund und Boden des Infrastrukturvermögens | 1.200.000 | IV. Verbindlichkeiten aus Vorgängen, die Kreditaufnahmen wirtschaftlich gleichkommen | 0 |
| 4. Bauten auf fremdem Grund und Boden | 988.000 | V. Verbindlichkeiten aus Lieferungen und Leistungen | 9.000 |
| 5. Kunstgegenstände, Kulturdenkmäler | 0 | | |
| 6. Maschinen u. technische Anlagen, Fahrzeuge | 201.000 | VI. Verbindlichkeiten aus Transferleistungen | 0 |
| 7. Betriebs- und Geschäftsausstattung | 0 | VII. Sonstige Verbindlichkeiten | 0 |
| 8. Geleistete Anzahlungen, Anlagen im Bau | 0 | E. Passive Rechnungsabgrenzungsposten | 0 |
| III. Finanzanlagen | | | |
| 1. Anteile an verbundenen Unternehmen | 0 | | |
| 2. Beteiligungen | 371.000 | | |
| 3. Sondervermögen | | | |
| 4. Wertpapiere des Anlagevermögens | 20.000 | | |
| 5. Ausleihungen | 0 | | |
| B. Umlaufvermögen | | | |
| I. Vorräte | | | |
| 1. Roh-, Hilfs- und Betriebsstoffe, Waren | 17.000 | | |
| 2. Geleistete Anzahlungen | 0 | | |
| II. Forderungen und sonstige Vermögensgegenstände | | | |
| 1. Öffentlich-rechtliche Forderungen, Transferforderungen | | | |
| c) Steuern | 33.000 | | |
| 2. Privatrechtliche Forderungen | 0 | | |
| a) gegenüber dem privaten Bereich | 2.000 | | |
| 3. Sonstige Vermögensgegenstände | 0 | | |
| III. Wertpapiere des Umlaufvermögens | 0 | | |
| IV. Liquide Mittel | 135.000 | | |
| C. Aktive Rechnungsabgrenzungsposten | 0 | | |
| | 4.327.000 | | 4.327.000 |

## 4.3 Lösung zu den Aufgaben 3 bis 5

**Buchungen im Grundbuch**

**Teil A: Eröffnungsbuchungen**

| Nr. | Buchungstext | Soll | Haben |
|---|---|---|---|
| 1 | *0340* Bebaute Grundstücke Büro<br>an *8010* EBK | 1.103.000,00 EUR | 1.103.000,00 EUR |
| 2 | *0410* Infrastrukturverm. Boden<br>an *8010* EBK | 1.200.000,00 EUR | 1.200.000,00 EUR |
| 3 | *0510* Bauten auf fremdem Grund<br>und Boden<br>an *8010* EBK | 988.000,00 EUR | 988.000,00 EUR |
| 4 | *0750* Fahrzeuge<br>an *8010* EBK | 201.000,00 EUR | 201.000,00 EUR |
| 5 | *0810* BGA<br>an *8010* EBK | 257.000,00 EUR | 257.000,00 EUR |
| 6 | *1110* Beteiligungen<br>an *8010* EBK | 371.000,00 EUR | 371.000,00 EUR |
| 7 | *1400* Wertpapiere des AV<br>an *8010* EBK | 20.000,00 EUR | 20.000,00 EUR |
| 8 | *1510* Rohstoffe (Vorräte)<br>an *8010* EBK | 17.000,00 EUR | 17.000,00 EUR |
| 9 | *1640* Öffentl.-rechtl. Ford. Steuer<br>an *8010* EBK | 33.000,00 EUR | 33.000,00 EUR |
| 10 | *1720* Privatr. Ford. priv. Bereich<br>an *8010* EBK | 2.000,00 EUR | 2.000,00 EUR |
| 11 | *1810* Bank<br>an *8010* EBK | 135.000,00 EUR | 135.000,00 EUR |
| 12 | *8010* EBK<br>an *2000* Eigenkapital | 2.939.000,00 EUR | 2.939.000,00 EUR |
| 13 | *8010* EBK<br>an *3250* Verb. aus In-<br>vest.-Krediten | 1.379.000,00 EUR | 1.379.000,00 EUR |
| 14 | *8010* EBK<br>an *3500* Verbindlichkei-<br>ten a. LL | 9.000,00 EUR | 9.000,00 EUR |

## Teil B: Laufende Buchungen

| Nr. | Buchungstext | Soll | Haben |
|---|---|---|---|
| 1a | *0810* BGA<br>an *3500* Verbindlichkeiten a. LL | 10.000,00 EUR | 10.000,00 EUR |
| 1b | 3500 Verbindlichkeiten a. LL<br>an *1810* Bank | 10.000,00 EUR | 10.000,00 EUR |
| 2 | *0750* Fahrzeuge<br>an *1810* Bank | 75.000,00 EUR | 75.000,00 EUR |
| 3 | *1810* Bank<br>an *1720* Privatr. Ford.<br>priv Ber.<br>an *5421* Mieten /Pachten | 3.000,00 EUR | 2.000,00 EUR<br>1.000,00 EUR |
| 4 | *1810* Bank<br>an *4181* Schlüsselzuweisungen Land | 1.100.000,00 EUR | 1.100.000,00 EUR |
| 5 | *1510* Rohstoffe (Vorräte)<br>*1511* Bezugskosten Rohstoffe<br>an *1810* Bank | 250,00 EUR<br>25,00 EUR | 275,00 EUR |
| 6 | *5431* Büromaterial<br>an *1810* Bank | 500,00 EUR | 500,00 EUR |
| 7a | *5210* Aufwendungen f. Fertigung<br>an *1510* Rohstoffe | 300,00 EUR | 300,00 EUR |
| 7b | *0810* BGA<br>an *4710* Aktivierte Eigenleistung | 700,00 EUR | 700,00 EUR |
| 8a | *0810* BGA<br>an *3500* Verbindlichkeiten a. LL | 500,00 EUR | 500,00 EUR |
| 8b | 3500 Verbindlichkeiten a. LL<br>an *1810* Bank | 500,00 EUR | 500,00 EUR |
| 9 | *5011* Bezüge der Beamten<br>an *1810* Bank | 900.000,00 EUR | 900.000,00 EUR |
| 10 | *5753* Abschreibungen auf Fahrzeuge<br>an *0750* Fahrzeuge | 3.750,00 EUR | 3.750,00 EUR |
| 11 | *1990* Aktive RAP<br>an *1810* Bank | 720,00 EUR | 720,00 EUR |

| 12 | *5051* Zuführungen zu Pensions-<br>rückstellungen<br>an *2510* Pensionsrückst. | 150.000,00 EUR | 150.000,00 EUR |

## Teil C: Abschlussbuchungen

(für Unterkonten)

| Nr. | Buchungstext | Soll | Haben |
|---|---|---|---|
| 1 | *1510* Rohstoffe<br>an *1511* Bezugskosten<br>für Rohstoffe | 25,00 EUR | 25,00 EUR |

(für Ergebniskonto)

| Nr. | Buchungstext | Soll | Haben |
|---|---|---|---|
| 1 | *8030* Ergebniskonto<br>an *5011* Bezüge der Be-<br>amten | 900.000,00 EUR | 900.000,00 EUR |
| 2 | *8030* Ergebniskonto<br>an *5051* Zuführungen zu<br>Pensionsrück-<br>stellungen | 150.000,00 EUR | 150.000,00 EUR |
| 3 | *8030* Ergebniskonto<br>an *5210* Aufwendungen<br>für Fertigung | 300,00 EUR | 300,00 EUR |
| 4 | *8030* Ergebniskonto<br>an *5753* Abschreibungen<br>auf Fahrzeuge | 3.750,00 EUR | 3.750,00 EUR |
| 5 | *8030* Ergebniskonto<br>an *5431* Büromaterial | 500,00 EUR | 500,00 EUR |
| 6 | *4181* Schlüsselzuweisungen Land<br>an *8030* Ergebniskonto | 1.100.000,00 EUR | 1.100.000,00 EUR |
| 7 | *4402* Mieterträge<br>an *8030* Ergebniskonto | 1.000,00 EUR | 1.000,00 EUR |
| 8 | *4710* Aktivierte Eigenleistung<br>an *8030* Ergebniskonto | 700,00 EUR | 700,00 EUR |
| 9 | *8030* Ergebniskonto<br>an *2000* Eigenkapital | 47.150,00 EUR | 47.150,00 EUR |

(für Schlussbilanzkonto)

| Nr. | Buchungstext | Soll | Haben |
|-----|--------------|------|-------|
| 1 | *8020* Schlussbilanzkonto an *0340* bebaute Grundstücke | 1.103.000,00 EUR | 1.103.000,00 EUR |
| 2 | *8020* Schlussbilanzkonto an *0410* Infrastrukturvermögen | 1.200.000,00 EUR | 1.200.000,00 EUR |
| 3 | *8020* Schlussbilanzkonto an *0510* Bauten auf fremdem Grund und Boden | 988.000,00 EUR | 988.000,00 EUR |
| 4 | *8020* Schlussbilanzkonto an *0750* Fahrzeuge | 272.250,00 EUR | 272.250,00 EUR |
| 5 | *8020* Schlussbilanzkonto an *0810* BGA | 268.200,00 EUR | 268.200,00 EUR |
| 6 | *8020* Schlussbilanzkonto an *1110* Beteiligungen | 371.000,00 EUR | 371.000,00 EUR |
| 7 | *8020* Schlussbilanzkonto an *1400* Wertpapiere d. AV | 20.000,00 EUR | 20.000,00 EUR |
| 8 | *8020* Schlussbilanzkonto an *1510* Rohst. (Vorräte) | 16.975,00 EUR | 16.975,00 EUR |
| 9 | *8020* Schlussbilanzkonto an *1640* Öffentl.-rechtl. Forderungen Steuer | 33.000,00 EUR | 33.000,00 EUR |
| 10 | *8020* Schlussbilanzkonto an *1720* Privatr. Ford. priv. Ber. | 0,00 EUR | 0,00 EUR |
| 11 | *8020* Schlussbilanzkonto an *1990* Aktive RAP | 720,00 EUR | 720,00 EUR |
| 12 | *8020* Schlussbilanzkonto an *1810* Bank | 251.000,00 EUR | 251.000,00 EUR |
| 13 | *2000* Eigenkapital an *8020* Schlussbilanzkonto | 2.986.150,00 EUR | 2.986.150,00 EUR |

| 14 | *2510* Pensionsrückstellungen an *8020* Schlussbilanz- konto | 150.000,00 EUR | 150.000,00 EUR |
|----|----|----|----|
| 15 | *3250* Verb. aus Invest.-Krediten an *8020* Schlussbilanz- konto | 1.379.000,00 EUR | 1.379.000,00 EUR |
| 16 | *3500* Verbindlichkeiten a. LL an *8020* Schlussbilanz- konto | 9.000,00 EUR | 9.000,00 EUR |

## Buchungen im Hauptbuch

**Teil A:**

(verkürzte Darstellung des Eröffnungs- und Schlussbilanzkontos)

### 8010 Eröffnungsbilanzkonto

S                                      (Beträge in EUR)                                      H

| Eigenkapital | 2.939.000,00 | Bebaute Grundstücke Büro | 1.103.000,00 |
|----|----|----|----|
| Verbindlichkeiten aus Investiti- | | Infrastrukturvermögen Boden | 1.200.000,00 |
| onskrediten | 1.379.000,00 | Bauten a.fr.Gr.u.B. | 988.000,00 |
| Verbindlichkeiten a. LL | 9.000,00 | Fahrzeuge | 201.000,00 |
| | | BGA | 257.000,00 |
| | | Beteiligungen | 371.000,00 |
| | | Wertpapiere des AV | 20.000,00 |
| | | Rohstoffe (Vorräte) | 17.000,00 |
| | | Öffentl.-rechtl. Forderungen | |
| | | Steuer | 33.000,00 |
| | | Privatrechtl. Forderungen | |
| | | gg. priv. Bereich | 2.000,00 |
| | | Bank | 135.000,00 |
| | 4.327.000,00 | | 4.327.000,00 |

## Teil B:

Aktive Bestandskonten:

| S | 0340 Bebaute Grundstücke Büro | H |
|---|---|---|
| AB | 1.103.000,00 | SB | 1.103.000,00 |

| S | 0410 Infrastrukturverm. Boden | H |
|---|---|---|
| AB | 1.200.000,00 | SB | 1.200.000,00 |

| S | 0510 Bauten a.fr.Gr.u.B. | H |
|---|---|---|
| AB | 988.000,00 | SB | 988.000,00 |

| S | 0750 Fahrzeuge | H |
|---|---|---|
| AB | 201.000,00 | 10. 5753 | 3.750,00 |
| 2. 1810 | 75.000,00 | SB | 272.250,00 |
| | 276.000,00 | | 276.000,00 |

| S | 0810 BGA | H |
|---|---|---|
| AB | 257.000,00 | SB | 268.200,00 |
| 1a 3500 | 10.000,00 | | |
| 7b 4710 | 700,00 | | |
| 8a 3500 | 500,00 | | |
| | 268.200,00 | | |

| S | 1110 Beteiligungen | H |
|---|---|---|
| AB | 371.000,00 | SB | 371.000,00 |

| S | 1400 Wertpapiere des AV | H |
|---|---|---|
| AB | 20.000,00 | SB | 20.000,00 |

| S | 1510 Rohstoffe (Vorräte) | H |
|---|---|---|
| AB | 17.000,00 | 7a 5210 | 300,00 |
| 5. 1810 | 250,00 | | |
| Saldo (1511) | 25,00 | SB | 16.975,00 |
| | 17.275,00 | | 17.275,00 |

| S | 1511 Bezugskosten f. Rohstoffe | H |
|---|---|---|
| 5. 1810 | 25,00 | Saldo (1510) | 25,00 |

| S | 1640 Öffentl.-rechtl. Ford. Steuer | H |
|---|---|---|
| AB | 33.000,00 | SB | 33.000,00 |
| | 33.000,00 | | 33.000,00 |

| S | 1720 Privatrechtl. Ford. | H |
|---|---|---|
| AB | 2.000,00 | 3. 1810 | 2.000,00 |
| | | SB | 0,00 |
| | 2.000,00 | | 2.000,00 |

| S | 1990 Aktive RAP | H |
|---|---|---|
| AB | 0,00 | SB | 720,00 |
| 11. 1810 | 720,00 | | |
| | 720,00 | | 720,00 |

| S | 1810 Bank | | H |
|---|---|---|---|
| AB | 135.000,00 | 1b 3500 | 10.000,00 |
| 3. 1720/ 5421 | 3.000,00 | 2. 0750 | 75.000,00 |
| 4. 4181 | 1.100.000,00 | 5. 1510/ 1511 | 275,00 |
| | | 6. 5431 | 500,00 |
| | | 8b 3500 | 500,00 |
| | | 9. 5011 | 900.000,00 |
| | | 11. 1990 | 720,00 |
| | | SB | 251.005,00 |
| | 1.238.000,00 | | 1.238.000,00 |

## Passive Bestandskonten:

| S | 2000 Eigenkapital | | H |
|---|---|---|---|
| SB | 2.986.150,00 | AB | 2.939.000,00 |
| | | Saldo (8030) | 47.150,00 |
| | 2.986.150,00 | | 2.986.150,00 |

| S | 2510 Pensionsrückstellungen | | H |
|---|---|---|---|
| SB | 150.000,00 | AB | 0,00 |
| | | 12. 5051 | 150.000,00 |
| | 150.000,00 | | 150.000,00 |

| S | 3250 Verb. aus Invest.-Krediten | | H |
|---|---|---|---|
| SB | 1.379.000,00 | AB | 1.379.000,00 |

| S | 3500 Verbindlichkeiten a. LL | | H |
|---|---|---|---|
| 1b 1810 | 10.000,00 | AB | 9.000,00 |
| 8b 1810 | 500,00 | 1a 0810 | 10.000,00 |
| SB | 9.000,00 | 8a 0810 | 500,00 |
| | 19.500,00 | | 19.500,00 |

## Aktive Erfolgskonten (Aufwandskonten):

| S | 5011 Bezüge der Beamten | | H |
|---|---|---|---|
| 9. 1810 | 900.000,00 | Saldo | 900.000,00 |

| S 5051 Zuführungen z. Pensionsrückst. H | | | |
|---|---|---|---|
| 12. 2510 | 150.000,00 | Saldo | 150.000,00 |

| S | 5210 Aufwendungen f. Fertigung | | H |
|---|---|---|---|
| 7a 1510 | 300,00 | Saldo | 300,00 |

| S | 5753 Abschreibungen auf Fahrz. | | H |
|---|---|---|---|
| 10. 0750 | 3.750,00 | Saldo | 3.750,00 |

| S | 5431 Büromaterial | | H |
|---|---|---|---|
| 6. 1810 | 500,00 | Saldo | 500,00 |

Passive Erfolgskonten (Ertragskonten):

| S 4181 Schlüsselzuweisungen Land H | | | |
|---|---|---|---|
| Saldo | 1.100.000,00 | 4. 1810 | 1.100.000,00 |

| S 4402 Mieterträge H | | | |
|---|---|---|---|
| Saldo | 1.000,00 | 3. 1810 | 1.000,00 |

| S 4710 Aktivierte Eigenleistung H | | | |
|---|---|---|---|
| Saldo | 700,00 | 7b 0810 | 700,00 |

## Teil C:

| S | 8030 Ergebniskonto (Beträge in EUR) | | H |
|---|---|---|---|
| 50 Personalaufwendungen | 1.050.000,00 | 40 Steuern und ähnl. Abgaben | 0,00 |
| 51 Versorgungsaufwendungen | 0,00 | 41 Zuwendungen und allg. | |
| 52 Aufwendungen für Sach- und | | Umlagen | 1.100.000,00 |
| Dienstleistungen | 300,00 | 42 Sonst. Transfererträge | 0,00 |
| 53 Transferaufwendungen | 0,00 | 43 Öffentl.-rechtl. Leistungs- | |
| 54 Sonstige ordentliche Auf- | | entgelte | 0,00 |
| wendungen | 500,00 | 440 Privatrechtl. Leistungsent- | |
| 57 Bilanzielle Abschreibungen | 3.750,00 | gelte | 1.000,00 |
| Saldo (2000 Eigenkapital) | 47.150,00 | 441 Kostenerstattungen und | |
| | | Kostenumlagen | 0,00 |
| | | 45 Sonstige ordentliche Erträge | 0,00 |
| | | 46 Finanzerträge | 0,00 |
| | | 47 Aktivierte Eigenleistungen | 700,00 |
| | 1.101.700,00 | | 1.101.700,00 |

## Erläuterung zur Aufstellung des Ergebniskontos

Die Konten werden anhand der ersten beiden Nummern zu den jeweiligen Kontengruppen (zweistellig) zugeordnet bzw. tiefer, wenn die spätere Gliederung der Ergebnisrechnung dies erfordert. Daher ergibt sich beispielsweise unter der Position „Personalaufwendung" der kumulierte Wert von 1.050.000 EUR aus „Bezüge der Beamten" und „Zuführungen zu Pensionsrückstellungen".

Im Jahresabschluss ist ein Jahresüberschuss von 47.150 EUR zu verzeichnen, der auf das Eigenkapitalkonto zu verbuchen ist.

**S**        **8020 Schlussbilanzkonto** (Beträge in EUR)        **H**

| | | | |
|---|---:|---|---:|
| 0340 Bebaute Grundst. Büro | 1.103.000,00 | 2000 Eigenkapital | 2.986.150,00 |
| 0410 Infrastrukturverm. Boden | 1.200.000,00 | 2510 Pensionsrückstellungen | 150.000,00 |
| 0510 Bauten a.fr.Gr.u.B. | 988.000,00 | 3250 Verb. aus Invest.-Krediten | 1.379.000,00 |
| 0750 Fahrzeuge | 272.250,00 | 3500 Verbindlichkeiten a. LL | 9.000,00 |
| 0810 BGA | 268.200,00 | | |
| 1110 Beteiligungen | 371.000,00 | | |
| 1400 Wertpapiere des AV | 20.000,00 | | |
| 1510 Rohstoffe (Vorräte) | 16.975,00 | | |
| 1640 Öffentl.-rechtl. Ford.Steuer | 33.000,00 | | |
| 1720 Privatrechtl.Forderungen | 0,00 | | |
| 1810 Bank | 251.005,00 | | |
| 1990 Aktive RAP | 720,00 | | |
| | 4.524.150,00 | | 4.524.150,00 |

## Buchungen in der Finanzrechnung (statistische Mitführung)

| Nr. | Kontierungstext | Betrag |
|---|---|---|
| 1b | Auszahlung aus Investitionstätigkeit (78) | 10.000,00 EUR |
| 2 | Auszahlung aus Investitionstätigkeit (78) | 75.000,00 EUR |
| 3 | Einzahlung aus privatrechtlichen Leistungsentgelten, Kostenerstattungen und -umlagen (64) | 3.000,00 EUR |
| 4 | Einzahlung aus Zuwendungen (61) | 1.100.000,00 EUR |
| 5 | Auszahlungen an Sach- und Dienstleistungen (72) | 275,00 EUR |
| 6 | Auszahlungen an Sach- und Dienstleistungen (72) | 500,00 EUR |
| 8b | Auszahlung aus Investitionstätigkeit (78) | 500,00 EUR |
| 9 | Personalauszahlungen (70) | 900.000,00 EUR |
| 11 | Sonstige Auszahlungen aus lfd. Verwaltungstätigkeit (74) | 720,00 EUR |

# Jahresabschluss

| Ergebnisrechnung 02 | Ergebnis des Haushaltsjahres (Beträge in EUR) |
|---|---|
| | 3 |
| 1 Steuern und ähnliche Abgaben | 0,00 |
| 2 + Zuwendungen und allgemeine Umlagen | 1.100.000,00 |
| 3 + Sonstige Transfererträge | 0,00 |
| 4 + Öffentlich-rechtliche Leistungsentgelte | 0,00 |
| 5 + Privatrechtliche Leistungsentgelte | 1.000,00 |
| 6 + Kostenerstattungen und Kostenumlagen | 0,00 |
| 7 + Sonstige ordentliche Erträge | 0,00 |
| 8 + Aktivierte Eigenleistungen | 700,00 |
| 9 +/- Bestandsveränderungen | 0,00 |
| 10 = Ordentliche Erträge | 1.101.700,00 |
| 11 – Personalaufwendungen | -1.050.000,00 |
| 12 – Versorgungsaufwendungen | 0,00 |
| 13 – Aufwendungen für Sach- und Dienstleistungen | -300,00 |
| 14 – Bilanzielle Abschreibungen | -3.750,00 |
| 15 – Transferaufwendungen | 0,00 |
| 16 – Sonstige ordentliche Aufwendungen | -500,00 |
| 17 = Ordentliche Aufwendungen | - 1.054.550,00 |
| 18 = Ergebnis der laufenden Verwaltungstätigkeit (= Zeilen 10 und 17) | 47.150,00 |
| 19 + Finanzerträge | 0,00 |
| 20 – Zinsen und sonst. Finanzaufwendungen | 0,00 |
| 21 = Finanzergebnis (= Zeilen 19 und 20) | 0,00 |
| 22 = Ordentliches Ergebnis (= Zeilen 18 und 21) | 47.150,00 |
| 23 + Außerordentliche Erträge | 0,00 |
| 24 – Außerordentliche Aufwendungen | 0,00 |
| 25 = Außerordentliches Ergebnis (= Zeilen 23 und 24) | 0,00 |
| 26 = Jahresergebnis (= Zeilen 22 und 25) | 47.150,00 |

| Finanzrechnung 02 | Ergebnis des Haushaltsjahres (Beträge in EUR) |
|---|---|
| | 3 |
| 1   +- Steuern und ähnliche Abgaben | 0,00 |
| 2   + Zuwendungen und allgemeine Umlagen | 1.100.000,00 |
| 3   + Sonstige Transfereinzahlungen | 0,00 |
| 4   + Öffentlich-rechtliche Leistungsentgelte | 0,00 |
| 5   + Privatrechtliche Leistungsentgelte | 3.000,00 |
| 6   + Kostenerstattungen und Kostenumlagen | 0,00 |
| 7   + Sonstige Einzahlungen | 0,00 |
| 8   + Zinsen und sonst. Finanzeinzahlungen | 0,00 |
| **9   = Elnzahlungen aus lfd. Verwaltungstätigkeit** | **1.103.000,00** |
| 10   − Personalauszahlungen | -900.000,00 |
| 11   − Versorgungsauszahlungen | 0,00 |
| 12   − Auszahlungen für Sach- und Dienstleistungen | -275,00 |
| 13   − Zinsen sonst. Finanzauszahlungen | 0,00 |
| 14   − Transferauszahlungen | 0,00 |
| 15   − Sonstige Auszahlungen | -1.220,00 |
| **16   = Auszahlungen aus lfd. Verwaltungstätigkeit** | **-901.495,00** |
| **17   = Saldo aus lfd. Verwaltungstätigkeit** | **201.505,00** |
| 18   + Zuwendungen für Investitionsmaßnahmen | 0,00 |
| 19   + Einzahlungen aus der Veräußerung v. Sachanlagen | 0,00 |
| 20   + Einzahlungen a. der Veräußerung v. Finanzanlagen | 0,00 |
| 21   + Einzahlungen aus Beiträgen u. ä. Entgelten | 0,00 |
| 22   + Sonstige Investitionseinzahlungen | 0,00 |
| **23   = Einzahlungen aus Investitionstätigkeit** | **0,00** |
| 24   − Ausz. f. d. Erwerb von Grundstücken u. Gebäuden | 0,00 |
| 25   − Auszahlungen für Baumaßnahmen | 0,00 |
| 26   − Auszahlungen f. d. Erwerb v. bewegl. Anlageverm. | -85.500,00 |
| 27   − Auszahlungen f. d. Erwerb von Finanzanlagen | 0,00 |
| 28   − Auszahlung von aktivierbaren Zuwendungen | 0,00 |
| 29   − Sonstige Investitionsauszahlungen | 0,00 |
| **30   = Auszahlungen aus Investitionstätigkeit** | **-85.500,00** |
| **31   = Saldo aus Investitionstätigkeit** | **-85.500,00** |
| **32   = Finanzmittelüberschuss/-fehlbetrag** | **116.005,00** |
| 33   + Aufnahme und Rückflüsse von Darlehen | 0,00 |
| 34   − Tilgung und Gewährung von Darlehen | 0,00 |
| **35   = Saldo aus Finanzierungstätigkeit** | **0,00** |
| **36   = Änderung des Bestandes an Finanzmitteln** | **116.005,00** |
| 37   + Anfangsbestand an Finanzmitteln | 135.000,00 |
| **38   = Liquide Mittel** | **251.005,00** |

| Aktiva | Bilanz 02 (in EUR) | | Passiva |
|---|---|---|---|
| A. Anlagevermögen | | A. Eigenkapital | 2.986.150 |
| I. Immaterielle Vermögensgegenstände | 0 | B. Sonderposten | 0 |
| II. Sachanlagen | | C. Rückstellungen | 150.000 |
| 1. Unbebaute Grundstücke und grundstücksglei- | | D. Verbindlichkeiten | |
| che Rechte | 0 | I. Anleihen | 0 |
| 2. Bebaute Grundstücke und grundstücksgleiche | | II. Verbindlichkeiten aus Krediten für Investiti- | |
| Rechte mit | | onen | 1.379.000 |
| d) Sonstigen Dienst-, Geschäfts- u. a. Be- | 1.103.000 | 5. vom privaten Kreditmarkt | |
| triebsgebäude | | III. Verbindlichkeiten aus Krediten zur Liquidi- | |
| 3. Infrastrukturvermögen | | tätssicherung | 0 |
| a) Grund und Boden des Infrastrukturvermö- | | IV. Verbindlichkeiten aus Vorgängen, die Kre- | |
| gens | 1.200.000 | ditaufnahmen wirtschaftl. gleichkommen | 0 |
| 4. Bauten auf fremdem Grund und Boden | 988.000 | V. Verbindlichkeiten aus Lieferungen und | |
| 5. Kunstgegenstände, Kulturdenkmäler | 0 | Leistungen | 9.000 |
| 6. Maschinen u. technische Anlagen, Fahrzeuge | 272.250 | VI. Verbindlichkeiten aus Transferleistungen | 0 |
| 7. Betriebs- und Geschäftsausstattung | 268.200 | VII. Sonstige Verbindlichkeiten | 0 |
| 8. Geleistete Anzahlungen, Anlagen im Bau | 0 | E. Passive Rechnungsabgrenzungsposten | 0 |
| III. Finanzanlagen | | | |
| 1. Anteile an verbundenen Unternehmen | 0 | | |
| 2. Beteiligungen | 371.000 | | |
| 3. Sondervermögen | | | |
| 4. Wertpapiere des Anlagevermögens | 20.000 | | |
| 5. Ausleihungen | 0 | | |
| B. Umlaufvermögen | | | |
| I. Vorräte | | | |
| 1. Roh-, Hilfs- und Betriebsstoffe, Waren | 16.975 | | |
| 2. Geleistete Anzahlungen | 0 | | |
| II. Forderungen und sonstige Vermögensgegen- | | | |
| stände | | | |
| 1. Öffentlich-rechtliche Forderungen, Transfer- | | | |
| forderungen | | | |
| c) Steuern | 33.000 | | |
| 2. Privatrechtliche Forderungen | 0 | | |
| a) gegenüber dem privaten Bereich | 0 | | |
| 3. Sonstige Vermögensgegenstände | 0 | | |
| III. Wertpapiere des Umlaufvermögens | 0 | | |
| IV. Liquide Mittel | 251.005 | | |
| C. Aktive Rechnungsabgrenzungsposten | 720 | | |
| | 4.524.150 | | 4.524.150 |

## Vergleich der Haushaltsplanung aus August 01 mit dem Jahresabschluss 02

Die Haushaltsplanung stimmt überwiegend mit dem Jahresabschluss überein. Lediglich der Einkauf des Büromaterials und der Vorräte wurde anhand von Vergangenheitswerten falsch prognostiziert. Dadurch entsteht der Unterschiedsbetrag bei der Position 12 „Auszahlungen für Sach- und Dienstleistungen" in der Finanzrechnung. Da das Büromaterial als Aufwand ebenfalls ergebniswirksam ist, ändert sich dementsprechend die Position 16 „Sonstige ordentliche Aufwendungen" in der Ergebnisrechnung.

Des Weiteren war zum Zeitpunkt der Haushaltsplanung noch nicht abzusehen, dass das Streufahrzeug erst im Juli angeschafft werden würde. Aus dem Grund ergeben sich die unterschiedlichen Abschreibungsbeträge. Im Ergebnisplan wurde noch der volle Betrag von 7.500 EUR angesetzt, hingegen ist in der Ergebnisrechnung nur eine Abschreibung von 6/12 des jährlichen Betrags zu verbuchen. Richtig wäre hier auch gewesen, 11/12 bzw. 7/12 anzusetzen, wie es das Haushaltsrecht vorsieht.

# Abbildungsverzeichnis

# Stichwortverzeichnis

# Der sichere Weg zur kommunalen Eröffnungsbilanz

Dieser Ratgeber zeigt Ihnen, wie Sie öffentliches Vermögen effizient erfassen und korrekt bewerten. Dabei werden sowohl die Gemeinsamkeiten aller Bundesländer als auch die Besonderheiten der Modellprojekte aus Hessen, Baden-Württemberg und Nordrhein-Westfalen berücksichtigt.

## Inhalte:

- Erfassung und Bewertung aller Vermögensarten mit Beispielen
- Behandlung von Zuwendungen
- Fortschreibung der Eröffnungbilanz
- Inkl. Erfassungsformularen, Bewertungsvorlagen und Checklisten auf CD-ROM

Dr. Christian Marettek/
Andreas Dörschell/Andreas Hellenbrand
**Kommunales Vermögen richtig bewerten**
1. Auflage 2004, 230 Seiten,
Buch mit CD-ROM

€ 49,80
ISBN 3-448-06034-8
Bestell-Nr.: 01247-0001

Pflichtlektüre für alle Kämmerer

Haufe